"十三五"国家重点出版物出版规划项目
中国高速铁路基础研究论丛
国家自然科学基金委员会
中国铁路总公司 高速铁路基础研究联合基金资助项目(U1234204)
中央高校基本科研业务费重大项目(2018JBZ004)

高速铁路电力牵引系统安全性预测与控制

陈　杰　刘志刚　张　钢　李　军　编著

中国铁道出版社有限公司

2020年·北　京

内 容 简 介

本书为中国高速铁路基础研究论丛之一，是国家自然科学基金委员会、中国铁路总公司高速铁路基础研究联合基金资助项目，同时获批“十三五”国家重点出版物出版规划项目。

本书专注于研究高铁电力牵引系统安全性预测与控制，旨在掌握其“亚安全态”与“故障态”之间的因果关系，实现“亚安全态”的早期辨识并进行安全预警，通过外部控制，干预系统安全性的变化趋势，重点关注弓网耦合振荡稳定性问题，从牵引网低频振荡、高频振荡两类现象出发，深入研究弓网耦合机理，并针对性地提出解决措施。

本书可供轨道交通领域的专业研究和设计人员，包括高等院校教师和研究生、高铁设计人员以及对高铁电力牵引系统具有浓厚兴趣的读者学习、参考。

图书在版编目(CIP)数据

高速铁路电力牵引系统安全性预测与控制 / 陈杰等编著. — 北京：中国铁道出版社有限公司，2020.6
（中国高速铁路基础研究论丛）
“十三五”国家重点出版物出版规划项目　国家自然科学基金委员会、中国铁路总公司高速铁路基础研究联合基金资助项目：U1134204
ISBN 978-7-113-26996-8

Ⅰ. ①高… Ⅱ. ①陈… Ⅲ. ①高速铁路-电力牵引-系统安全性-预测 ②高速铁路-电力牵引-安全控制技术 Ⅳ. ①U238

中国版本图书馆 CIP 数据核字(2020)第 104503 号

书　　名：高速铁路电力牵引系统安全性预测与控制
作　　者：陈　杰　刘志刚　张　钢　李　军

策　　划：金　锋
责任编辑：金　锋　　　**电话**：(010)51873125　　　**电子信箱**：jinfeng88428@163.com
编辑助理：吴佳宁
封面设计：崔丽芳
责任校对：王　杰
责任印制：樊启鹏

出版发行：中国铁道出版社有限公司（100054，北京市西城区右安门西街 8 号）
网　　址：http://www.tdpress.com
印　　刷：北京虎彩文化传播有限公司
版　　次：2020 年 6 月第 1 版　2020 年 6 月第 1 次印刷
开　　本：787 mm×1 092 mm 1/16　印张：9　字数：218 千
书　　号：ISBN 978-7-113-26996-8
定　　价：58.00 元

Foreword // 前　言

2016 年 7 月，国家发展改革委、交通运输部、中国铁路总公司联合发布了《中长期铁路网规划》(2016—2030 年)(以下简称《规划》)，展示了我国“八纵八横”的宏大高速铁路规划。根据《规划》，到 2030 年，基本实现内外互联互通、区际多路畅通、省会高铁连通、地市快速通达、县域基本覆盖，建成相邻大中城市间 1～4 h 交通圈、城市群内 0.5～2 h 交通圈。

如此宏大的高速铁路发展规划，放眼世界范围也是绝无仅有。通过近些年的发展，高速铁路已经成为我们国家的展示“名片”，为了能够将这张名片更加安全可靠地“递出去”，同时也能够更好地造福民众，对高速铁路的安全问题进行深入研究必不可少。高速铁路是一个复杂、多系统耦合的有机体，安全性问题需综合考虑车辆、信号、供电、线路等各系统的耦合关系和各自的可靠运行，另外我国地理环境的特殊性，需要高速铁路在大跨度、泛区域的恶劣自然环境下都能安全可靠运行，这就使高速铁路的安全性问题更为复杂。

高铁电力牵引系统连接牵引网和轨道，是高速列车上的重要系统之一，是高速铁路系统中控制难度最高的系统之一。本书专注于研究高铁电力牵引系统安全性预测与控制，对其进行安全性预测与控制研究，旨在掌握其“亚安全态”与“故障态”之间的因果关系，实现“亚安全态”的早期辨识并进行安全预警，通过外部控制，干预系统安全性的变化趋势。同时，本书重点关注弓网耦合振荡稳定性问题，从牵引网低频振荡、高频振荡两类现象出发，深入研究弓网耦合机理，并针对性地提出解决措施。

本书第 1 章对国内的高铁列车包括新型混合动力动车组列车中的电力牵引系统进行描述，旨在提供一个基本的认识；第 2 章围绕电力牵引系统的控制方法，包括列车控制、牵引电机控制、辅助电源控制等进行论述，以提供一个安全控制实现的基础；第 3、4 章主要围绕电力牵引系统的故障诊断、可靠性以及安全性预测问题展开讨论；第 5 章讨论牵引供电系统耦合稳定性问题。

为叙述方便，本书选取具有代表性的混合动力动车组牵引系统为研究对象，如无特殊说明，书中关于电力牵引系统的理论分析、仿真和实验都是基于混合动力动车组进行展开的。本书为中国高速铁路基础研究论丛之一，是国家自然科学基金委员会、中国铁路总公司高速铁路基础研究联合基金资助项目(U1134204)及中央高校基本科研业务费重大项目(2018JBZ004)，同时被列入“十三五”国家重点出版物出版规划项目。

感谢编写团队中邱瑞昌、刁利军、王磊、徐春梅等老师的辛勤付出。书中也采用了包括张馨予、阮白水、孟苓辉、沈来来等人在修学期间完成的研究成果，在此一并表示感谢。

限于作者的理论和业务水平，书中可能有不妥之处，衷心期望读者给予批评指正。

编　者

2019 年 11 月

Contents // 目 录

第1章 高速铁路电力牵引系统

1.1 我国动车组谱系

伴随我国高速铁路技术的发展，高速铁路家族也日益壮大。2004 年以来，我国高速铁路开始引进国外的先进技术[1-4]，很多人认为我国高速铁路的发展起源于此。而实际上，中国的第一条高速铁路是开工于 1999 年，建成于 2003 年的秦沈专客。“蓝箭”“中原之星”“中华之星”等大名鼎鼎的动车组的研制则更早。我国高速铁路的迅速发展离不开 2004 年以来成功的技术引进，更离不开此前几十年几代铁路人的技术累积。目前，我国动车组谱系按照主机厂主要包括以下几个[5]，如图 1.1～图 1.3 所示。

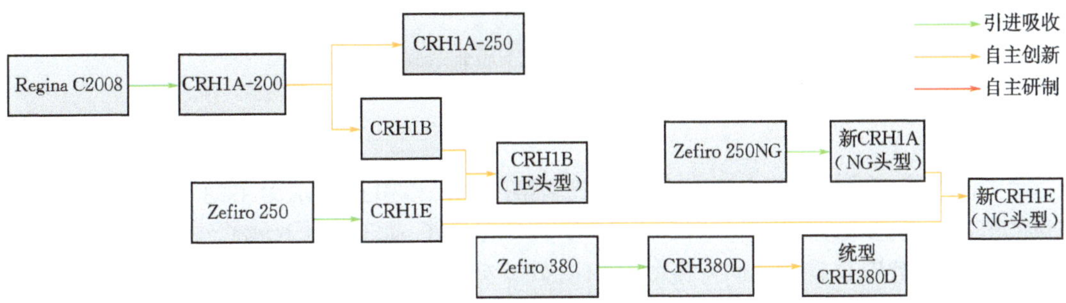

图 1.1 四方庞巴迪谱系

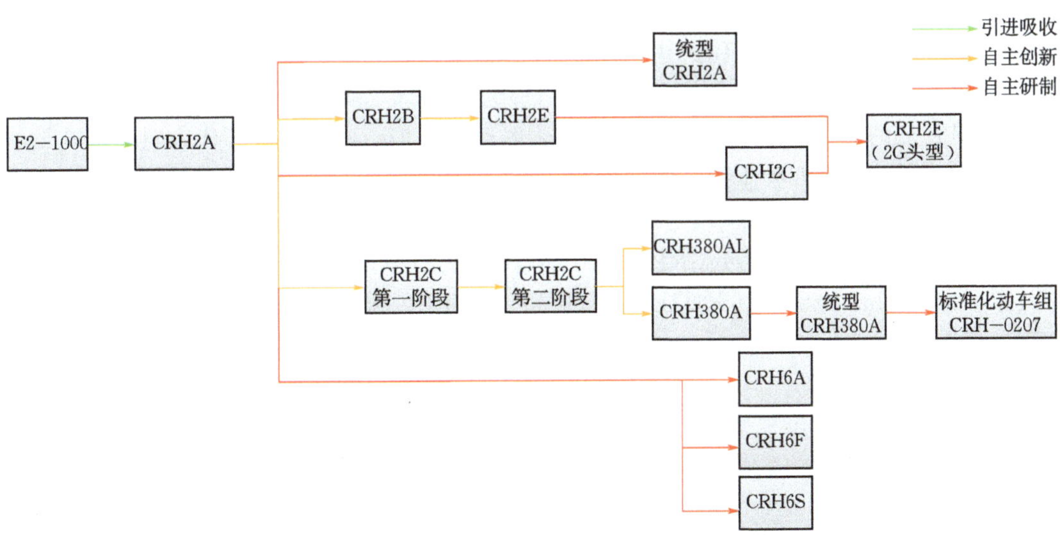

图 1.2 中国中车旗下原南车谱系

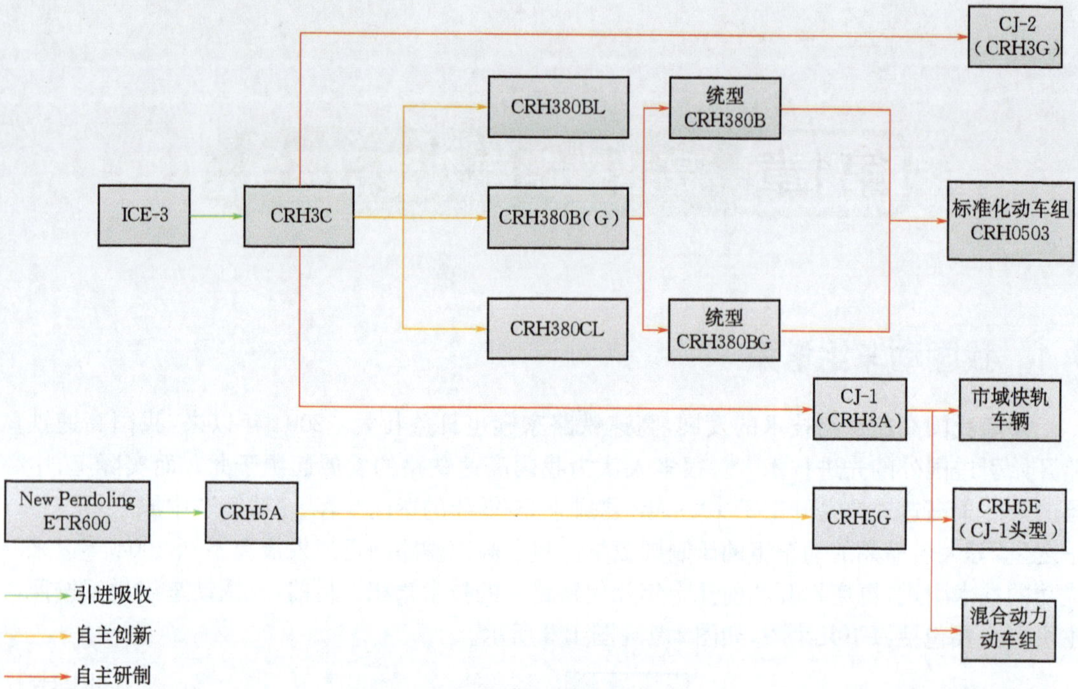

图 1.3　中国中车旗下原北车谱系

1.1.1　在线运营动车组

我国的在线运营动车组大致可分为两代。第一代是以引进技术为主的 1 系、2 系、3 系和 5 系车，其中有少数车型进行了深入的创新，如 CRH2C，尤其是 CRH2C 二阶段。第二代又被称为“新一代”，也就是我们常说的 CRH380 系列。

1. 第一代在线运营动车组

第一代在线运营动车组由 1 系、2 系、3 系和 5 系车组成。其中，1 系归属于中车四方与庞巴迪的合资公司 BST，2 系归属于中车四方，3 系归属于中车唐山，5 系归属于长客。各车系又分为 A、B、C、E 4 个小类(如 CRH2A、CRH2B、CRH2C、CRH2E)，A 代表时速 200 km 8 辆编组、B 代表时速 200 km 16 辆编组、C 代表时速 350 km 8 辆编组、E 代表时速 200 km 卧铺动车组。图 1.4 为四种车系的头型图片。

(1)CRH1 系列

该车系包括 CRH1A(8 编)、CRH1B(16 编)、CRH1E(卧铺)。CRH1 系列包括 CRH1A 头型(原型为 Regina C2008)、CRH1E 头型(原型为 ZEFIRO250)和 CRH1-NG 头型(原型为 ZEFIRO250NG)。

(2)CRH2 系列

CRH2 系列是第一代车型里面的主力，故障率一直保持最低水准。CRH2 系列包括 CRH2A 8 编组、CRH2B 16 编组、CRH2C(一阶段时速 300 km 8 编组、二阶段时速 350 km 8 编组)以及 CRH2E 16 编组卧铺动车组。CRH2C 具有划时代意义，有许多重大突破，这些技术突破都被后来的 CRH380A 吸收。CRH2C 二阶段虽然在牵引传动、车体气密强度等做

（a）CRH1　（b）CRH2　（c）CRH3　（d）CRH5

图 1.4　第一代在线运营动车组

了重大改进，但头型方面依旧沿用了日系车设计，所以外形看起来差异不大。CRH2 系列包括 CRH2A(原型为新干线 E2-1000 系)、CRH2B、CRH2C 头型。

(3)CRH3 系列

CRH3 系列原型车是德国的 ICE-3，后来 CRH380BL 在此车基础上进行升级改进。CRH3 系列只有 CRH3C 头型(原型为 Velaro 平台 ICE-3)。

(4)CRH5 系列

CRH5 系列是引进法国阿尔斯通技术研发而成的，包括 CRH5A(原型为 Pendolino+SM3)、CRH5E 和 CRH5G(原为 CRH5H，G 代表耐高寒、H 代表耐风沙，后来两种子型号统一为 G)。

2. 第二代在线运营动车组

新一代 CRH380 系列，主要包括 CRH380A、CRH380B、CRH380C、CRH380D。CRH380A(L)由中车四方股份公司生产；CRH380BL 由长客、中车唐山共同生产；其中长客又研制了 CRH380B 短编高寒车以及 CRH380CL，CRH380CL 有较大的突破，其牵引传动系统采用了日本日立公司的牵引传动系统（日本日立与永济在西安成立合资公司）；CRH380D 则采用了庞巴迪的技术。图 1.5 至图 1.8 依次是 A、B、C、D 四款车型的头型图片。

图 1.5　CRH380A 头型

图 1.6　CRH380B 头型

图 1.7　CRH380C 头型

图 1.8　CRH380D 头型(原型为 ZEFIRO380)

1.1.2　新投入运营的动车组

主要产品包括 CRH6 型、高寒防沙动车组 CRH2H、智能化高速列车、永磁传动高速列车等。中国中车旗下原北车集团也已在 CRH5 的基础上研发高寒防风防沙动车组，还包括长客研制的 CRH3A、唐山研制的 CRH3G 等。目前中国中车已完成中国标准动车组的研制，此项工作对中国高铁走向世界，有着积极意义。

1. CRH6 系列

CRH6 型电力动车组由青岛四方研发设计，2012 年在青岛下线。CRH6 型城际动车组是为满足我国区域经济快速发展和城市群崛起对城际轨道交通的需求而研制的一种新型运输工具，作为高速铁路和城市轨道交通的纽带，具有运能大、起停速度快、乘降方便快速、疏通迅捷有效、乘坐舒适、安全可靠、节能环保的特点。

CRH6 型动车组采用 3 辆、4 辆、6 辆、8 辆、16 辆、20 辆编组，最大编组长度 201.4 m。根据运输距离、站点和乘客群的不同，CRH6 型动车组分为两大类型，运营速度分别为时速 200 km和 160 km 两个等级。时速 200 km 的 CRH6A 型动车组最高运营速度 250 km/h、试验速度 270 km/h，以“大站停”的模式运营；而时速 160 km 的 CRH6F 型动车组最高运营速度 200 km/h、试验速度 220 km/h，以“站站停”模式运营。

2. CJ 系列市域动车组

CJ-2 型城际动车组是中车唐山公司自主研发的新型城际动车组。该型动车组是基于时速 350 km 动车组技术平台和制造技术，采用先进的牵引、制动系统研发的，动车组 8 辆编组，设计时速 250 km，具有启动加速快、制动距离短、快速乘降、安全、舒适、经济、环保等特点，性能指标达到世界一流水平。该型动车组采用智能化设计，拥有完备的车载实时诊断、控制和远程监测系统。全车采用环保材料，无污染、无排放，噪声低、人均能耗低、绿色环保，将引领城市之间现代快速轨道交通新模式。

市域快轨车是一种有轨列车，采用双供电制式的受电弓，并可自动切换。其可在高速动车组和地铁列车接触网中自由切换，最高运行时速为 160 km，介于地铁车辆和城际动车组之间。

3. 混合动力动车组

混合动力型动车组集成了两种或三种不同的动力源，能够实现从干线铁路到支线铁路，从电气化铁路到非电气化铁路的跨线运行，增强动车组的线路适应能力和运营幅度。根据不同的运营路线和运营环境，混合动力型动车组可采用“接触电网供电＋动力电池供电”“接触电网供电＋内燃动力包＋动力电池组供电”“内燃动力包＋动力电池组供电”等不同动力提供方式[6]。

混合动力型动车组最高运营时速 160 km，系统模块化、动力电池成组、混合动力能量管理和控制、牵引控制等关键技术均通过完全自主创新完成。

4. 中国标准动车组

中国标准动车组(CEMU)，指以自主化为标准、以标准化为前提、以需求为牵引开展研制的正向设计的创新过程。首先在充分调研总结已有动车组运行经验的基础上，结合中国实际运营的一些需求，融汇既有技术平台的优点来开展顶层设计，提出了动车组总体的技术条件。通过这样的设计，形成了中国标准动车组的整个研制过程。2015 年 11 月 18 日，时速 350 km 中国标准动车组，在大西客运专线跑出 385 km/h 试验速度，各项技术性能表现优异。这标志着在静态、低速试验后，中国标准动车组顺利通过了高速试验关键“大考”，取得重要阶段性成果。

1.1.3 高速综合检测列车

高速综合检测列车是一种综合检测快速铁路和高速铁路质量是否达标的高速列车，是“体检列车”，是进行铁路基础设施综合检测的重要技术装备，为快铁和高铁运营安全评估和指导各铁路局的养护维修提供技术支撑。

高检车有两大等级：快铁级别和高铁级别，例如“白大夫”D55801 次白色和谐号综合检测车是 D 字头列车(低于高速动车组列车)。

1. 用于普铁和快铁的检测列车

2007 年 4 月 18 日实施中国铁路第六次大提速(当时还是高级普铁和快铁，没有高铁)，4 月20 日，为保障既有提速干线的持续安全运营，铁道部决定开行综合检测列车，对全路开行动车组的京沪、京广等提速线路和其他开通的快速铁路进行周期性综合检测。最早的是 0 号高速综合检测列车。

2. 用于高铁的检测列车

伴随着中国高铁发展，铁道科学研究院与中车四方公司联手于 2008 年相继成功开发出时速 350 km 的 CRH2-061C、CRH2-068C 高速综合检测列车。其中 CRH2-061C 检测车于当年 3 月 15 日投入京津城际高铁联调联试，CRH2-068C 检测车于当年年底投入武广高铁联调联试。2010 年，铁科院再次与中车四方公司联手，开发出时速 350 km 的 CRH2-150C 高速综合检测列车，用于京沪高铁联调联试。铁科院基础所是国家 863 计划重点项目最高试验时速 400 km 高速检测列车研制的主要承担单位，经过一年多科研攻关，铁科院与中车四方公司联合研发的 CRH380A-001、与中车唐山轨道客车有限责任公司联合研发的 CRH380B-002 两列最高时速达 380 km 至 400 km 的高速综合检测列车，分别于 2011 年 2 月和 5 月出厂，相继投入京沪高铁的联调联试与运行试验。该项目总体技术指标代表世界高速检测列车的最高水平。基础所科研团队攻坚克难，勇于创新，与中车四方公司、中车长客股份、中车唐山公司联合攻关，相继研制出 6 列高速综合检测列车。其中 3 列时速达 250 km至 350 km，2 列时速达 380 km 至 400 km，标志着我国高速铁路检测技术与装备站在了世界发展的最前沿。

奔驰在高速线路上的动车组以快捷、安全、舒适的良好运营品质，为广大旅客出行提供了便利。高速线路每隔十天到半月就要开行一趟高速综合检测列车，运用高科技的装备与手段，对列车运行品质及基础设施状态进行检测与评价，即对线路等基础设施进行全面“体检”，查找安全隐患与病害，人们称之为“列车医生”。按照国务院批准的《中长期铁路网规划》，中国铁路紧紧抓住加快发展的黄金机遇期，组织展开了前所未有的大规模客运专线建设，随着京津城际铁路、武广高速铁路以及合武、石太、甬台温、温福、郑西等一批客运专线的开通运营，标志着中国铁路已经昂首迈入高速时代。确保高速铁路安全高效运营，是中国铁路面临的新的、巨大的挑战。高速铁路系统复杂，基础设施各子系统之间、基础设施与移动设备之间关联性极强。为此，国外高速铁路普遍采用综合检测列车进行综合检测，并将检测结果作为指导基础设施养护维修的重要依据。高速综合检测列车以高速动车组为载体，集现代测量、时空定位同步、大容量数据交换、实时图像识别和数据综合处理等先进技术于一体，涉及高速铁路多个技术领域，是实现高速铁路周期性高速综合检测的关键技术装备，也是高速铁路最具代表性的高新技术装备之一。

1.2 现有高速铁路电力牵引变流系统

1.2.1 牵引变流系统

1. 两电平牵引变流器系统

CRH1、3、5 系动车组电机侧变流器为两电平三相逆变器。其结构简单，易于实现变压变频控制，进而调节负载电机的转矩和转速。

(1)CRH1 型动车组牵引变流器系统

动车组的编组基于“单元”，即列车基本单元(TBU，Train Basic Unit)的概念，每一单元由两动一拖或一动一拖组成。一列 CRH1 的编组如图 1.9 所示，由三个 TBU 共 8 辆车组成,8 节车共有 20 个驱动轴,占车轴总数的 5/8。其中 TBU1 和 TBU2 完全对称,由两动一拖构成;TBU3 由一动一拖构成。根据客流需要,可将两列动车组编挂成一列,共 16 辆车,最大定员 1 340 人,单列整备重量 421 t[7]。

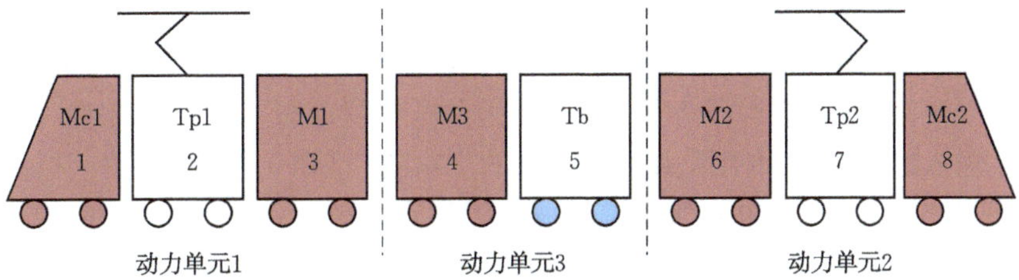

图 1.9　CRH1 型动车组编组图

CRH1 型的牵引传动系统是以列车基本单元 TBU 为基本单元,其中 TBU1 单元由 Mc1(驾驶动车 1),Tp1(带弓拖车)和 M1(中间动车 1)组成;TBU2 单元由 Mc2(驾驶动车 2)、Tp2(带弓拖车 2)和 M2(中间动车 2)组成;TBU3 由 M3(中间动车 3)和 Tb(带吧台拖车)组成。

CRH1 型动车组牵引传动系统主电路主要由高压系统和牵引系统电路组成,此外 CRH1 型动车组主电路还包括辅助供电系统。

高压系统包括受电弓、主断路器、主变压器初级绕组、电流互感器、避雷器、接地开关、网侧滤波器、受电弓切断开关等部件;牵引系统从主变压器次级绕组开始,包括网侧变流器、三相变流器、滤波器箱、牵引电动机等;辅助供电系统包括辅助变流器、三相滤波器、三相变压器等和蓄电池系统。

如图 1.10 所示,CRH1 型动车组的工作过程如下:受电弓从接触网接受 25 kV/50 Hz 高压交流电能,经过安装在车底架上的主变压器降成 900 V/50 Hz 交流电,降压后的交流电经网侧变流器转换成为 1 650 V 直流电能,该直流电再由三相变流器转换成频率可变、电压可变的(0～1 287 V)三相交流电送给牵引电机,将电能转换成牵引列车的机械能,驱动列车运行。

实际运行中,正常工况下只有一个受电弓升起,三个主变压器均从高压母线上取电,供给五台动车的五个变流器箱。一个变流器箱有一个网侧变流器模块、两个三相变流器模块和一个辅助变流器模块。在牵引工况下,网侧变流器模块将高压交流电整流成为直流环节电压,三相变流器模块将直流环节电压逆变成为频率可变、电压可变的三相交流电供给牵引电机。五个变流器箱同时

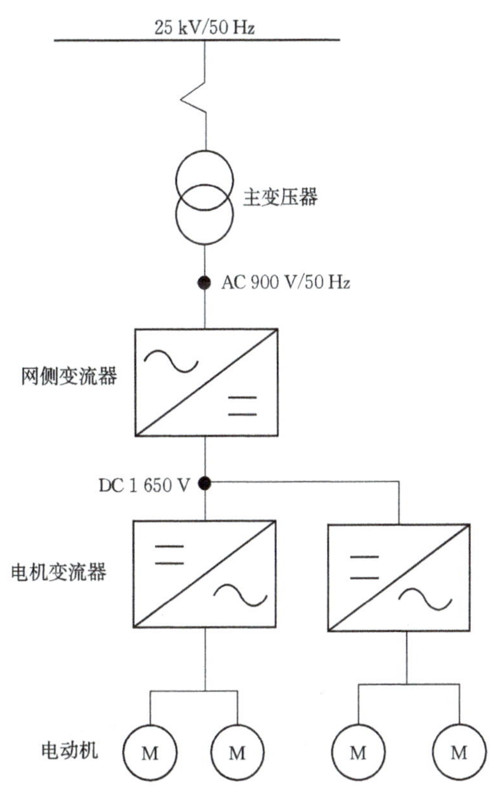

图 1.10　CRH1 型动车组牵引传动系统主电路

并行工作牵引列车运行，当一个变流器箱发生故障时，可以自动切断，列车继续运行，即正常情况下，3个牵引系统均并行工作，当一个牵引系统发生故障时，可以自动切断故障源，列车继续运行。在制动工况下，能量回流，即牵引电机变为发电运行，三相变流器模块将牵引电机发出的电能进行整流并通过网侧变流器模块逆变，将电能回馈给电网[8,9]。

网侧变流器模块是电力牵引系统的一部分，CRH1的网侧变流器模块是基于IGBT桥臂的两重四象限变流器，其基本任务是整流，并能在再生制动时实现有源逆变，把电能反馈输送到电网。输入的交流牵引网压由主变压器的二次绕组(牵引绕组)提供，其输出至中间直流环节，为三相变流器模块和辅助变流器模块提供直流电压；在动力制动过程中，通过网侧变流器模块的反向能量传输，电能从网侧变流器模块输出给主变压器的次级，进而反送到交流牵引网。CRH1动车组中常叙述的"两个网侧电路"指的就是两重变流器电路。

网侧变流器模块的电路原理如图1.11所示，结构包含：两重四象限脉冲整流电路(主变压器有两个次级牵引绕组)，两个全控桥并联向直流环节供电，以减小输出电压纹波；网侧变流器模块电路的输出电压检测传感器；直流环节滤波电阻和电容等。

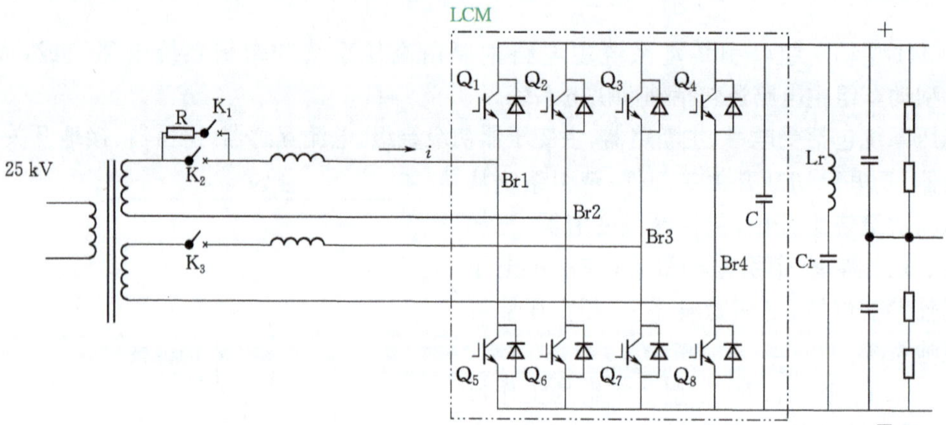

图1.11　CRH1网侧变流器模块原理图

网侧变流器模块工作原理：网侧变流器模块在使用中要求为直流侧提供平直的直流电压，且使交流网侧保持接近于1的功率因数。为使变流器网侧电流的等效干扰电流最小，采用两个四象限变流器并联的方式，调制信号的载波互相错开一定角度，变流器输入电流的高次谐波互相错开，可在牵引变压器一次侧电流总量中抵消部分谐波。变流器有四个相同的桥臂，Q_1、Q_2和Q_5、Q_6构成一个四象限(脉冲)整流器，Q_3、Q_4和Q_7、Q_8构成另一个四象限(脉冲)整流器，从而构成CRH1型动车组的两重四象限脉冲整流器[6]。

直流环节是交流电力牵引系统的中间环节，额定值电压为DC 1 650 V。此环节在列车的能量转换过程中起着非常关键的作用。直流环节电容器是一个能量缓冲器，是变流器的无功功率源，起滤波及稳定直流环节电压的作用，要限制直流环节电压的波动在允许范围内，电容量必须足够大。直流环节电阻与电容相并联，在故障情况下，通过该电阻对电容放电，直到电容电压低于50 V。网侧变流器模块的直流环节电容器与其他变流器(两个三相变流器模块、一个辅助变流器模块)的直流环节电容器一起对直流环节起到滤波作用，保证变流器的精确控制。

直流环节还连接一个二次谐波滤波器，包括四个电容和串联的一个电感，电感电容的串联谐振频率与电源的二次谐波频率调成一致，可以减小来自网侧或网侧变流器的脉冲功率对直流环节电压波动的影响，从而减小牵引电机的转矩脉动。二次谐波滤波器放置在滤波器箱中，通过电缆连接到变流器箱的直流环节。滤波器箱与变流器箱相邻安装在动车底架。

总的来说，直流环节电路大致有两方面的作用，一方面作为四个变流器(网侧变流器、辅助变流器和两个三相变流器)的直流电源，另一方面起到能量缓冲作用，该电路能够提供稳定的直流电压和对地电压。直流环节较大的瞬时纹波电压会造成接地保护电路误动作，因此要求直流环节的滤波电容足够大。

三相变流器将直流环节电源转换成可变电压、可变频率的三相变频电源供电牵引电动机，直接实现三相异步牵引电动机的运行控制。在动力制动时三相变流器又可将牵引电动机发出的三相电转变为直流电，实现功率的逆向传递，其主电路如图 1.12 所示。

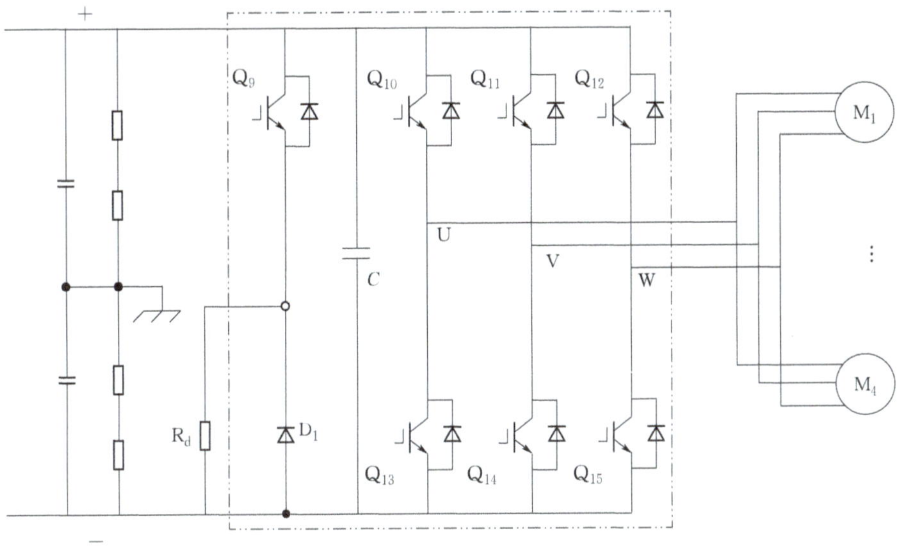

图 1.12　CRH1 型动车组的三相变流器原理图

(2)CRH3 型牵引变流器系统

CRH3 型动车组为 8 编组，其中 1、3、6、8 号车为动车，2、4、5、7 号车为拖车。每列动车组的牵引系统由两个牵引单元组成，1、2、3、4 为一个动力单元，5、6、7、8 为一个动力单元。如图 1.13 所示，红色车厢为装有牵引变流器的动车。动车组包括 5 种不同的车，即端车(头车和尾车)、变压器车、变流器车、便餐车和一等车，定义见表 1.1，其中 01/08 是端车，02/07 是变压器车，03/06 是变流器车，04 是便餐车，05 是一等车[10,11]。

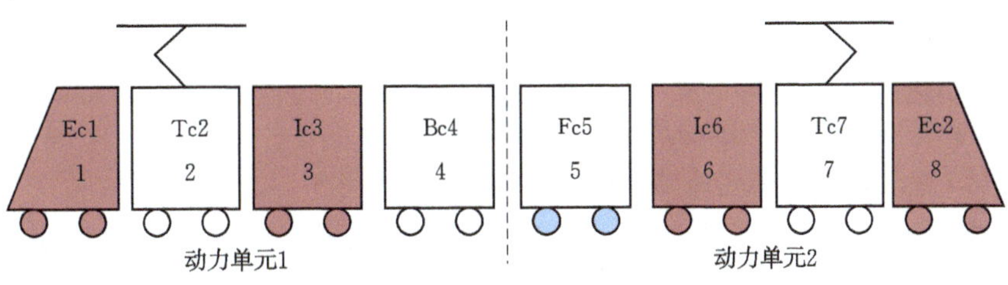

图 1.13　CRH3 型动车组编组图

表 1.1　5 种不同车型的定义与代号

定义	01/08	02/07	03/06	04	05
代号	EC 01/08	TC 02/07	IC 03/06	BC 04	FC 05

CRH3 型动车组牵引供电系统示意图如图 1.14 所示。每套牵引变流装置中有一台网侧变流器、一台牵引逆变器(即三相变流器)、一组牵引控制装置、冷却系统及中间直流环节等。每一台牵引逆变器控制 4 台并联电机。变流器的输入电压是单相交流 1 770 V/50 Hz，经网侧变流器整流得到 2 700～3 600 V 的中间直流电压，再经逆变器输出电压频率可调的三相交流电以控制电机。同时，网侧变流器输出的中间直流环节电压也是动车组辅助变流器的电力来源。和其他车型不同的是，CRH3 型动车组辅助变流器有单辅助变流器和双辅助变流器 2 种，单辅助变流器安装在 2、7 车厢，双辅助变流器安装在 4、5 车厢。经过辅助变流系统提供 440 V/60 Hz、230 V/60 Hz、DC 110 V、230 V/50 Hz 等 4 种不同制式的电源，满足了动车组辅助用电设备所需的电力供应。

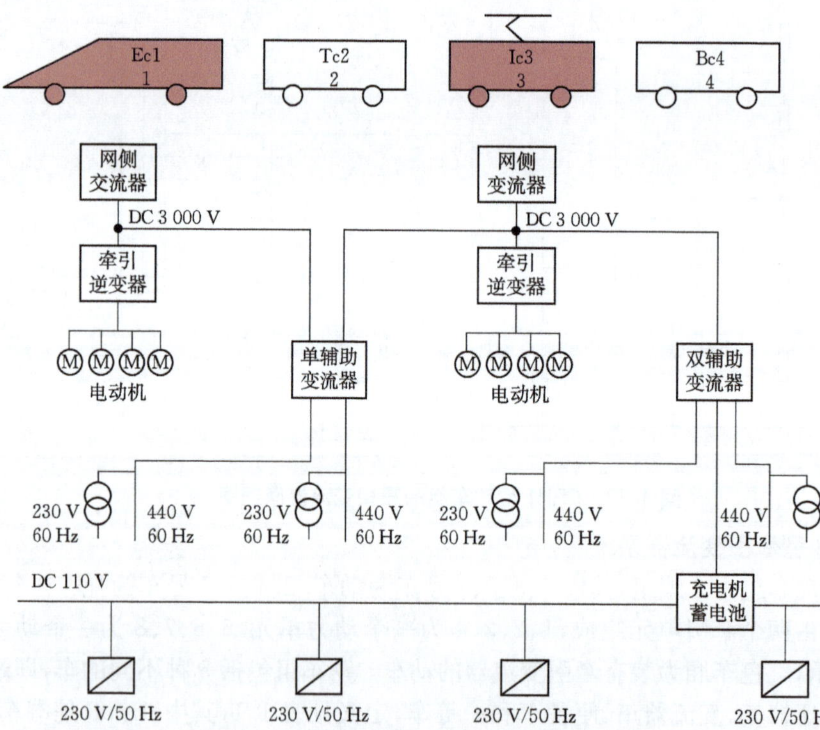

图 1.14　CRH3 型动车组牵引供电系统示意图

CRH3 型动车组的网侧变流器采用的主电路拓扑与 CRH1 型动车组相同，也是基于 IGBT 的单相两重化两电平电压型 PWM 整流器。直流环节同样由直流支撑电容与二次谐振回路组成，逆变器也类似，在此不做赘述。

(3)CRH5 型动车组牵引变流器系统

CRH5 型动车组为 8 编组，采用 5 动 3 拖的动力分散式配置，包括两个牵引单元，第一动力单元配置模式为 3 动 1 拖(M-M-T-M)，第二动力单元配置模式为 2 动 2 拖(T-T-M-

M)，其中 M 代表动车，T 代表拖车，如图 1.15 所示。每节动车都安装有一台牵引变流器以及一台辅助变流器，全车共 5 套；充电机、蓄电池等设备每辆车厢均有配备，全车共 8 套；受电弓分别安装在 3、6 号车顶，列车运行时采用单弓受流方式，另一个备用；在车顶设有贯通的高压母线，分别向两个牵引单元供电[12,13]。

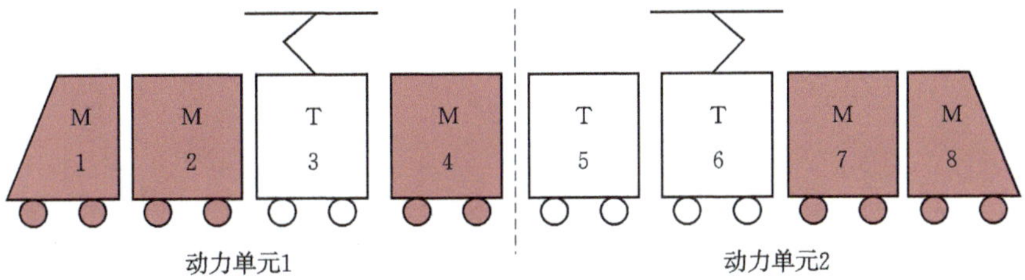

图 1.15　CRH5 型动车组编组图

以动力单元 1 为例，CRH5 型动车组牵引供电系统示意图如图 1.16 所示。接触网的交流 25 kV 电源由受电弓引入列车，经牵引变压器降压为交流 1 700 V 电源，作为网侧变流器的交流输入，经网侧变流器整流后中间直流电压环节电压为 3 600 V。每台牵引逆变器驱动 2 台电动机。辅助变流器由中间直流环节 3 600 V 提供电源，经变换后得到交流 380 V 母线电压，为每个动力单元的空调系统、照明系统等设备提供三相 380 V 电源。另外，交流380 V 还为每节车厢的充电机蓄电池系统提供电能，经充电机变换后，输出直流 24 V 母线电压，为列车的旅客信息系统、应急通风系统等提供电源。

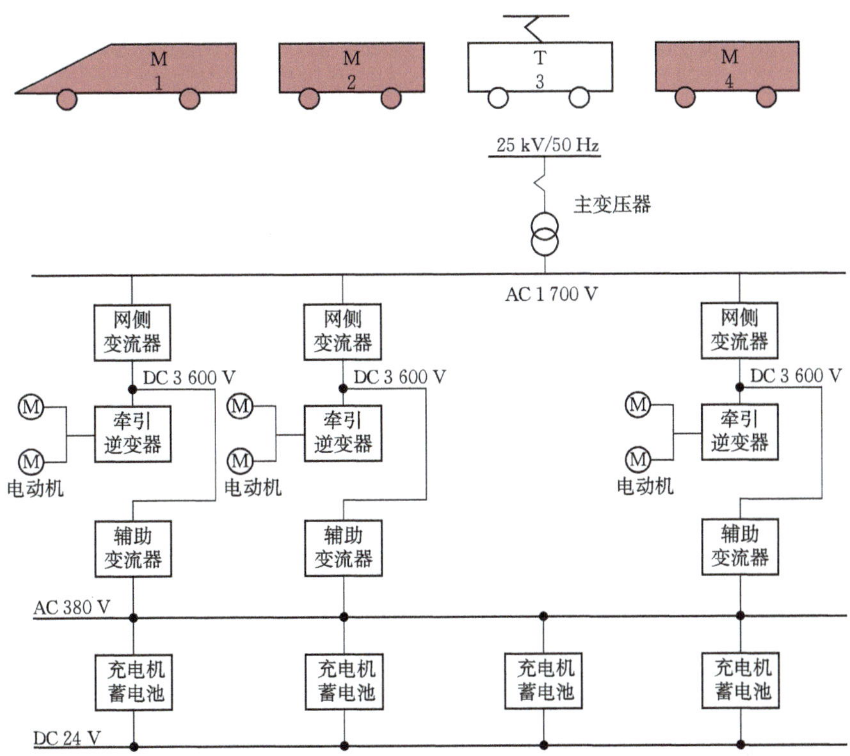

图 1.16　CRH5 型动车组牵引供电系统示意图(以单元 1 为例)

CRH5 型动车组网侧变流器采用的拓扑结构也是单相两重化两电平电压型 PWM 整流器，但每个桥臂由两个带反向续流二极管的 IGBT 并联组成，其原理如图 1.17 所示。这种双备份冗余设计增强了系统的可靠性，同时也增加了功率器件的通流能力，延长了使用寿命。另外，与 CRH1、CRH3 型动车组不同的是，中间直流环节取消了二次吸收回路而增大了直流侧支撑电容的值，以降低变流器体积成本。但由于直流侧仍会存在一定程度的二次脉动，因此需要在控制策略的设计上加以修正和弥补，来抑制脉动电压对电机转矩产生的影响。

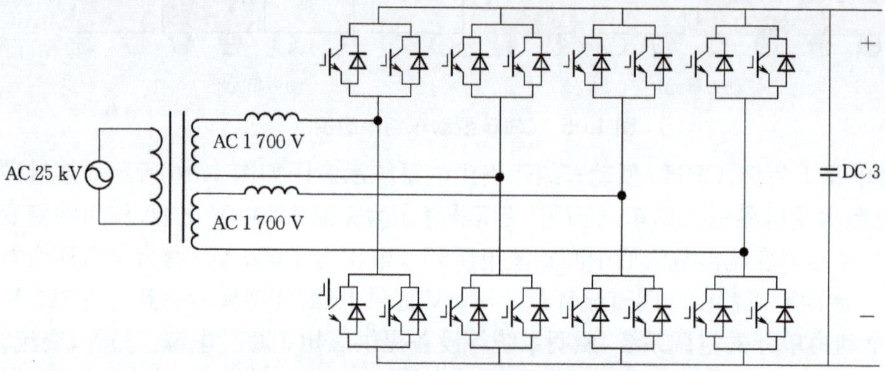

图 1.17 CRH5 型动车组网侧变流器原理图

2. 三电平牵引变流器系统

CRH2 型动车组电机侧变流器为三相三电平逆变器。其输出电压为三电平，电能脉动小，基波能量高，负载电流正弦度好，输出电能受负载变化的影响不明显。

(1)CRH2 型牵引变流器系统

动车组采用 8 辆编组方式其中有 4 节动车和 4 节拖车，分成两个动力单元，每个动力单元由 2 节动车和 2 节拖车(T-M-M-T)组成。在其中的 4 号车和 6 号车上分别装有一个受电弓，运行时一个受电弓引流另一个受电弓折叠处于备用状态。动车组编组形式如图 1.18 所示，红色车厢为装有牵引变流器的动车。

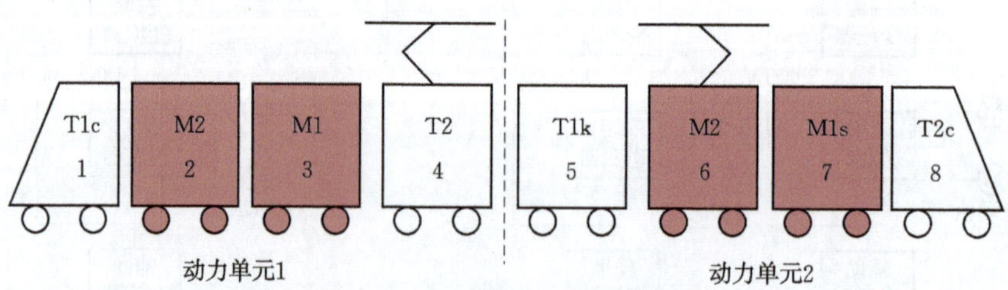

图 1.18 CRH2 型动车组编组图

CRH2 型动车组牵引传动系统采用交-直-交型，其牵引传动系统的能量传递与转换过程与装设两电平牵引变流系统的动车组基本相同[13,14]。

CRH2 型动车组牵引供电系统如图 1.19 所示。牵引变流器由一台网侧变流器、一台牵引逆变器、真空交流接触器等主电路设备以及系统控制设备所组成，所有上述设备设计在一个箱体中。每辆动车底盘下安有一台牵引变流器，每台牵引变流器驱动 4 个并联电机。在列车牵引工况下，主变压器将接触网的 25 kV 交流电降压为交流 1 500 V，送到网侧变流器。

网侧变流器整流得到 2 600～3 000 V 中间直流电压(按电机速度范围变化可调)。列车制动时,电机的制动能量通过网侧变流器进行回馈。辅助供电系统采用牵引变压器辅助供电绕组供电模式,通过辅助供电系统的变换,最终向列车提供 5 种系统所需的电源[14]。

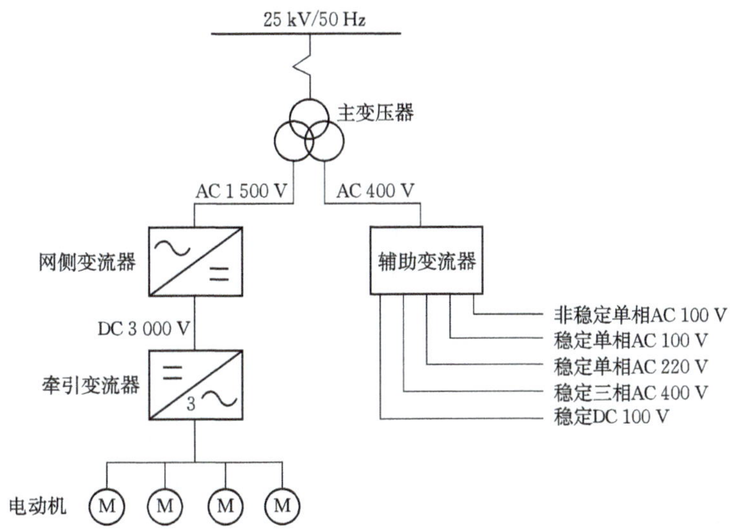

图 1.19 CRH2 型动车组牵引供电系统示意图(以单元 1 为例)

CRH2 型动车组网侧变流器采用的主电路拓扑结构是单相三电平电压型 PWM 整流器,如图 1.20 所示。可以看出,三电平 PWM 整流器比两电平 PWM 整流器多了 4 个开关管,两个桥臂各带有 2 个钳位二极管。C_1 和 C_2 为直流支撑电容。

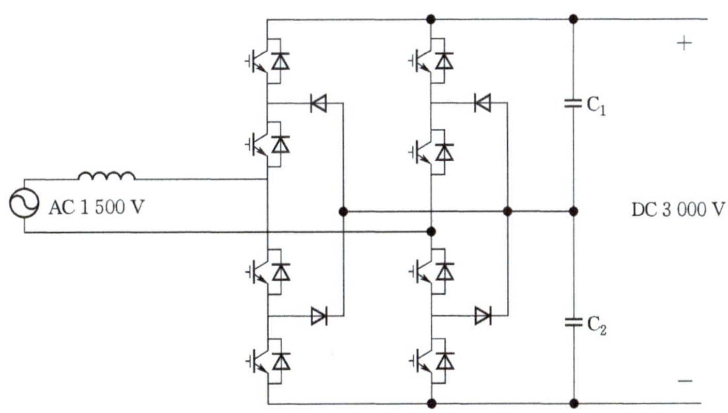

图 1.20 CRH2 型动车组网侧变流器主电路拓扑图

与传统两电平 PWM 整流器相比,三电平 PWM 整流器具有以下优点:

①在相同的调制方式和开关频率下,三电平 PWM 整流器的输出电平多于两电平 PWM 整流器,因此具有更好的输出电流波形,可以降低交流电流 THD,提高波形质量。

②三电平 PWM 整流器的功率器件所承受的关断电压只有直流电压的一半,因此可以降低开关器件的耐压等级,或者提高直流输出电压,扩大系统容量。

③三电平 PWM 整流器即使在较低的开关频率下,也可以保证输出波形的正弦度,增强了系统的抗干扰能力。

④三电平 PWM 整流器直流侧取消设置二次谐振 LC 支路，这大大降低了系统的体积和重量。

但三电平 PWM 整流器也存在缺点，其控制系统设计相对复杂，增加了数字化实现的难度；另外，由于直流侧存在两个电容两端电压不平衡的现象，需要采用中点电位平衡法来抑制中点电压偏移。

3. 牵引变流系统对比分析

从以上分析可以看出，CRH1、CRH2、CRH3 和 CRH5 型动车组的牵引变流器整体结构相似，但主电路拓扑及其对应的控制策略有很大差异[15-17]。

我国铁路供电网为 25 kV/50 Hz 的单相交流电，CRH1 型动车组牵引变流器采用两重两电平四象限脉冲整流器，将主变压器二次侧 900 V 交流电变为 1 650 V 直流电，再经过两电平三相逆变器变为可调压调频的三相交流电；而 CRH2 型动车组牵引变流器采用三电平四象限脉冲整流器，将 1 500 V 交流电转换为 3 000 V 直流电后，经过二极管钳位式三相三电平逆变器变为可调压调频的三相交流电；CRH3 型动车组的变流器的输入电压是单相 1 770 V/50 Hz，经网侧变流器整流得到 2 700～3 600 V 的中间直流电压，再经逆变器输出电压频率可调的三相交流电压来控制电机；CRH5 型动车组是以接触网的交流 25 kV 电源由受电弓引入列车，经牵引变压器降压为交流 1 770 V 电源，作为网侧变流器的交流输入，经网侧变流器整流后中间直流环节电压为 3 600 V。每台牵引逆变器驱动 2 台电动机。四种牵引变流器结构和电气参数对比见表 1.2。

表 1.2　牵引变流器电气参数对比

型　号	CRH1	CRH2	CRH3	CRH5
动力单元编组	5 动 3 拖	4 动 4 拖	4 动 4 拖	5 动 3 拖
高压网侧谐波收	RC 并联缓冲	RC 并联缓冲	RC 并联缓冲	RC 并联缓冲
网侧吸收	两重二电平变流	三电平脉冲整流	两重二电平变流	两重二电平变流
电机侧变流器	平三相两电逆变	三相三电平逆变	三相两电平逆变	三相两电平逆变
中间直流侧环节	LC 二次滤波	无 LC 二次滤波	LC 二次滤波	无 LC 二次滤波
电力牵引方式	交-直-交传动	交-直-交传动	交-直-交传动	交-直-交传动
接触网电压	AC 25 kV/50 Hz	AC 25 kV/50 Hz	AC 25 kV/50 Hz	AC 25 kV/50 Hz
主变二次侧电压	AC 900 V/50 Hz	AC 1 500 V/50 Hz	AC 1 770 V/50 Hz	AC 1 770 V/50 Hz
主变压器容量	4×400 kV·A	2×1 285 kV·A	4×1 462 kV·A	6×877 kV·A
中间直流电压	1 650 V	3 000 V	2 700 V～3 600 V	3 600 V
中间支撑电容	10 mF	2.125 mF×4=8.5 mF	4.5 mF	1 mF×4=4 mF
逆变器输出电压	0～1 287 V/0～152 Hz	0～2 300 V/0～220 Hz	0～2 800 V/0～138 Hz	0～2 808 V/0～200 Hz
变流器负载功率	265 kW×20=5 300 kW	300 kW×16=4 800 kW	587 kW×32=18 784 kW	568 kW×10=5 680 kW

CRH1、CRH3、CRH5 型动车组网侧变流器采用两重四象限脉冲整流器，由两台两电平四象限整流器并联而成，其载波错开一定角度，整车五台网侧变流器的触发脉冲也依次相移一定角度，一方面抵消输入变流器的高次电流谐波，减小输出脉动；另一方面一台变流器失

效时系统可继续运行，提高行车可靠性。但由于变流器为两电平，存在系统容差，低次谐波难以滤除，网侧必须设有谐波吸收环节以降低对电网的冲击性破坏，此外如果整车网侧变流器因故障部分切除运行，其高次谐波抑制能力也会大幅下降。CRH2 型动车组网侧变流器为三电平四象限脉冲整流器，采用载波移相调制，网侧电流波形更接近于正弦波，输出谐波能量小；功率管个数增加一倍，其耐压能力也相应增强，输出效率高，网侧功率因数几乎为 1。缺点在于其控制方式较为繁琐、主电路拓扑结构复杂、存在中点电压不平衡等问题。

CRH1、CRH3、CRH5 型动车组电机侧变流器为三相两电平逆变器，结构简单，易于实现变压变频控制，进而调节负载电机的转矩和转速；再生制动时又可将电机产生的三相交流电整流后逆向传递给直流环节，最终实现功率回馈给电网。其缺点在于输出电压为两电平，脉动较大，谐波含量高，负载电流的正弦度较差，负载发生变化时对网侧电能影响更大。CRH2 型动车组电机侧变流器为三相三电平逆变器，输出电压为三电平，电能脉动小，基波能量高，负载电流正弦度好，输出电能受负载变化影响不明显，且桥式结构中每桥臂功率管个数多出一倍，相应承受的电压更小，延长了集成化功率模块的使用寿命，再生制动时向直流侧传递的功率也更平稳。但其结构和控制方法相对复杂，每个桥臂脉冲序列要求有严格的逻辑关系和时序，功率管个数增加也给故障诊断和状态监测带来了一定的困难。

根据以上的对比分析，我们可以得到以下结论：

(1)在网侧变流器的主电路拓扑结构方面，可以分为单相两电平电压型 PWM 整流器和单相三电平电压型 PWM 整流器两种结构。其中，CRH1、CRH3、CRH5 型动车组所采用的是单相两电平电压型 PWM 整流器结构，并采取了两重化并联的方式，增大了系统的等效开关频率，降低了交流侧电流的谐波含量，提高了并网电流的质量，同时也扩大了系统的容量；CRH2 型动车组所采用的是单相三电平电压型 PWM 整流器结构，可以提高系统的电压等级，保证电流的正弦度，降低输出电压电流的谐波含量。虽然单个三电平 PWM 整流器的电流谐波含量比单个两电平 PWM 整流器低，但是如果两电平整流器采用双重化载波移相控制，那么两电平整流器对谐波的抑制能力与三电平整流器相差不大，且两电平电路的控制更为简单，也不存在中点电压平衡问题。

(2)在中间直流环节的结构方面，为了保证直流电压的稳定，四种动车组都存在一个较大的直流支撑电容。针对二次谐波谐振支路来说，CRH1、CRH3 型动车组设有二次谐振 LC 支路，CRH2、CRH5 型动车组通过合理设计支撑电容值可以取消二次谐波滤波装置，在一定程度上减轻了变流器的体积和重量。但这种方法无法在根本上消除直流侧的二次脉动，需要在变流器的控制策略中采用一定的方法来弥补和抑制，从而减轻脉动电压对电机转矩产生的影响。

(3)在系统电压等级方面，每种车型的电压等级都有所不同。其中，CRH1 型动车组的网侧输入电压是 AC 900 V，中间直流电压是 1 650 V；CRH2 型动车组的网侧输入电压是 AC 1 500 V，中间直流电压是 3 000 V；CRH3 动车组的网侧输入电压是 AC 1 770 V，中间直流电压是 3 000 V；CRH5 型动车组的网侧输入电压是 AC 1 770 V，中间直流电压是 3 600 V。在主电路结构上，通过采用两重化两电平 PWM 整流器拓扑和三电平电压型 PWM 整流器拓扑都可以实现提高电压等级的目的。

1.2.2 辅助变流系统

为了保证动车组牵引、制动等系统的正常运行，车体内设有各种辅助机械设备，如冷却风机、变压器冷却用的油泵、变流器冷却用的水泵以及提供风源的空气压缩机等。同时，为了保证旅客舒适的出行环境，车上还需设置空调、电热器、通风机、冰箱、插座等设备。而这些设备的电力都来源于辅助供电系统[18,19]。

辅助供电系统主要由三大部分组成：辅助变流器(SIV)、充电机(BC)和蓄电池。辅助变流器获取电能，并将其转换为 380 V 工频交流电，向供电母线提供电压，供车上三相用电设备使用，例如空调、风机等。充电机的功能是得到稳定的低压直流电源(通常为110 V)，为车载蓄电池供电并向直流母线提供电压。DC 110 V 母线为车上的直流用电设备(如电热器、照明系统等)供电，同时还是车上牵引、辅助系统控制箱的电能来源；蓄电池是对 DC 110 V 母线供电的辅助补充。在升弓前或高压设备、牵引变压器故障时，由蓄电池对 DC 110 V母线上的设备进行供电。辅助供电系统的能量流向图如图 1.21 所示。

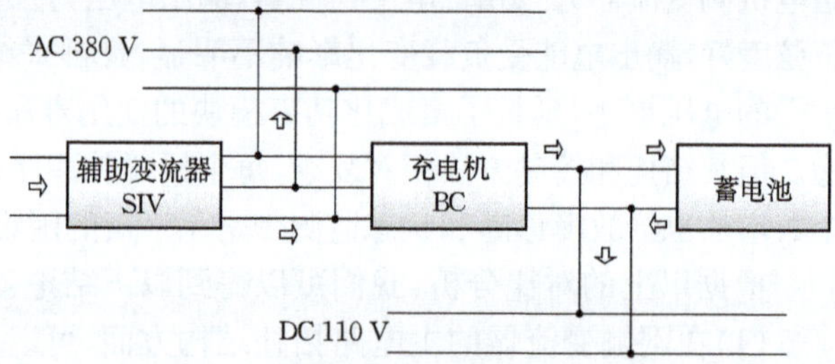

图 1.21 辅助供电系统能量流向图

目前我国高速铁路飞速发展，其中以 CRH 型动车组为代表的高速动车组在人们出行中占据了越来越重要的地位。CRH 不同型号的列车辅助供电系统不尽相同，如果以辅助供电系统供电方式的不同来分类，可以把他们分为两类：牵引变压器辅助供电绕组供电模式和牵引变流器直流环节辅助供电模式[20]，通常简单的把他们称为“交流供电”和“直流供电”模式。其中采用“交流供电”模式的是 CRH2 型动车组，而采用“直流供电”模式的是 CRH1、CHR3 和 CRH5 型动车组。下面根据供电方式的不同，分析不同车型的辅助供电系统。

1. *牵引变流器直流环节辅助供电模式*

(1)CRH1 型动车组辅助供电系统

CRH1 型动车组编组情况如图 1.22。从图中可以看出，动车组一共由 8 辆车组成，其中 5 动 3 拖，组成 3 个列车单元，而每个动车单元都有其完整的 380 V 交流辅助供电系统和 110 V直流供电系统。

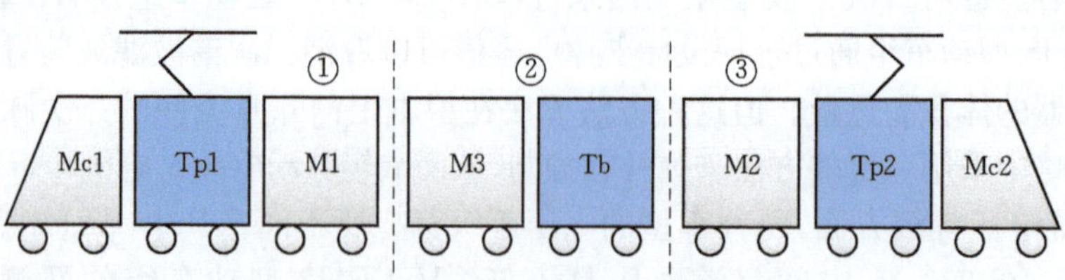

图 1.22 CRH1 型动车组编组图

CRH1 型动车组辅助供电系统采用的是牵引变流器直流环节辅助供电模式，即“直流供电”。接触网 AC 25 kV/50 Hz 高压电经由拖车 Tp1 和 Tp2 上的牵引变压器降压后输入临近动车牵引变流器的网侧变流器单元，后经网侧变流器单元转换输出 DC 1 650 V，供给牵引变流器和辅助变流器使用。辅助变流器将 DC 1 650 V 转换为三相 AC 380 V 和 DC 110 V 两路电源，为列车上的 HVAC、变流器和变压器的冷却机、空气压缩机、采暖、照明、控制、广播等设备提供电源[1]。CRH1 型动车组供电系统工作原理如图 1.23 所示。

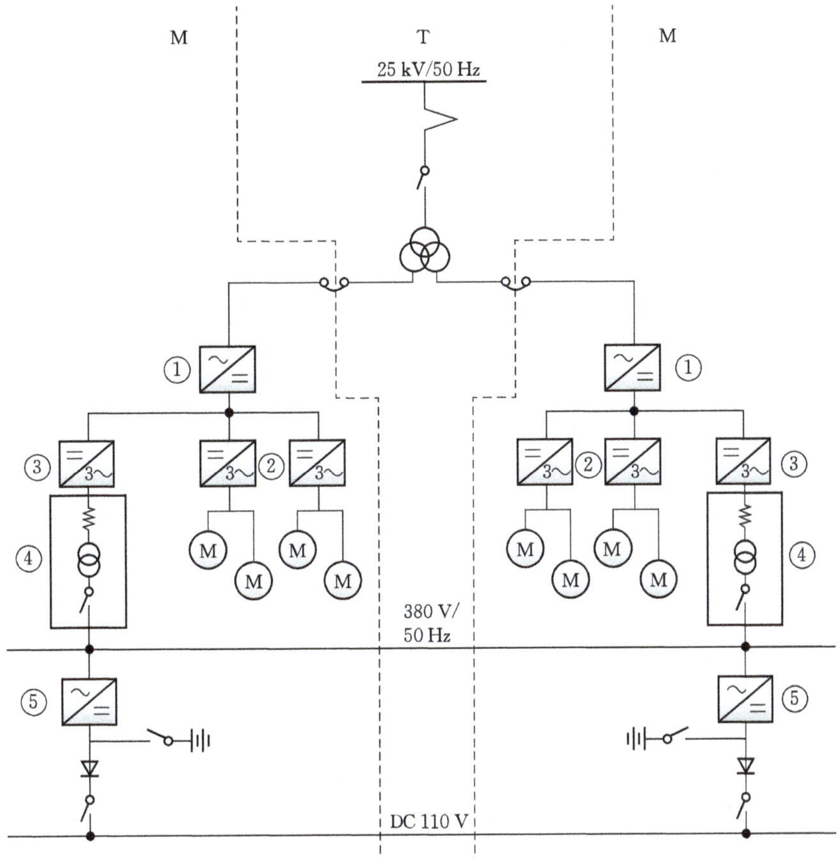

图 1.23 CRH1 型动车组供电系统图

图 1.23 中①是网侧变流器单元，②是牵引变流器，③是辅助变流器，④是辅助变流器输出滤波环节，⑤是充电机。从图中可以看出，每辆动车上都安装有一台辅助变流器和其输出滤波装置，滤波装置将输出三相电中的谐波滤除，然后再通过隔离变压器和输出接触器与列车三相 AC 380 V 母线相连接。另外动车上还配有充电机，为 DC 110 V 母线供电同时为电池充电。辅助供电系统的故障状态和冗余措施可以通过列车控制网络系统进行监视和控制。其中辅助变流器的主电路拓扑如图 1.24 所示。

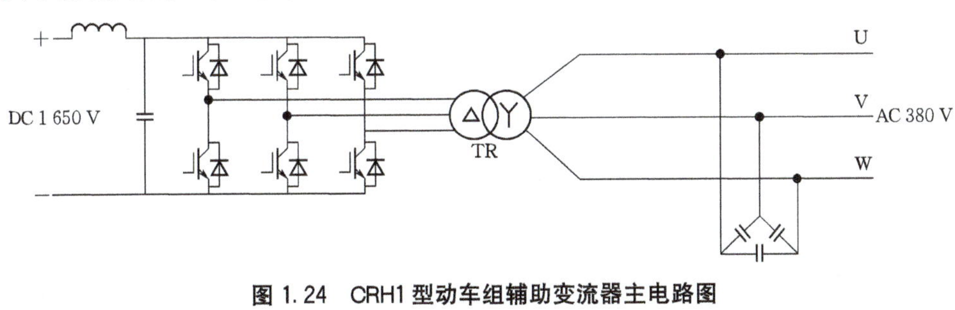

图 1.24 CRH1 型动车组辅助变流器主电路图

从图 1.24 可看出，CRH1 型动车组辅助变流器同网侧变流器输出端 DC 1 650 V 相连接，通过直流滤波环节，再经过三相两电平 IGBT 变流器逆变产生三相电源，然后经过输出变压器变压并通过滤波单元滤掉高次谐波，最后得到稳定的三相 380 V 交流电源。三相输出变压器将辅助变流器和用电设备进行了电气隔离。控制单元主要通过光纤对 IGBT 进行控制，从而有较高的抗干扰性。另外，一旦检测到故障出现，控制单元会切断对 IGBT 的信号控制，从而保护电路。

(2)CRH3 型动车组辅助供电系统

CRH3 型动车组辅助供电系统也采用的是牵引变流器直流环节辅助供电模式，即“直流供电”。CRH3 型动车组的 8 车编组方式，分为 EC01/EC08、TC02/TC07、IC03/IC06、BC04、FC05 五种车型，即端车、变压器车、变流器车、酒吧车和一等车。CRH3 型动车组的牵引变流器分别安装在 1、3、6、8 四节车厢中。牵引变流器的中间直流环节是 DC 3 000 V 级别电源，它将作为动车组辅助变流器的电力来源。和其他车型不同的是，CRH3 型动车组辅助变流器有 2 种，分别是单辅助变流器和双辅助变流器。单辅助变流器是双输入双输出，内设一套主电路，双辅助变流器是单输入三输出，内设两套完全一样的主电路。动车组供电情况如图 1.25 所示，从图中可以看出单辅助变流器安装在 2、7 车厢，双辅助变流器安装在 4、5 车厢。它们都从邻近的牵引变流器中间直流环节获取电能，经过变换输出 440 V/60 Hz 电源。另有一路经变压器变压输出 230 V/60 Hz 电源。4、5 车厢的双辅助变流器同时为同车厢的充电机进行电源供应，充电机将电能转换输出 DC 110 V 供控制系统使用，同时给全列车提供 DC 110 V 母线，每节车厢中有小变流器将其转换为 230 V/50 Hz 电源[1]。从图中可以看出，每节车厢都获得了以下电源：440 V/60 Hz、230 V/60 Hz、DC 110 V、230 V/50 Hz。这些不同制式的电源保证了动车组辅助用电设备的正常运行。

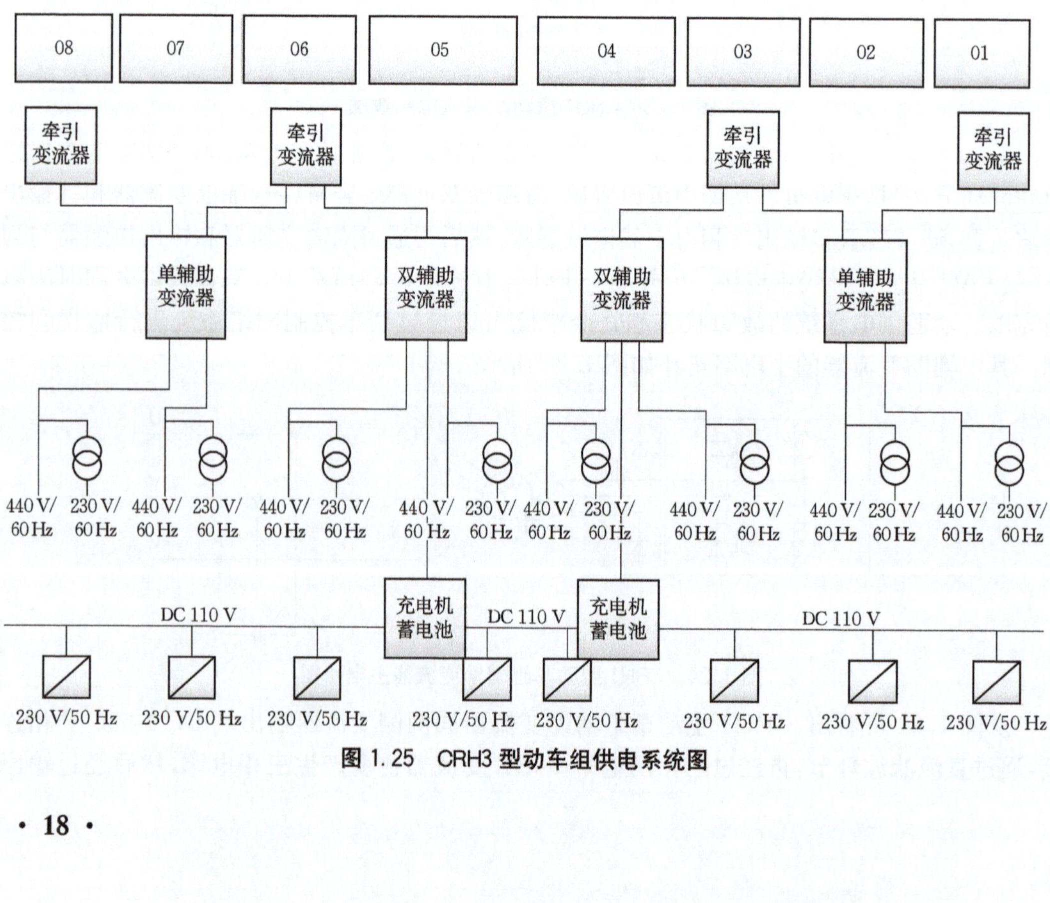

图 1.25　CRH3 型动车组供电系统图

CRH3 型动车组辅助变流器的主电路拓扑如图 1.26 所示。图 1.26(a)为单辅助变流器电路图,图 1.26(b)为双辅助变流器电路图。从图中可以看出,CRH3 型动车组主电路拓扑和 CRH1 型动车组辅助变流器的主电路拓扑基本一样。不同的是 CRH1 型动车组输入的是 DC 1 650 V,CRH3 型动车组输入的是 DC 3 000 V。结合图 1.25 和图 1.26 可以看出,单辅助变流器是从相邻的 2 节车厢的牵引变流器直流环节获得电能,因此有两个电源入口,同时它的 AC 440 V/60 Hz 输出电压也有两路,分别供给自己所在车厢和相邻的一节车厢。而双辅助变流器输入端只有一个入口,是由相邻一节车厢的牵引变流器直流环节提供电能,该变流器箱内有 2 套主电路拓扑,提高了功率容量和可靠性,同时它有 AC 440 V/60 Hz 三路输出,同时还有一路用来给同车厢的充电机系统提供电能。

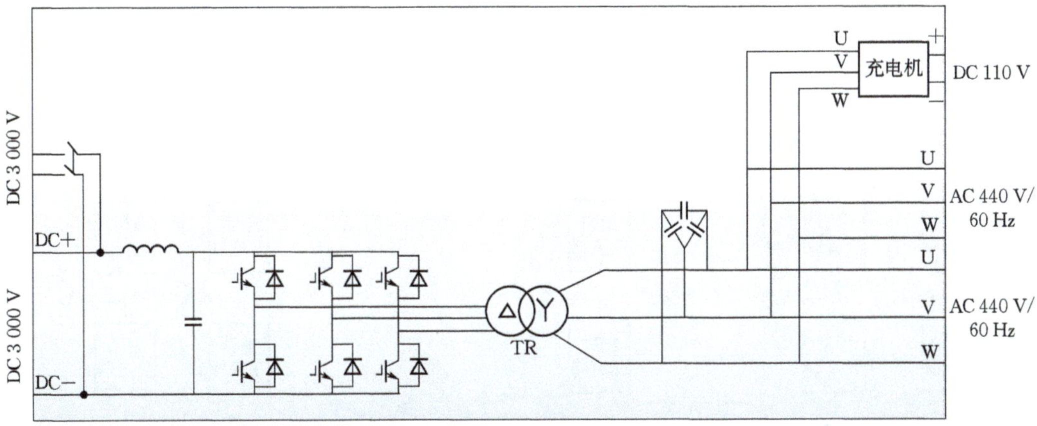

(a)单辅助变流器电路图

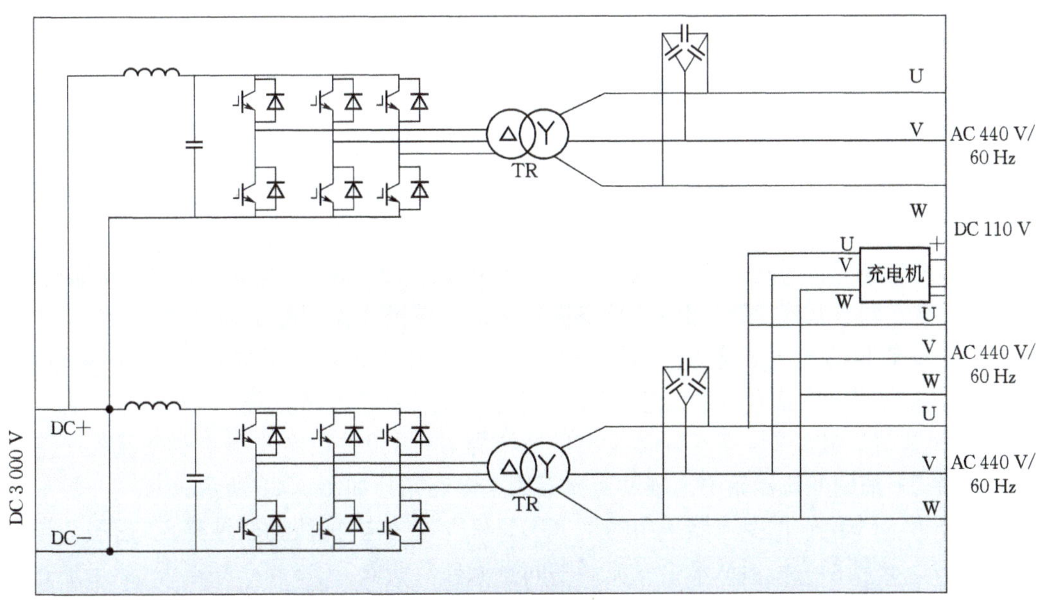

(b)双辅助变流器电路图

图 1.26　CRH3 型动车组辅助变流器主电路图

(3)CRH5 型动车组辅助供电系统

CRH5 型动车组辅助供电系统也采用的是牵引变流器直流环节辅助供电模式，即“直流供电”。CRH5 型动车组编组情况如图 1.27 所示。

CRH5 型动车组采用 5 动 3 拖的组合，动车组分为两个供电单元。1、2、3、4 车厢组成一个动力单元，5、6、7、8 车厢组成另一个动力单元。每个动力单元分别由该单元拖车上的受电弓为其提供电能。CRH5 型动车组辅助供电系统由辅助变流器、蓄电池、充电机等组成。列车共配套安装 5 台辅助变流器，每辆动车一台，和牵引变流器安装在一起。充电机、蓄电池设备每辆车厢均有配备，共 8 套。其具体情况如图 1.27 所示。

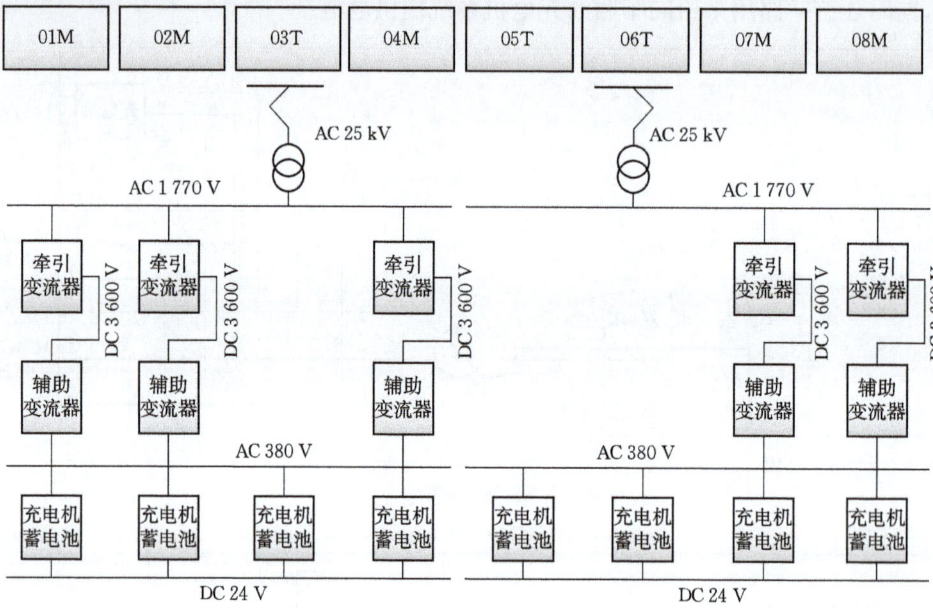

图 1.27　CRH5 型动车组供电系统图

从上图中可以看出，AC 25 kV 电源由受电弓提供给列车，经牵引变压器变压转换后提供 AC 1 770 V 电源，这些电源被提供给动车中的牵引变流器，供列车牵引使用。而每节动车车厢中同时配有辅助变流器，辅助变流器是由牵引变流器的中间直流环节 DC 3 600 V 提供电源的，经变换为每个动力单元提供 AC 380 V 电源。AC 380 V 电源再为空气压缩机、冷却通风机、空气调节系统、采暖照明等设备提供电能。辅助变流器除了提供 AC 380 V 电源外，还为每节车厢的充电机蓄电池系统提供电能。充电机为列车提供 DC 24 V 电源，DC 24 V的主要用电设备有旅客信息系统、应急通风装置和控制装置等[20]。

CRH5 型动车组 1、2、4、7 车配备有辅助变流器，连同相关控制器与牵引变流器一起安装在同一牵引/辅助变流器箱中。辅助变流器的主电路拓扑如图 1.28 所示。

CRH5 型动车组辅助变流器采用的是 IGBT 双段式结构，前段为斩波降压，后段为谐振整流加逆变。该辅助变流器从牵引变流器中间直流环节获取 DC 3 600 V 电源，然后通过两组串联的单相半桥斩波电路进行变换，2 个高频变压器(TR1 和 TR2)能够保证斩波器和辅助变流器之间的电气绝缘，在高频变压器的副边再经由两组串联的单相全波整流电路整流继而经过串联的两组谐振滤波器后最终输出。谐振滤波器由两个 IGBT、两个电容串联而

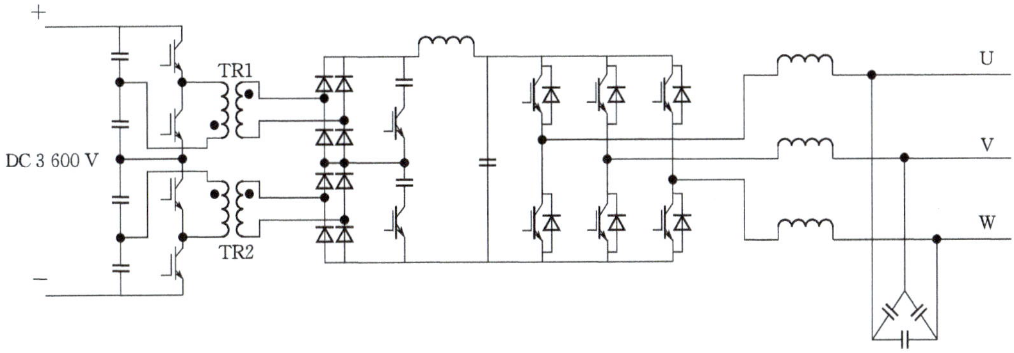

图 1.28　CRH5 动车组辅助变流器主电路图

成。谐振滤波器之后是中间直流环节的 LC 滤波电路，经过滤波器滤波后就生成辅助变流器所需的 DC 600 V 电源，最后经过空间矢量脉宽调控制（SVPWM），三相三桥臂辅助变流器输出三相 AC 380 V PWM 波，通过交流 LC 滤波后供给车内 AC 380 V 母线。

2. 牵引变压器辅助供电绕组供电模式

CRH2 型动车组辅助供电系统采用牵引变压器辅助供电绕组供电模式。

CRH2 型动车组编组形式如图 1.29。CRH2 型动车组由 8 辆编组车组成，其中 4 动 4 拖，受电弓分别安装在 4 号和 6 号车上。其中在 1 号车和 8 号车上分别设置一套辅助变流器，为整列车提供各种辅助电源。同时在 2、4、6 号车上分别设置一台蓄电池箱，提供备用电能。

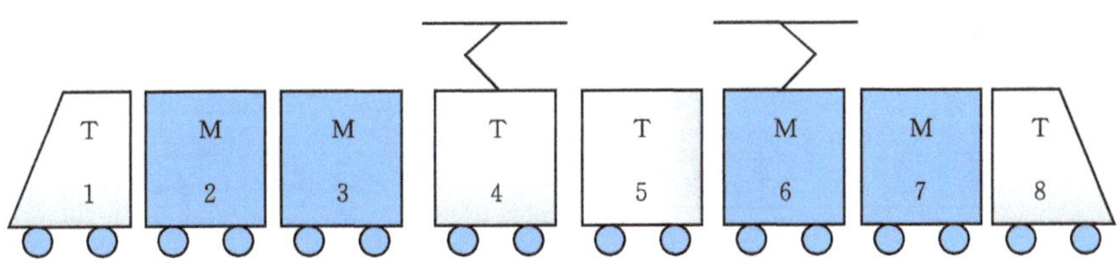

图 1.29　CRH2 型动车组编组图

CRH2 型动车组辅助供电系统采用的是牵引变压器辅助供电绕组供电模式，即"交流供电"。其辅助供电系统是由牵引变压器 3 次辅助绕组提供电源。牵引变压器从 AC 25 kV 接触网引下电能，用 3 次绕组向辅助供电系统提供 AC 400 V 电源，通过辅助供电系统的变换，最终向列车提供以下 5 种系统所需的电源：

①非稳压、单相 AC 100 V，主要提供给电热器等加热设备；

②稳压、单相 AC 100 V，主要提供给显示器、上水装置等；

③稳压、单相 AC 220 V，主要提供给插座、热水供应器等；

④稳压、三相 AC 400 V，主要提供给空调、风机、空气压缩机等；

⑤稳压、DC 100 V，主要提供给控制电源、车厢照明、蓄电池等。

其具体供电系统如图 1.30 所示。

CRH2 型动车组辅助供电系统的主电路是由输入整流桥、直流滤波环节、PWM 三相输出变流器、变流器输出变压器、变流器输出滤波环节、恒频恒压输出变压器、辅助变压器和辅助整流器组成的，如图 1.31 所示。

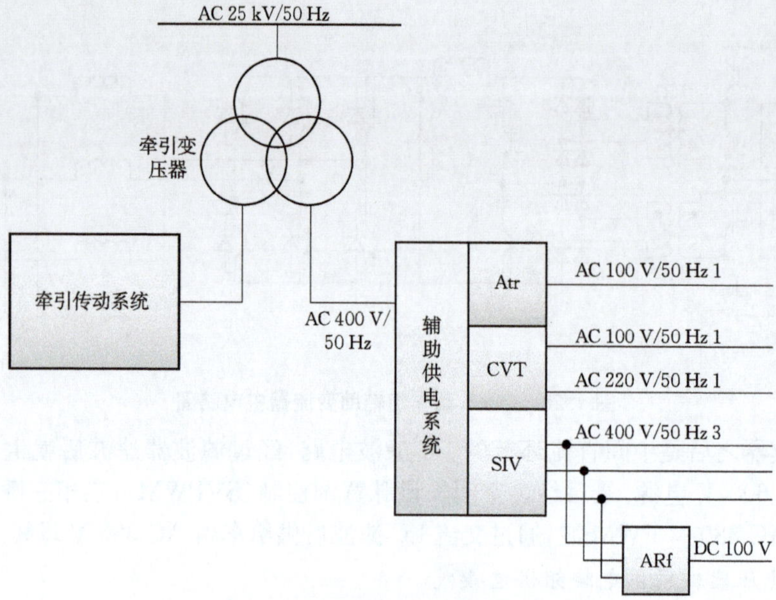

图 1.30 CRH2 动车组供电系统图

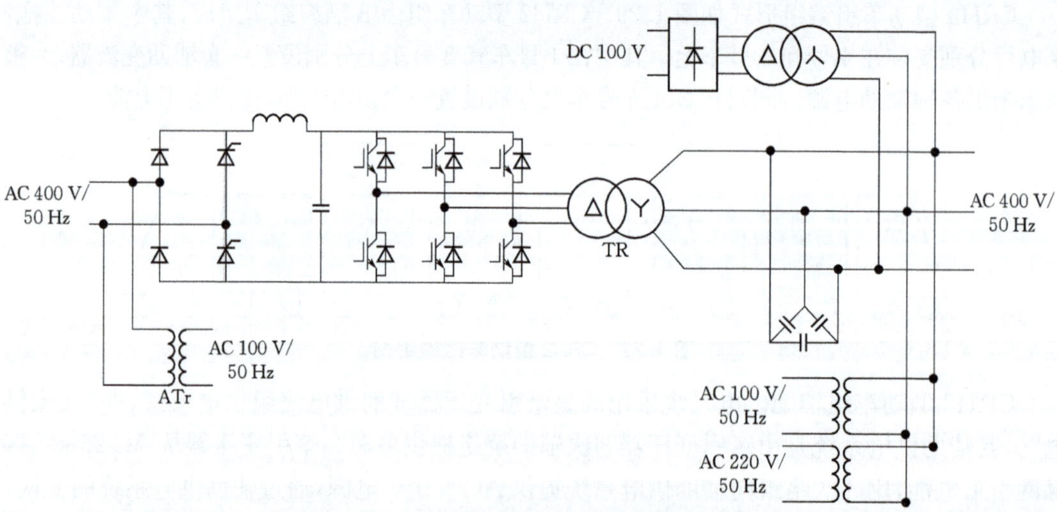

图 1.31 CRH2 动车组辅助供电系统主电路

从牵引变压器辅助绕组输出的单相 AC 400 V 电源首先通过由二极管和晶闸管组成的全桥半控整流器转换为直流电，然后通过直流滤波环节消除高次谐波，再由 PWM 三相输出变流器变换为交流电，最后经由角—星连接的输出变压器输出至滤波环节进行谐波滤除后得到三相稳定的 AC 400 V 交流电。除此之外，恒压恒频输出变压器还可以将输出的三相 AC 400 V电源转换为单相 AC 100 V 和 AC 220 V 两种电源，来供给负载使用。辅助变压器可在输入端直接得到不稳定的单相 AC 100 V。辅助整流器则通过变压器和三相全波整流桥在输出端得到稳定的 DC 100 V 电源[19]。

3. 辅助供电系统对比分析

以上分析了 CRH1、CRH2、CRH3 以及 CRH5 型动车组辅助供电系统的构造以及其中辅助变流器的拓扑结构。根据以上分析，对比 CRH 系列动车组辅助供电系统特点如下[21]：

(1)从辅助供电系统输入电能的角度来看，可以分为牵引变压器辅助供电绕组供电模式和牵引变流器直流环节辅助供电模式。简单的说可以称为“交流供电”和“直流供电”模式。采用交流供电模式的是 CRH2 型动车组，采用直流供电模式的是 CRH1、CRH3 以及 CRH5 型动车组。其中“直流供电”的输入电压等级也不尽相同，CRH1 型动车组是 1 650 V，CRH3 型动车组是 3 000 V，而 CRH5 型动车组是 3 600 V。

(2)从辅助供电系统输出电能的角度来看，辅助变流器输出电能的制式多种多样：CRH1 型动车组输出的是 AC 380 V/50 Hz 和 DC 110 V；CRH2 型动车组则输出 5 种不同的电能制式，包括非稳定 AC 100 V/50 Hz、稳定 AC 100 V/50 Hz、稳定 AC 220 V/50 Hz、稳定 AC 400 V/50 Hz以及稳定 DC 110 V；CRH3 型动车组提供的辅助电能有 AC 440 V/60 Hz、AC 230 V/60 Hz、DC 110 V、AC 230 V/50 Hz；CRH5 型动车组输出的是 AC 380 V/50 Hz 和 DC 24 V。

(3)从辅助变流器主电路拓扑结构的角度来看，CRH1、CRH2 和 CRH3 型动车组的辅助变流器结构基本相同，都是由输入 LC 滤波环节、三相 IGBT 逆变桥、输出工频变压器和输出滤波环节组成。不同的地方在于：由于 CRH2 型动车组是“交流输入”，因此在之前基础上，要在辅助变流器之前加上全桥半控整流桥(两个二极管和两个晶闸管组成)进行整流；CRH3 型动车组辅助变流器分为单辅助和双辅助两种，单辅助电路结构不变，双辅助是将两个完全一样的主电路并联起来工作；CRH5 型动车组辅助变流器的主电路结构相对复杂，前级由斩波降压电路构成，其中包括了两个高频变压器，后级的辅助变流器结构和 CRH 其他车型相似，但由于前级有高频变压器，后级设计时就没有工频变压器了。即 CRH 型动车组辅助变流器主电路有工频变压器隔离和高频变压器隔离两种方式。

(4)从辅助供电系统的供电方式来看，可以分为“集中供电”和“分散供电”两种方式。CRH2 型动车组的辅助变流器分别装在 1 号车和 8 号车上，1 号车为 1、2、3、4 车提供辅助电能，8 号车为 5、6、7、8 车提供辅助电能，即每个列车单元只有一套辅助变流器，为“集中供电”方式。CRH1 和 CRH5 型动车组的辅助变流器在每个动车上都有，CRH3 型动车组的辅助变流器分别安装在 2、4、5、7 车上。它们不仅能为本车提供辅助电源，还为临车提供电能，即为“分散供电”方式。

1.3 混合动力动车组电力牵引系统

随着我国高速铁路主干线路建设的逐步完成，铁路建设开始朝支线和市域方向发展。对于支线和市域，速度不再是最重要的发展方向，更多关注轨道交通本身的适应性问题，如何能在世界范围内适应不同的线路条件成为考虑的重点。为了能够在电气化铁路和非电气化铁路间混跑，近些年出现了一种新的动车组形式，也就是混合动力动车组。

混合动力动车组是在现有 CJ-1 的车体基础上进行研发，如图 1.32 所示，采用 2 动 1 拖的形式组成动车组，每列车上安装有 2 套牵引变流器以及 8 个牵引电机，采用 1 个牵引变流器带动 4 个电机驱动方式，每组牵引变流器配备各自的储能系统。

混合动力动车组的一些主要技术参数如下：

车重：186 t(AW0)、204 t(AW2)

车辆编组：2 动 1 拖

轴重:17 t

轴数:12

最高速度:160 km/h

传动比:4.68

新轮径:920 mm

半磨耗轮径:875 mm

中间直流电压:1 650 V

电机额定功率:160 kW

辅助变流器容量:100 kV·A×2

最高牵引力:106 kN

最大制动力:105 kN

图 1.32　混合动力动车组

混合动力动车组拖车上装备有受电弓、主变压器及辅助变流器等设备,两辆动车上装备有由北京交通大学自主研制的牵引变流器,其中包括两台并联运行的四象限整流器、牵引逆变系统及双向 DC/DC 变流器(BDC,Bidirectional DC/DC Converter),并且在动车上装备有由惠州亿能电子提供的动力电池及德国福伊特提供的柴油机动力包。其整个牵引传动系统的原理如图 1.33 所示。

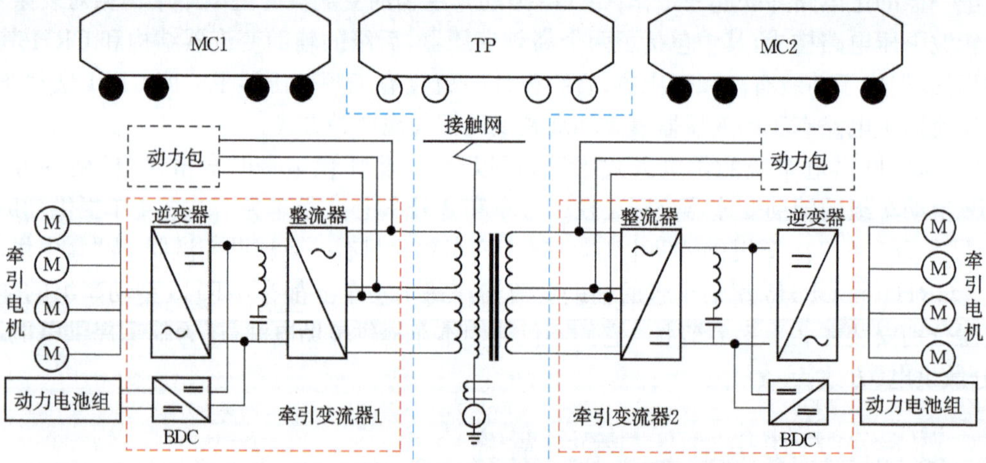

图 1.33　混合动力动车组牵引传动系统原理框图

混合动力动车组顾名思义,动车组动力方式由不同的动力源提供,EEMU 列车动力源由“接触网”和“动力电池”组成,DEMU 列车动力源由“接触网”和“动力电池+动力包”构成。通过拖车上的受电弓和牵引变压器将电压变换为交流 900 V,通过四象限整流器整流为直流侧电压。除此之外,两辆动车上的动力包及动力电池在列车非接触网模式下同样可以为直流侧提供电压,动力电池通过 BDC 在接触网模式下为电池充电,在非接触网下通过升压电路提供直流侧电压。在 DEMU 列车上,由于动力包所能够提供的功率不足以提供四个牵引电机的功率,故而添加动力电池补充能量。动力包同四象限间存在接触器,由四象限控制,闭合接触器后通过不控整流提供直流侧电压,并且动力电池同样通过 BDC 提供直流侧电压,二者同时为牵引逆变系统提供功率。当直流侧电压建立起来后,牵引逆变系统对直流侧电压进行逆变，最终产生电机输入侧的三相交流电压，保证电机正常运转。

1.3.1 混合动力动车组网侧变流器

混合动力动车组具有两种配置方式：一种是 25 kV 接触网与动力包供电的混合动力动车组，简称方案 A；另一种是 25 kV 接触网与锂电池供电的混合动力动车组，简称方案 B。以上两种方式经过统一设计，主电路和车体结构上具有良好的兼容性，可根据用户需要进行生产。对于这两种方案，接触网供电均为主动力，动力包或锂电池为辅助动力。

混合动力动车组牵引传动系统的能量传递与转换过程按照图 1.34 所示过程进行。

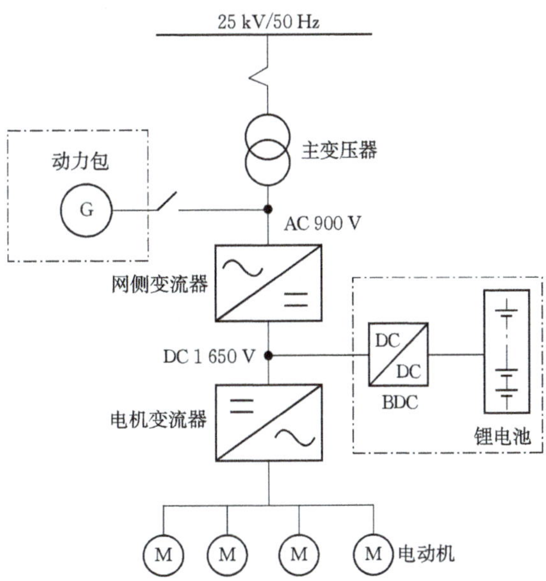

图 1.34 混合动力动车组牵引传动系统能量传递转换示意图

对于 A 方案，受电弓从接触网引 25 kV/50 Hz 单相交流电，经过安装在车底的主变压器降成 900 V/50 Hz 单相交流电(在无接触网时，采用动力包直接发出 900 V/50 Hz 的三相交流电)，经过网侧变流器转换成 1 650 V 的直流电，该直流电由电机变流器转换成幅值和频率可变的三相交流电送给牵引电机，将电能转换成牵引列车的机械能。

对于 B 方案，受电弓从接触网引 25 kV/50 Hz 单相交流电，经过安装在车底的主变压器降成 900 V/50 Hz 单相交流电，经过网侧变流器转换成 1 650 V 直流电能，该直流电一方面经过 BDC 给锂电池充电，另一方面供给电机变流器，由电机变流器转换成幅值和频率可变的三相交流电送给牵引电机，转换成牵引列车的机械能。当无接触网时，锂电池内存储的电能可释放出来供给电机变流器，使得列车继续运行一定的距离。

1.3.2 混合动力动车组牵引逆变器

图 1.35 为电力牵引系统主电路示意图。牵引逆变器检测到直流侧电压，并通过网络信号接收到列车司控室发来列车牵引状态指令后，开始发送脉冲驱动牵引电机正常工作。当列车处于制动状态时，牵引电机反馈回来的能量在接触网供电模式下反馈至接触网，在非接触网模式下则通过 BDC 对动力电池进行充电，保证能量的充分利用。

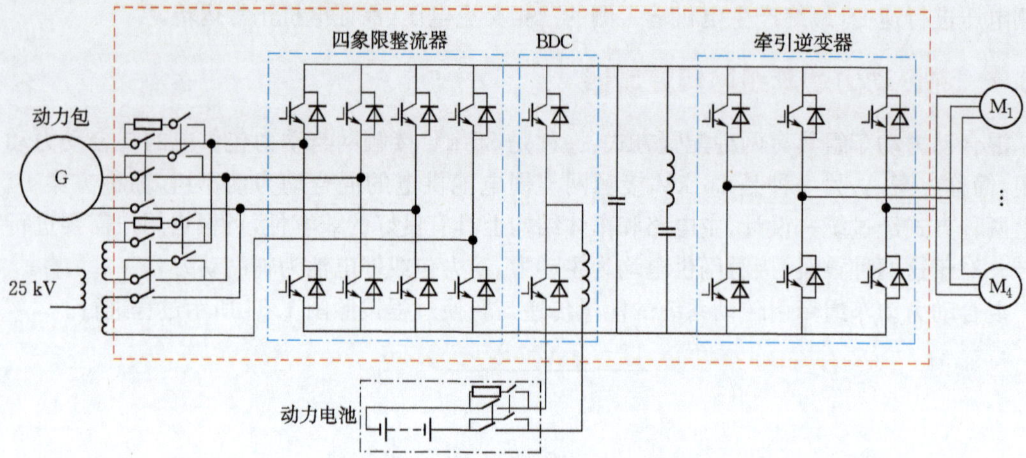

图 1.35　电力牵引系统主电路示意图

与此同时，为保证直流侧不会出现过压，对整个牵引系统造成不必要的损坏，在直流侧存在过压抑制环节。该环节通过 IGBT 模块同过压抑制电阻(5 Ω)直接相连，当检测到直流侧电压超过电压保护阈值时，开启 IGBT 模块，此时保证各个子系统处于隔离保护状态，直流侧的电压则通过过压抑制电阻进行放电，以此保证系统的正常安全的运行。

1.3.3　混合动力动车组 BDC

混合动力动车组的牵引系统结构如图 1.36 所示，电池储能系统，主要由动力电池和 BDC 组成，其中 EEMU 车辆配备两组磷酸铁锂电池和两组 BDC，通过变换器输出端并联；DEMU 车辆配备一组钛酸锂电池和一组 BDC，另有柴油动力包作为供电来源。两组编制可以保证，当其中一组电源故障时，另一组电源能继续为车辆提供动力。

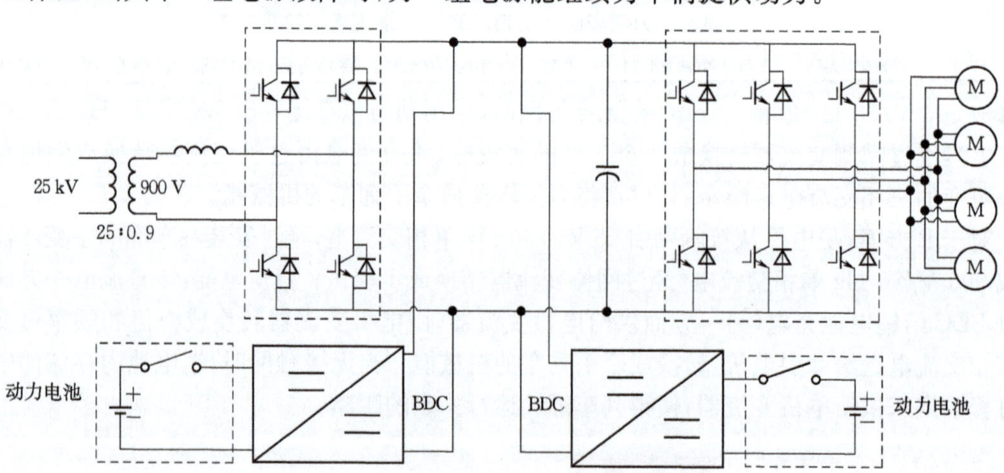

图 1.36　混合动力动车组牵引系统示意图

BDC 一端连接动力电池，另一端连接中间直流侧，主要实现双向电能变换功能。接触网供电模式下，整流器从 25 kV 电网取电，经过整流后给电池充电；非接触网供电模式下，当列车牵引时，动力电池组输出的 DC 1 100 V 变换成中间直流环节 DC 1 650 V，当列车制动时，将电机回馈的能量吸收至电池组中以供下次牵引。

BDC 采用的是基于 IGBT 功率模块的双向 DC/DC 变换电路，能够实现能量的双向流动，其主电路结构如图 1.37 所示。当列车处于无接触网牵引工况时，电路工作在 Boost 升压模式，此时 Q_2 作为主开关管，Q_1 的反并联二极管 D_1 作为续流二极管，Q_1 和 D_2 处于关断状态。通过控制 Q_2 的脉冲宽度，能量从电池流向中间直流侧，维持直流侧电压的稳定。

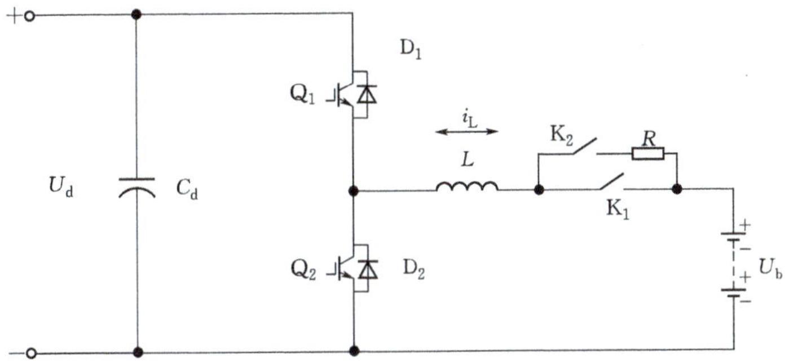

图 1.37 混合动力动车组 BDC 主电路拓扑图

当列车处于充电或制动工况时，电路工作在 Buck 降压模式，此时 Q_1 作为主开关管，Q_2 的反并联二极管 D_2 作为续流二极管，Q_2 和 D_1 处于关断状态。通过控制 Q_1 的脉冲宽度，能量从中间直流侧流向动力电池给电池充电。

BDC 的控制策略有电流闭环和电压闭环两种基本形式。在电池充电时，中间直流侧电压由牵引供电系统提供和维持，因此采用电流闭环控制，实现恒流充电。图 1.38 为单电流环充电控制框图。

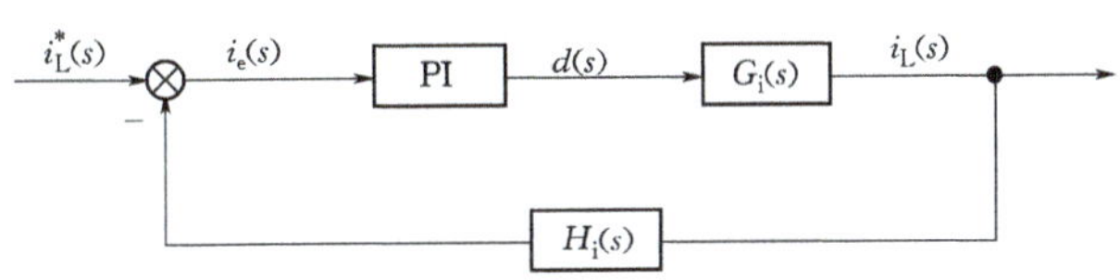

图 1.38 单电流环充电控制框图

非接触网牵引和制动时，BDC 变换器要维持中间直流侧电压的稳定，必须要有电压环稳压的控制环节。同时，受动力电池荷电状态(SOC，State of Charge)变化和运行工况的影响，电池充放电电流会出现变化，要求储能系统能做出响应，保持充放电电流在允许范围内，这就要求控制环节中还应有电流控制部分。因此，采用图 1.39 所示电压电流双闭环控制系统。

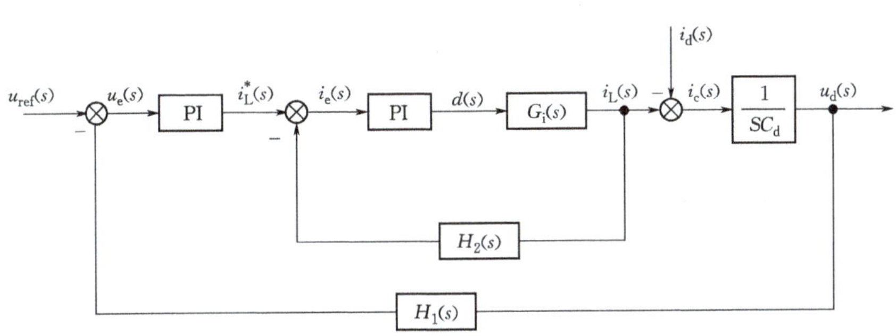

图 1.39 电流内环内压外环双闭环控制框图

参考文献

[1]Transmission and distribution committee of the IEEE power engineering society. IEEE recommended practices and requirements for harmonic control in electrical power systems:IEEE 519-1992[S].

[2]傅小日．日本新干线高速列车[M]．北京:中国铁道出版社,1999.

[3]李瑞淳,王骙．德国高速列车综述[J]．国外铁道车辆,2005,42(11):1-6.

[4]李芾,安琪．国内外高速动车组的发展[J]．电力机车与城轨车辆,2007,30(5):1-5.

[5]高铁见闻．中国全谱系动车组图解[EB/OL]．[2015-4-3]．http://card.weibo.com/article/h5/s#cid=10016038274823012149368&vid=2693323363&extparam=&from=1051295010&wm=5311_4002&ip=111.53.155.109.

[6]于薇薇．混合动力动车组直流侧稳定性研究及能量控制管理[D]．北京:北京交通大学,2017.

[7]张曙光．CRH1 型动车组[M]．北京:中国铁道出版社,2008.

[8]ROCKHILL A A,LISERRE M,TEODORESCU R,et al. Grid-Filter Design For a Multimegawatt Medium-Voltage Voltage-Source Inverter[J]. IEEE Transactions on Industrial Electronics,2011,58(4):1205-1217.

[9]张崇巍,张兴．PWM 整流器及其控制[M]．北京:机械工业出版社,2003.

[10]张曙光．CRH3 型动车组[M]．北京:中国铁道出版社,2008.

[11]姜东杰．CRH3 型动车组牵引传动系统[J]．铁道机车车辆,2008,28(S1):95-99.

[12]张曙光．CRH5 型动车组[M]．北京:中国铁道出版社,2008.

[13]张曙光．CRH2 型动车组[M]．北京:中国铁道出版社,2008.

[14]邓学寿．CRH2 型 200 km/h 动车组牵引传动系统[J]．机车电传动,2008,(04):1-7,38.

[15]朱闻名．高速动车组网侧变流器研究[D]．成都:西南交通大学,2011.

[16]朱琴跃,王俊哲,刘爱雷．CRH1 与 CRH2 动车组牵引变流器性能比较与优化[J]．计算机工程与应用,2013,49(21):255-261.

[17]李鲁．国内几种典型牵引传动系统的分析比较[D]．大连:大连交通大学,2013.

[18]邱成．动车组辅助电气系统与设备[M]．北京:北京交通大学出版社,2012.

[19]何洲红,钱卿,王金花．动车组辅助供电系统[M]．成都:西南交通大学出版社,2012.

[20]夏炎．混合动力动车组辅助变流器设计与研究[D]．北京:北京交通大学,2014.

[21]吴强．机车辅助变流器的技术发展[J]．机车电传动,2002 (03):4-7.

第2章 电力牵引系统控制原理

2.1 牵引系统建模方法

在分析电力牵引系统之前，需要对电力牵引系统进行数学建模。目前，数学建模最主流的工具是 MATLAB。MATLAB 可以非常方便地用各种功能模块完成系统建模，而不用其实际模型。但是，根据主电路的结构获得状态方程非常繁琐，一旦电路中有一点小小的变化，就必须重新列写新的状态方程。开关函数模型根据电力变换电路的功能而非结构进行建模，使得变流器模型与电机模型仅有外部接口耦合，而无内部变量耦合，避免了离散时间变流器模型与连续时间电机模型耦合引起的非因果和变结构问题，简化了电力电子系统的概念，有助于电力电子系统的分析和优化，这些优点可以总结如下：

- 简化了电力电子变换器电路；
- 提供了一种能方便地设计系统控制方案，检验动静态特性和效率、性能的手段；
- 各种设计参数如电压、电流等容易计算；
- 可以不使用状态方程和实际的功率器件模型来描述系统；
- 仿真运行时间短，收敛容易；
- 易扩展到其他拓扑结构。

开关函数模型不仅拥有以上优点，而且可以使用因果系统的建模工具 Simulink，发挥 MATLAB 特有的优势。所以，可以通过开关函数模型建立模拟变流器的模型，结合模拟电机模型，对整个模拟系统的功能和性能进行研究。

在分析过程中，为了简化结构，做出以下假设：

- 所有功率器件为理想开关，开关动作瞬时完成，开关过程所产生的压降和损耗忽略不计；
- 直流侧电压可以在满足需要的情况下随负载有一些波动；
- 开关频率远高于电网基波的频率；
- 网侧变流器交流电感是线性的，且不考虑饱和。

下面，基于开关函数方法，对网侧变流器和逆变器—电机系统进行建模分析。

2.2 牵引变流系统建模

2.2.1 网侧变流器模型

2.2.1.1 静止坐标系数学模型

网侧变流器通常采用单相两电平变流器拓扑，如图 2.1 所示。其中主要包括，交流侧滤波电感(变压器等效漏感)L,中间直流环节支撑电容 C,直流二次滤波回路的谐振电感 L_r 和电容 C_r,以及开关器件 $Q_1 \sim Q_4$。

为简化分析,如图 2.2 所示为网侧变流器的电路等效模型。显而易见的是:为避免贯穿导通,上桥臂和下桥臂不能同时导通,其驱动信号应该互补。

定义理想开关函数 S 有[1]:

(1)$S=1$,上桥臂开关闭合,处于导通状态;下桥臂相反。

(2)$S=0$,上桥臂开关断开,处于关断状态;下桥臂相反。

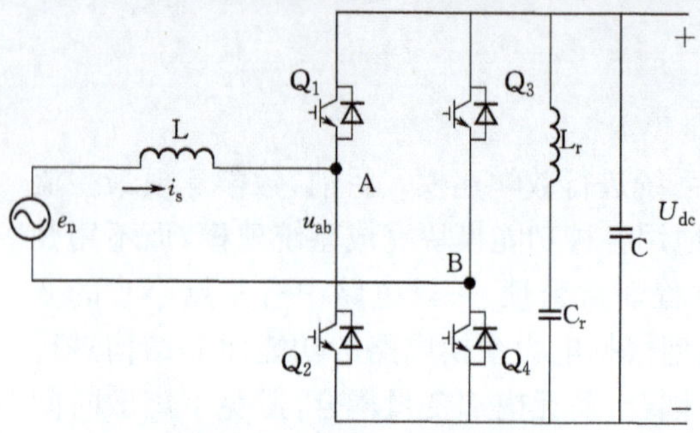

图 2.1 单相两电平变流器

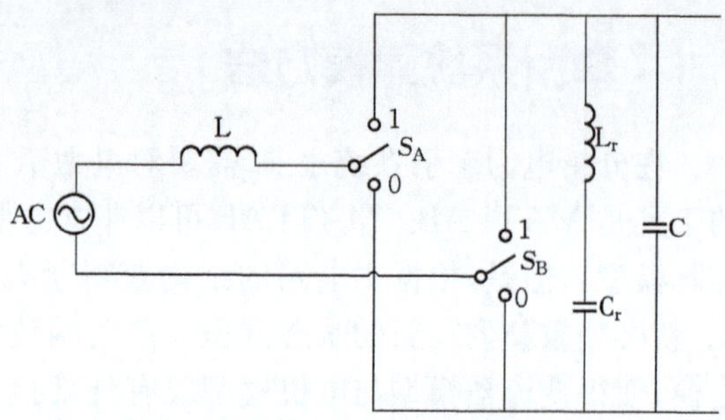

图 2.2 单相两电平变流器等效开关模型

单相两电平变流器输入端电压 u_{ab} 的幅值有:0、$\pm U_{dc}$。开关逻辑组合有 $S_A S_B=11$、10、01、00。网侧变流器的输入电压 u_{ab} 可以表示为

$$u_{ab}=(S_A-S_B)U_{dc} \tag{2.1}$$

因此,单相两电平变流器对应的四种工作模式如表 2.1 所示。

表 2.1 两电平变流器工作模式

工作模式	u_{ab}	工作模式	u_{ab}
$S_A=0,S_B=0$	0	$S_A=0,S_B=1$	$-U_{dc}$
$S_A=1,S_B=1$	0	$S_A=1,S_B=0$	U_{dc}

当 $S_A=0,S_B=0$ 时,下桥臂全部导通,则 $u_{ab}=0$。电容 C 向负载供电,电源对电感充电,在电感 L 上有

$$u_L=L\frac{di_s}{dt} \tag{2.2}$$

当 $S_A=1,S_B=1$ 时,上桥臂全部导通,则 $u_{ab}=0$。电容 C 向负载供电,电源对电感充电。同理也有上述方程成立。

当 $S_A=0,S_B=1$ 时,左侧下桥臂导通,右侧上桥臂导通,则 $u_{ab}=-U_{dc}$,满足如下方程:

$$L\frac{di_s}{dt}=e_n+U_{dc} \tag{2.3}$$

当 $S_A=1,S_B=0$ 时,左侧上桥臂导通,右侧下桥臂导通,则 $u_{ab}=U_{dc}$。电源与电感给负载和电容充电,则有

$$L\frac{di_s}{dt}=e_n-U_{dc} \tag{2.4}$$

从以上分析可以看出，变流器通过开关模式的切换可以维持输出稳定的直流侧电压及实现能量的双向流动。

令 AB 两点电压 u_{ab} 的有效值为 U_s，则有等值电路相量方程，即

$$\boldsymbol{E}_N = j\omega L\boldsymbol{I}_s + \boldsymbol{U}_s \tag{2.5}$$

瞬时等值电路如图 2.3 所示。

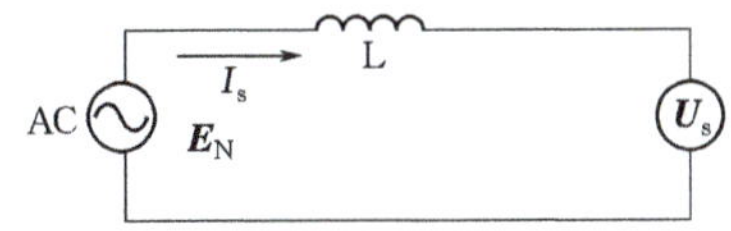

图 2.3　变流器瞬时等效模型

由式(2.5)可知：变压器二次侧电压 $\boldsymbol{U}_s$ 和电感 L 为已知量。则只要控制了 $\boldsymbol{U}_s$ 的相位和幅值，就相当于控制了 $\boldsymbol{I}_s$ 的相位和幅值；同理，如果控制了 $\boldsymbol{I}_s$ 的相位和幅值，也就控制了 $\boldsymbol{U}_s$ 的相位和幅值[2]。

基于两个单相两电平变流器并联而成的二重化单相两电平变流器主电路拓扑如图 2.4 所示，已应用在我国的 CRH1、CRH380BL 等系列动车组的牵引变流器中。二重化单相两电平变流器具有提高等效开关频率、增加系统容量、改善波形品质以及降低网侧电流谐波含量等优点。

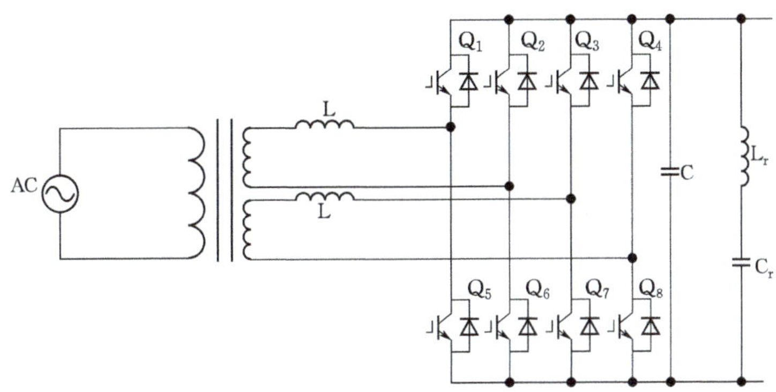

图 2.4　二重化单相两电平变流器主电路

2.2.1.2　旋转坐标系数学模型

对基于电流解耦控制思想的网侧变流器控制方法而言，首先需要虚拟一个正交的 β 坐标轴，构建静止 α-β 坐标系，接着建立网侧变流器的 d-q 同步旋转坐标系模型。

初始条件下，令网侧电压 $e_n(t)$ 与 α 轴重合，即 $e_n(t)=e_\alpha$，构建虚拟的 β 轴，令 β 轴滞后 α 轴 90°，d-q 旋转坐标系与 α 轴的夹角为 θ。

如图 2.5 所示，将 d 轴定义为有功轴。

根据垂直投影法，将 d-q 坐标系转换到 α-β 坐标系有

$$\begin{cases} e_\alpha = e_d\cos\theta - e_q\sin\theta \\ e_\beta = e_d\sin\theta + e_q\cos\theta \end{cases} \tag{2.6}$$

将 α-β 坐标系转换到 d-q 坐标系有：

$$\begin{cases} e_d = e_\alpha\cos\theta + e_\beta\sin\theta \\ e_q = -e_\alpha\sin\theta + e_\beta\cos\theta \end{cases} \tag{2.7}$$

控制系统的锁相环从网压过零点开始计算 ωt，则有

$$e_n(t) = E\sin\omega t \tag{2.8}$$

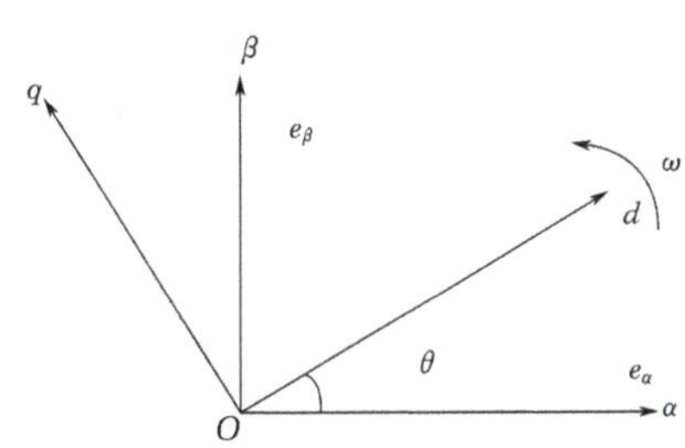

图 2.5　d-q 同步旋转坐标系

将式(2.8)代入前述公式(2.6)、式(2.7),即有:

$$\begin{cases} e_\alpha = E\sin\omega t \\ e_\beta = -E\cos\omega t \end{cases} \tag{2.9}$$

$$\begin{cases} e_d = E\sin\omega t\cos\theta - E\cos\omega t\sin\theta \\ e_q = -E\sin\omega t\sin\theta - E\cos\omega t\cos\theta \end{cases} \tag{2.10}$$

由角关系:$\theta = \omega t - 90°$,则可得:

$$\begin{cases} e_d = E \\ e_q = 0 \end{cases} \tag{2.11}$$

又考虑到 θ 与 ωt 的关系,可以导出下列变换关系:

$$\begin{cases} e_d = e_\alpha\cos\theta + e_\beta\sin\theta \\ e_q = -e_\alpha\sin\theta + e_\beta\cos\theta \end{cases} \tag{2.12}$$

对于 d、q 分量,由式(2.12)变换可得式(2.13):

$$\begin{cases} e_d = e_\alpha\sin\omega t - e_\beta\cos\omega t \\ e_q = e_\alpha\cos\omega t + e_\beta\sin\omega t \end{cases} \tag{2.13}$$

对于 α、β 分量之间的 θ 和 ωt 的关系有:

$$\begin{cases} e_\alpha = e_d\cos\theta - e_q\sin\theta \\ e_\beta = e_d\sin\theta + e_q\cos\theta \end{cases} \tag{2.14}$$

同理,由式(2.14)经变换可推出式(2.15):

$$\begin{cases} e_\alpha = e_d\sin\omega t + e_q\cos\omega t \\ e_\beta = -e_d\cos\omega t + e_q\sin\omega t \end{cases} \tag{2.15}$$

因此,在单相两电平变流器中,通过虚拟轴以及 Park、Clark 变换等数学处理,可以将变压器二次侧的时变交流量转化为直流量来进行数学表达,此种方法为控制系统的设计与实现提供了方向和思路。

2.2.2 逆变器-电机系统模型

逆变器-电机系统的开关函数模型如图 2.6 所示可以看出,由于变换器本身和脉冲方式一样,如果把电网和串联阻抗换成三相异步电机,则可以获得近似的开关函数模型。

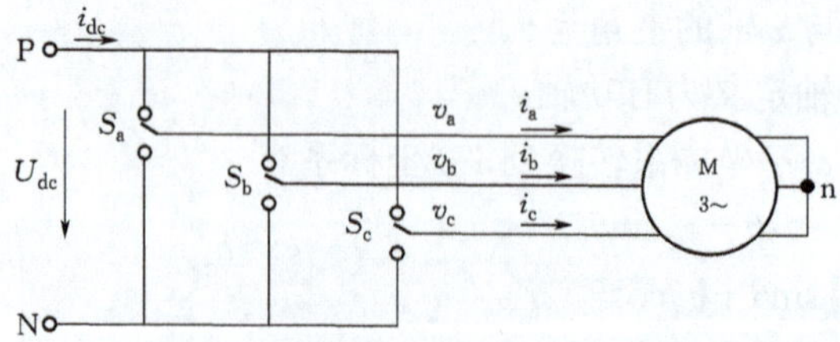

图 2.6　逆变器－电机系统简化结构图

$$\begin{cases} v_{as0} = v_{asN} + v_{N0} \\ v_{bs0} = v_{bsN} + v_{N0} \\ v_{cs0} = v_{csN} + v_{N0} \end{cases} \tag{2.16}$$

$$v_{isN} = U_{dc} \cdot S_i \quad (i = \mathrm{a,b,c}) \tag{2.17}$$

用 v_{in}、v_{iN}和 v_{Nn}(i=a、b、c)分别代替式(2.16)和式(2.17)中的 v_{is0}、v_{isN}和 v_{N0}，可得

$$v_{in}=U_{dc}\cdot S_i+v_{Nn}\quad (i=a,b,c) \tag{2.18}$$

式中 v_{in}——电机三相输入相电压；

S_i——各相开关函数。

假设电机绕组无中线连接且结构对称，则三相对称电网的电压电流关系式对电机也成立，即

$$\begin{cases}\sum\limits_{i=a,b,c} v_{in}=0\\ \sum\limits_{i=a,b,c} i_i=0\end{cases} \tag{2.19}$$

联立式(2.18)、式(2.19)可得：

$$v_{in}=U_{dc}\cdot (S_i-\sum S_i/3) \tag{2.20}$$

以上推导再次说明 PWM 整流器与逆变器—电机系统的相似性。同样，电机电流与直流侧电流满足下式

$$i_{dc}=\sum i_i\cdot S_{i1}\quad (i=a,b,c) \tag{2.21}$$

式中 i_{dc}——直流电流。

由式(2.20)、式(2.21)得到电压型逆变器(Voltage source inverter，VSI)的 MATLAB/Simulink 模型结构图如图 2.7 所示。

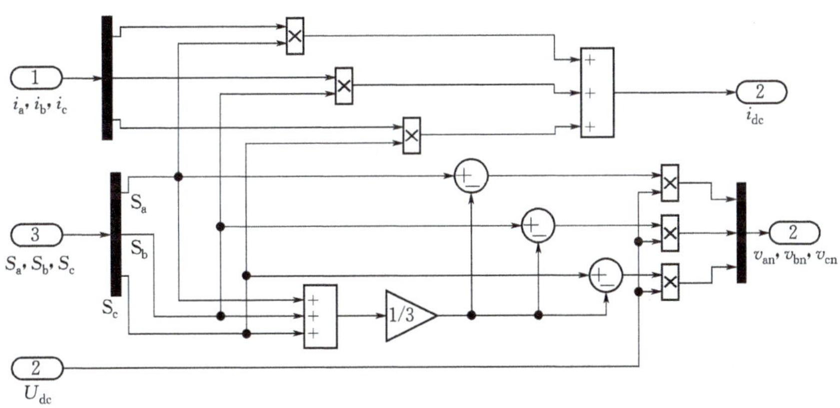

图 2.7 VSI 的 MATLAB/Simulink 开关函数模型

参考前面的分析方法，将 VSI 的电压电流进行从三相静止坐标系到 d-q 坐标系进行变换可得

$$i_{dc}=1.5(i_dS_d+i_qS_q) \tag{2.22}$$

$$u_d=U_{dc}S_d \tag{2.23}$$

$$u_q=U_{dc}S_q \tag{2.24}$$

式中 i_d、i_q——三相电流转换到 d-q 坐标系的值；

S_d、S_q——开关函数转换到 d-q 坐标系的值。

异步电机的三相静止坐标系中的模型，很多文献都有详细的描述，MATLAB/Simulink 也提供了很好的模型可供直接调用，这里不再赘述，仅给出 d-q 坐标系下的模型。

对于鼠笼式异步电机，转子电压为零，由参考文献[3]中的推导，得到定转子电压方程如(2.25)～式(2.28)所示：

$$u_q=r_s i_q+p\Psi_q+\omega_e\Psi_d \tag{2.25}$$

$$u_d=r_s i_d+p\Psi_d-\omega_e\Psi_q \tag{2.26}$$

$$0=r_r i_{qr}+p\Psi_{qr}+\omega_s\Psi_{dr} \tag{2.27}$$

$$0=r_r i_{dr}+p\Psi_{dr}-\omega_s\Psi_{qr} \tag{2.28}$$

式中　u_k、$i_k(k=d、q)$——电机定子相电压、电流的 d、q 轴分量；

Ψ_k、$\Psi_{kr}(k=d、q)$——电机定子、转子磁链的 d、q 轴分量；

r_s、r_r——电机定子、转子电阻；

ω_e、ω_s——电机同步电角频率及转差电角频率，rad/s。

磁链与电流的关系可以表示如下：

$$\Psi_q=L_{ls}i_q+L_m(i_q+i_{qr}) \tag{2.29}$$

$$\Psi_{qr}=L_{lr}i_{qr}+L_m(i_q+i_{qr}) \tag{2.30}$$

$$\Psi_{qm}=L_m(i_q+i_{qr}) \tag{2.31}$$

$$\Psi_d=L_{ls}i_d+L_m(i_d+i_{dr}) \tag{2.32}$$

$$\Psi_{dr}=L_{lr}i_{dr}+L_m(i_d+i_{dr}) \tag{2.33}$$

$$\Psi_{dm}=L_m(i_d+i_{dr}) \tag{2.34}$$

$$L_{ls}=L_s-L_m \tag{2.35}$$

$$L_{lr}=L_r-L_m \tag{2.36}$$

式中　L_s、L_r、L_m——电机定子、转子和励磁电感；

L_{ls}、L_{lr}——电机定子、转子漏感。

式(2.25)～式(2.36)写成矩阵形式为

$$\begin{bmatrix}u_q\\u_d\\0\\0\end{bmatrix}=\begin{bmatrix}r_s+L_sp & \omega_eL_s & L_mp & \omega_eL_m\\-\omega_eL_s & r_s+L_sp & -\omega_eL_m & L_mp\\L_mp & \omega_sL_m & r_r+L_rp & \omega_sL_r\\-\omega_sL_m & L_mp & -\omega_sL_r & r_r+L_rp\end{bmatrix}\begin{bmatrix}i_q\\i_d\\i_{qr}\\i_{dr}\end{bmatrix} \tag{2.37}$$

电机电磁转矩和机械平衡方程为

$$T_c=\frac{3}{2}\left(\frac{P}{2}\right)\boldsymbol{\Psi}_m\times\boldsymbol{I}_r \tag{2.38}$$

$$T_e=T_L+J\frac{d\omega_m}{dt}+B\omega_m \tag{2.39}$$

式中　J——电机转子转动惯量，kg・m^2；

B——电机转动摩擦系数，kg・m^2/s；

P——电机定子极数；

ω_m——电机转子机械角速度，rad/s；

T_e、T_L——电机电磁转矩和负载转矩，N・m。

考虑采用转子磁场定向矢量控制时，转子 q 轴磁链也为零，即 $\Psi_{dr}=\Psi_r$，可以得到 d-q 坐标系中逆变器—电机系统的等效电路，如图 2.8 所示。其中，图 2.8(b)表示电机机械平衡方程，受控源 T_e代表电磁转矩，由式(2.38)决定，电流源 T_L 代表负载转矩，C_J和 R_B分别代表转动惯量 J 和摩擦系数的倒数 $1/B$。

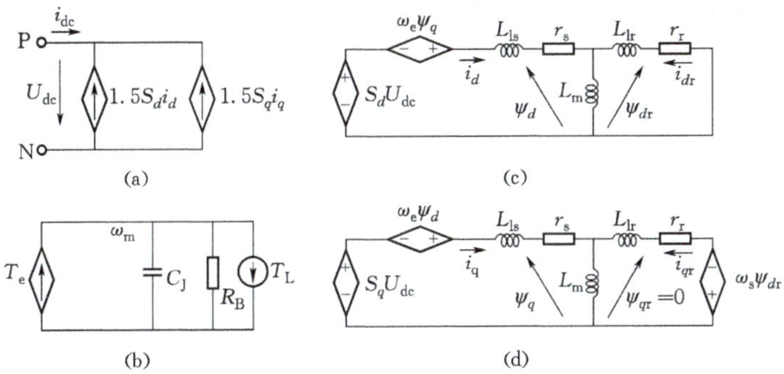

图 2.8　VSI-M 系统 d-q 坐标系中的等效电路

2.3　网侧变流器工作原理及控制

2.3.1　主电路及工作原理

根据网侧变流器的数学模型，网侧变流器可以在任意功率因数下工作，如图 2.9 所示，是任意功率因数相量图，$\boldsymbol{E}_N$ 与 $\boldsymbol{I}$ 之间存在任意角 θ。

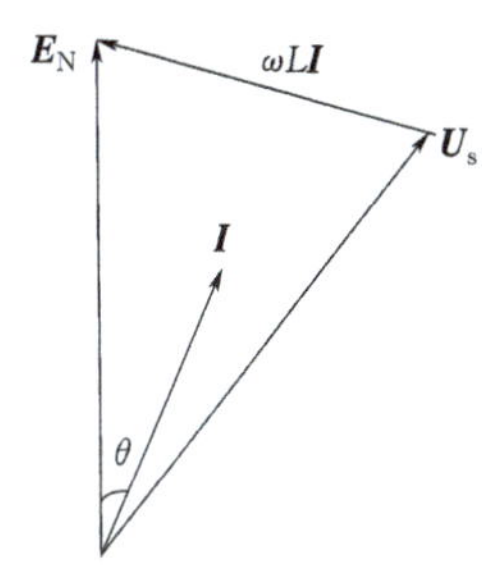

图 2.9　任意功率因数相量图

图 2.10 为简化图交流侧稳态相量关系图，由图可知[4]：

(1)当 $\theta=0°$时，即 $\boldsymbol{E}_N$与 $\boldsymbol{I}$ 重合，此时功率因数为 1；

(2)当 $\theta=180°$时，即 $\boldsymbol{E}_N$与 $\boldsymbol{I}$ 反向，此时功率因数为-1；

(3)当 $\theta=90°$时，$\boldsymbol{I}$ 超前 $\boldsymbol{E}_N$ 90°，PWM 整流器网侧呈现纯电容特性；

(4)当 $\theta=-90°$时，$\boldsymbol{E}_N$超前 $\boldsymbol{I}$ 90°，PWM 整流器网侧呈现纯电感特性。

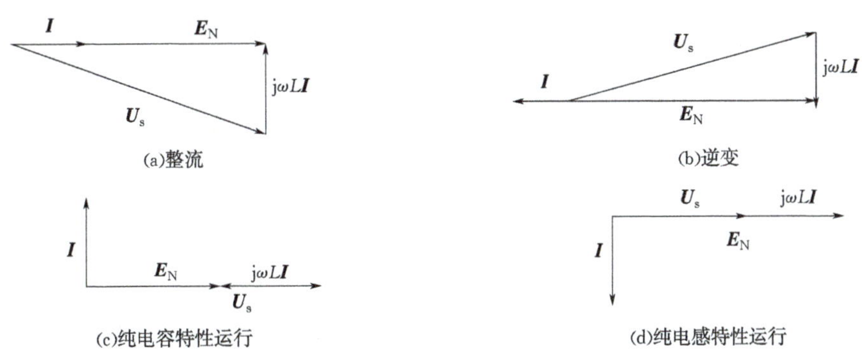

图 2.10　交流侧稳态相量关系简化图

在实际应用中，交流侧电阻 R 通常不能忽略，如图 2.11 所示。网侧变流器也可以工作于四种基本模式下，分别为整流、逆变、纯电容性和纯电感性，且运行功率因数可根据需要进行调节。这 4 种基本工作模式的相量图如图 2.12 所示。

分析图 2.12，图(a)中 $\boldsymbol{I}$ 与 $\boldsymbol{E}_N$同相，网侧变流器运行于整流状态，功率因数为 1；图(b)中 $\boldsymbol{I}$

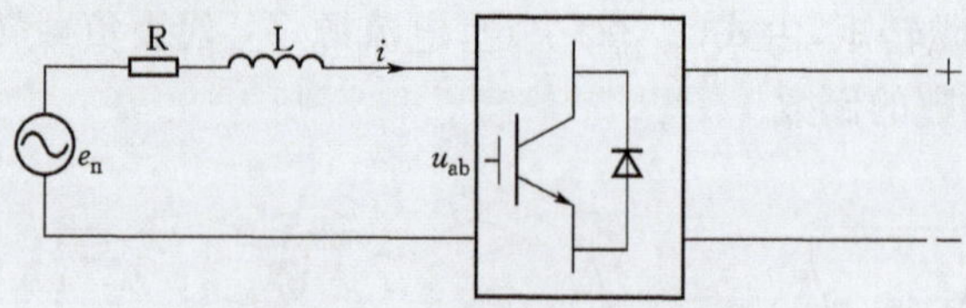

图 2.11　网侧变流器主电路图

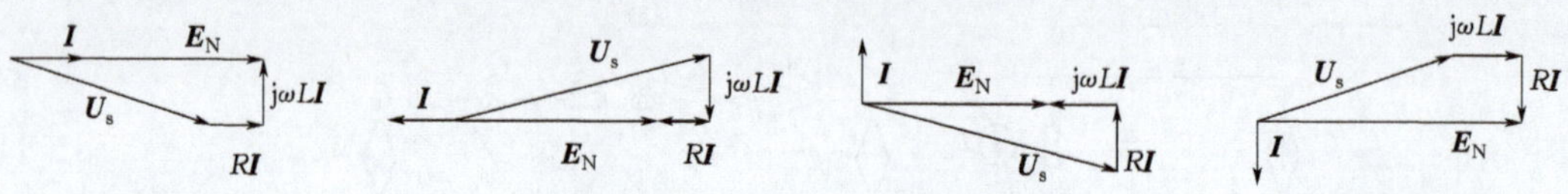

图 2.12　交流侧稳态相量关系

与 $\boldsymbol{E}_N$ 反向，网侧变流器运行于逆变状态，功率因数为 −1；图(c)中 $\boldsymbol{I}$ 比 $\boldsymbol{E}_N$ 超前 90°，网侧变流器交流侧呈现纯电容特性；图(d)中 I 比 E_N 滞后 90°，网侧变流器交流侧呈现纯电感特性。

2.3.2　闭环控制策略

对于网侧变流器，如果电流控制上采用直接电流控制方法，那么通过对电网电压进行锁相，并控制变流器交流电流的幅值和相位，就可以达到对网侧有功和无功功率控制的目的，从而实现并网控制。

对于并网控制来说，其控制性能首先取决于电网电压相位的准确获得。采集电网电压同步角的思路一般是：将 AD 采样得到的电网电压瞬时值通过 Clark 变换，获得其在两相静止坐标系下的电压表达式 e_α、e_β，进而获得电网电压的相角 θ，即：

$$\begin{cases} \sin\theta = \dfrac{e_\beta}{\sqrt{e_\alpha^2 + e_\beta^2}} \\ \cos\theta = \dfrac{e_\alpha}{\sqrt{e_\alpha^2 + e_\beta^2}} \end{cases} \tag{2.40}$$

这种电压定位方法的缺点在于，实际的电网电压并不是完全理想的正弦波，其中含有大量的谐波分量，在检测电网电压瞬时值时，这些谐波会影响电网瞬时值的测量，进而使得电网基波电压定位出现偏差，降低了控制精度。解决这个问题的有效方法是，引入高精度的锁相环(Phase-Locked Loop，PLL)技术。

采用基于电流闭环的控制策略时，为了实现对网侧变流器交流电流的无静差控制，根据坐标系选取方式的不同，一般可以分为：基于静止坐标系下的控制和基于同步旋转坐标系下的控制。对于静止坐标系下的控制策略，由于 PI 控制器无法对交流量进行无静差调节，因此一般采用比例谐振控制器；对于旋转坐标系下的控制策略，主要是利用坐标变换，将三相静止坐标系下的交流量转换为两相同步旋转坐标系下的直流量，然后通过 PI 控制器进行调节。

下面将主要介绍基于旋转坐标系下的 PI 控制策略[5]。在三相系统中，经过 Park-Clark 变换，就可以实现三相到两相的坐标变换。但是在单相系统中，由于单相系统只有一个交流量，无法构成两个自由度，也就无法直接进行 Park-Clark 变换，因此可以通过构造出一个与实际系统变量相互正交的虚拟变量构成虚拟坐标轴，以满足坐标变化所需的两个自由度这一条件，进而实现坐标变换后的 PI 无静差控制。

2.3.2.1 高精度软件锁相环

在基于旋转坐标系的控制中，实时相位信息的采集是实现对功率器件的通断控制、有功无功计算以及各种参考坐标系之间变换的基准。但由于电力系统中不可避免的存在着许多扰动，如网压的突变及频率波动、谐波的存在、负载投切时的扰动和三相电压不平衡等，都会影响网压信号相位测量的精度。因此，找到一种抗干扰性、适用性强的实时同步相位跟踪方法显得尤为重要[6]。

目前，一般采用锁相环来获取电网电压的相位角。锁相环分为硬件锁相环和软件锁相环两种。硬件锁相环主要采用的是过零比较的方法，通过对过零点的检测来计算信号的相位。硬件锁相环虽然跟踪速度较快，但由于电网本身电压的畸变以及检测电路受干扰等情况的存在，使得无法准确锁定网压相位，且一旦网压消失后，同步角也会立即丢失，这对于闭环控制来说是十分不利的。而软件锁相环技术，可以避免硬件锁相环在捕获网压相位时所潜在的干扰和误差，提高了锁相精度[7]。

通常，三相交流电压的软件锁相环原理是：将静止的三相电压 e_a、e_b、e_c 先通过 Clark 变换转换到静止的 α-β 两相坐标系下，再通过 Park 变换将静止坐标系转换到旋转的 d-q 坐标系下，得到交流电压的 d、q 轴分量 e_d、e_q。如图 2.13 所示，当电压合成矢量 E_N 不变时，它的 d 轴分量 e_d 代表了电压的幅值，q 轴分量 e_q 代表了 d 轴与网压 $\boldsymbol{E}_N$ 的相位关系。当 $e_q>0$ 时，d 轴滞后于 $\boldsymbol{E}_N$，应该增大同步角的频率；当 $e_q<0$ 时，d 轴超前于 $\boldsymbol{E}_N$，应该减小同步角的频率。因此，保证同步角跟踪网压的前提是令 $e_q=0$。

对于单相电网可以采用相同的思路，但由于单相电压只有一个，无法直接进行 Clark-Park 变换，因此首先需要构造一个延时 90°的虚拟正交分量。虚拟正交分量的构造有很多方法，比如低通滤波法、积分法、移相法等[8]。积分法的缺点是容易产生误差的累积导致直流量的偏移；低通滤波法虽然克服了积分法直流偏移的问题，但是滤波器的移相幅度不能根据信号的频率进行调整，从而影响锁相环的控制速度和效果；移相法是根据锁相环生成的同步信号直接对电压进行延时 90°处理，由于网压信号本身稳定性较好，不会有太大的偏移，因此移相法可以克服以上两种控制的缺点。采用移相法构造虚拟正交分量的软件锁相环控制框图如图 2.14 所示。

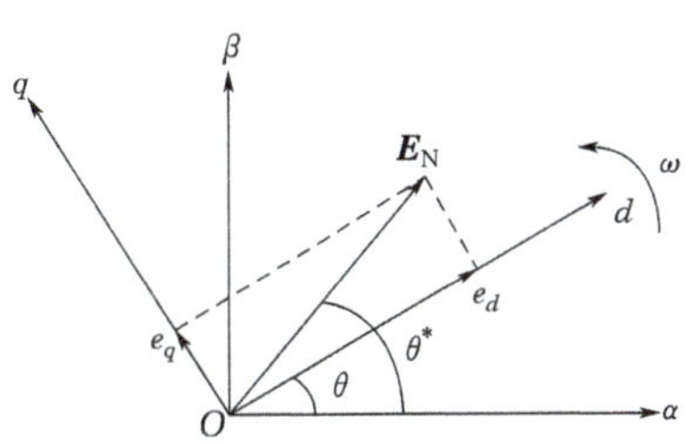

图 2.13 网压矢量相位示意图

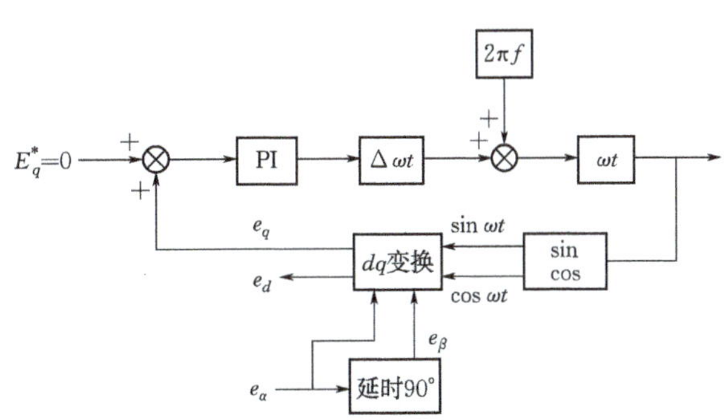

图 2.14 软件锁相环控制框图

一般，电网电压 e_n 可以表示为：

$$e_n = E\sin(\omega t + \varphi) \tag{2.41}$$

式中 E、φ——网压幅值、网压初始相角。

令网压 e_n 作为 α-β 坐标系下的 α 轴分量 e_α，即 $e_\alpha = e_n$。将移相 90°后的网压作为 β 轴分量 e_β，e_β 可以表示为：

$$e_\beta = E\sin\left(\omega t + \varphi - \frac{\pi}{2}\right) = -E\cos(\omega t + \varphi) \tag{2.42}$$

对 e_α 和 e_β 进行 Park 变换，得到 d-q 坐标轴下的电压分量如下：

$$\begin{bmatrix} e_d \\ e_q \end{bmatrix} = \begin{bmatrix} \cos\theta & \sin\theta \\ -\sin\theta & \cos\theta \end{bmatrix} \begin{bmatrix} e_\alpha \\ e_\beta \end{bmatrix} = \begin{bmatrix} E\sin(\omega t + \varphi - \theta) \\ E\cos(\theta - \omega t - \varphi) \end{bmatrix} \tag{2.43}$$

式中 e_d、e_q——d、q 轴的坐标分量。

可以发现，当 $\theta = \omega t + \varphi - \frac{\pi}{2}$ 时：

$$\begin{bmatrix} e_d \\ e_q \end{bmatrix} = \begin{bmatrix} E \\ 0 \end{bmatrix} \tag{2.44}$$

此时，锁相环进入稳定状态，输出的相角 θ 与网压保持同步。

将 $\theta = \omega t + \varphi - \frac{\pi}{2}$ 代入式(2.43)，并设网压 e_n 与 α 轴重合，即令 $\varphi = 0$，得：

$$\begin{cases} e_d = e_\alpha \sin\omega t - e_\beta \cos\omega t \\ e_q = e_\alpha \cos\omega t + e_\beta \sin\omega t \end{cases} \tag{2.45}$$

对式(2.45)进行反变换，得到：

$$\begin{cases} e_\alpha = e_d \sin\omega t + e_q \cos\omega t \\ e_\beta = -e_d \cos\omega t + e_q \sin\omega t \end{cases} \tag{2.46}$$

该公式将在后面的推导过程中用到。

2.3.2.2 基于 d-q 坐标系的双闭环控制策略

基于电网电压定向的输出电流相量图如图 2.15 所示。将同步旋转坐标系中的有功轴 d 轴定义与电网电压相量 $\boldsymbol{E}_N$ 同相位，坐标系随着电网电压一起以同步角速度 ω 旋转。从图中可以看出，$e_d = |\boldsymbol{E}_N|$，$e_q = 0$。

基于瞬时功率理论，系统的瞬时有功功率 P 和无功功率 Q 可以表示为：

$$\begin{cases} P = \dfrac{3}{2}(e_d i_d + e_q i_q) \\ Q = \dfrac{3}{2}(e_d i_q - e_q i_d) \end{cases} \tag{2.47}$$

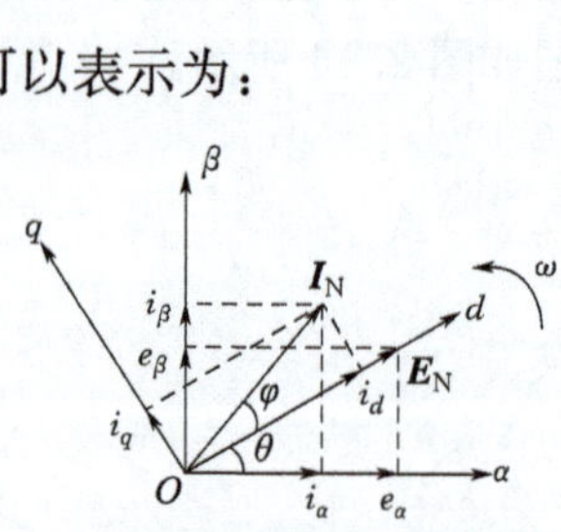

图 2.15 基于电网电压定向的输出电流相量图

当 d 轴与电网电压相量重合时，$e_q = 0$，上式可以改写为：

$$\begin{cases} P = \dfrac{3}{2} e_d i_d \\ Q = \dfrac{3}{2} e_d i_q \end{cases} \tag{2.48}$$

如果不考虑电网电压的波动，即 e_d 为定值，那么 PWM 整流器的交流瞬时有功和无功功率仅与输出的有无功电流 i_d、i_q 成正比。这表示，通过控制 i_d、i_q 的大小即可以控制并网的有、无功功率。

由于直流的有功功率可以写为 $P=i_{dc}U_{dc}$，忽略系统的损耗，则由式(2-48)可知：$I_{dc}U_{dc}=P=3e_di_d/2$。由此可见，直流侧电压 U_{dc} 与 d 轴电流 i_d 成正比，因此直流电压的控制可以通过控制 i_d 来实现。

基于电网电压定向的同步旋转坐标系下的控制框图如图 2.16 所示。控制系统由直流电压环和有功、无功电流环构成。直流电压环可以通过 PI 调节器来实现。由于可以通过控制 i_d 来实现直流电压的控制，因此电压环的 PI 输出即为有功电流指令值 i_d^*。无功电流的指令值 i_q^* 根据需要注入电网的无功功率计算而得，一般为手动给定。当 $i_q^*=0$ 时，即可实现整流器的单位功率运行。

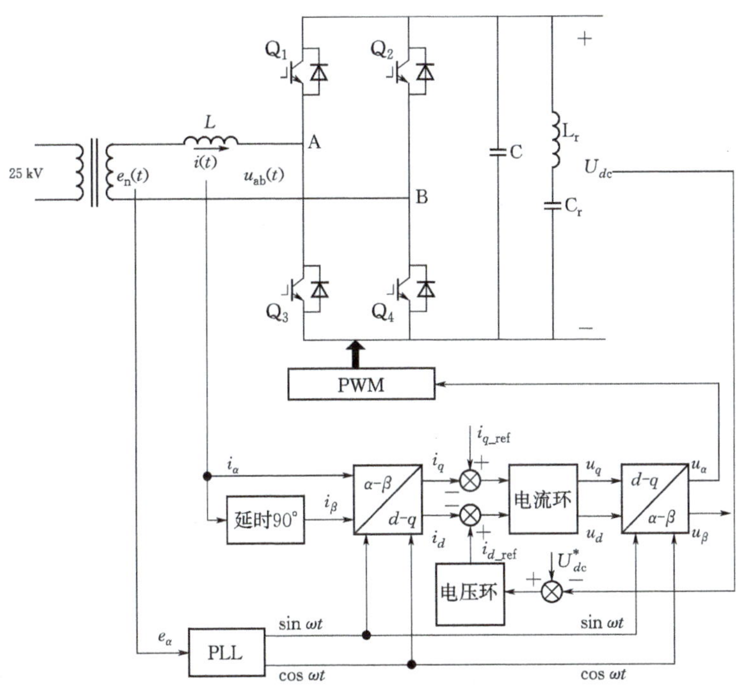

图 2.16 传统的基于旋转坐标系下的控制方法框图

电流内环的控制器是在 d-q 旋转坐标系下实现的，那么对交流电流的虚拟坐标轴的构建就显得非常重要。如图 2.17 所示，传统的基于同步 d-q 旋转坐标系的控制方法是直接将交流电流延时 90°来构建虚拟的静止电流 i_β[9-14]。具体分析如下：

令单相两电平变流器的网侧电流为：

$$i_\alpha=I\cos(\omega t+\varphi) \tag{2.49}$$

由于 d-q 坐标变化需要两个相差 90°的正交分量，因此可以将 i_α 延时 90°得到一个 β 轴的虚拟的静止电流：

$$i_\beta=I\sin(\omega t+\varphi) \tag{2.50}$$

通过 Park 变换，将静止坐标系下的 i_α、i_β 分量转换为 d-q 坐标系下的 i_d、i_q 分量，即：

$$\begin{bmatrix} i_d \\ i_q \end{bmatrix} = \begin{bmatrix} \cos\theta & \sin\theta \\ -\sin\theta & \cos\theta \end{bmatrix} \begin{bmatrix} i_\alpha \\ i_\beta \end{bmatrix} \tag{2.51}$$

式(2.51)表明，在 d-q 同步旋转坐标系下，电流相量 $\boldsymbol{I}$ 已被分解为 i_d、i_q 分量，对 i_d、i_q 分别进行独立的 PI 控制，就可以实现对有、无功功率的独立调节。

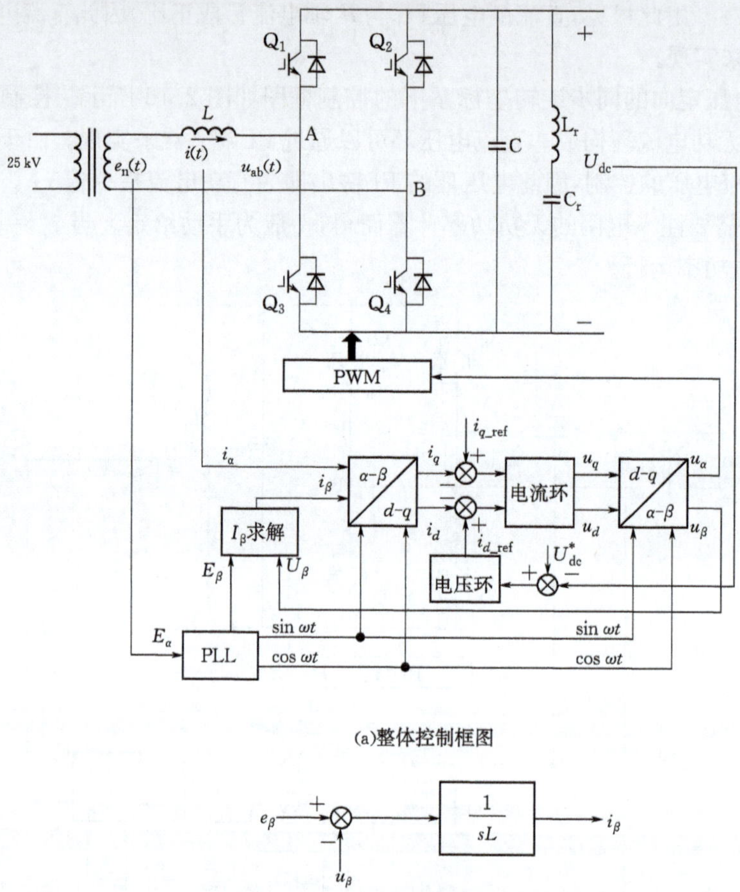

(a)整体控制框图

(b)i_β求解环节

图 2.17 基于 d-q 转坐标系的改进型控制策略控制框图

这种通过将电流延时 90°来构造虚拟坐标轴的方法很简单也很直观，但虚拟坐标轴分量的变化总是在实际分量发生改变后的 1/4 个周期后才动作，不能够及时的跟踪实际指令的改变。这种延时会恶化系统的动态响应，使系统反应迟钝且易发生震荡。为了克服上述缺点，要求在有、无功电流指令发生阶跃变化时构造出来的虚拟坐标分量必须跟随实际坐标电流实时地发生改变[15]。因此，下面将引入改进型的构造虚拟电流坐标轴的方法。

2.3.2.3 基于 d-q 坐标系的改进型控制策略

基于 d-q 同步旋转坐标系的改进型控制策略基本思想是：由于电网电压 e_n 相对于网侧电流 i 而言较为稳定，因此通过将电网电压延时 1/4 周期来构建虚拟的坐标轴 e_β，进而推导 i_β。

在时域下，PWM 整流器相量稳态方程有：

$$e_n(t)=i(t)R+L\frac{\mathrm{d}i(t)}{\mathrm{d}t}+u_{ab}(t) \tag{2.52}$$

忽略网侧电阻 R 的影响，并结合前文坐标构造方法，将式(2.52)转换为拉普拉斯域中的静止坐标系下，可以获得如下表达式：

$$e_\alpha=sLi_\alpha+u_\alpha \tag{2.53}$$

$$e_\beta=sLi_\beta+u_\beta \tag{2.54}$$

由此可得，i_β 表达式为：

$$i_\beta=\frac{e_\beta-u_\beta}{sL} \tag{2.55}$$

由式(2.46)可得

$$\begin{cases}e_\alpha=e_d\sin\omega t+e_q\cos\omega t\\ e_\beta=-e_d\cos\omega t+e_q\sin\omega t\end{cases}$$

同理可得 u_α、u_β 的表达式如下：

$$\begin{cases}u_\alpha=u_d\sin\omega t+u_q\cos\omega t\\ u_\beta=-u_d\cos\omega t+u_q\sin\omega t\end{cases} \tag{2.56}$$

将式(2.46)和式(2.56)代入式(2.55)，即可求得 i_β。

控制结构里的其余部分设计与传统方法类似。改进后的基于 d-q 同步旋转坐标系下的控制框图如图 2.17 所示。

2.4 逆变器电机控制

牵引逆变器的控制核心包括两部分，一是脉宽调制，二是核心控制。核心控制的输出作为脉宽调制的输入，核心控制负责计算出所需要的电压幅值和相位，脉宽调制负责将计算出的电压幅值和相位具体实现，二者相互影响，不可分割。

脉宽调制是牵引逆变器控制技术的一个核心，由于牵引逆变器功率较大，受 IGBT 器件开关损耗和散热限制，开关频率较低(<1 kHz)，而且由于牵引电机变频范围宽，从而造成脉宽调制载波比变化大。因此，为满足低开关频率、宽范围调速要求，牵引逆变器需采用低频区异步调制，中频区同步调制或优化同步调制，基频以上单脉冲的多模式特殊脉宽调制技术。

牵引电机控制是牵引逆变器控制技术的另一个核心，已由早期的转差频率控制发展成如今的矢量控制(Field-Oriented Control，FOC)和直接转矩控制(Direct Torque Control，DTC)。由于异步牵引电机在转子磁场定向坐标系下能够实现磁链和转矩完全解耦，因此，目前国外主要的牵引逆变器设备供应商如日本三菱、日立以及德国 SIMENS、法国 ALSTOM 等均采用转子磁场定向矢量控制的牵引电机控制方案。

本节围绕牵引逆变器控制的这两部分核心内容展开讨论，着重介绍轨道交通牵引逆变器领域国际上常用且较为先进的控制策略。

2.4.1 基于 SHEPWM 的混合脉宽调制策略

低开关频率牵引逆变器控制单独采用同步调制和异步调制均有不足之处，因此，大多采用多模式混合 PWM 策略，主要可分为三段：异步调制模式、分段同步调制模式和单脉冲模式。具体来说，即在恒转矩区低频段采用异步调制模式，低频段由于载波比（定义载波比 CR 为开关频率 f_{sw} 与输出基波频率 f_1 之比：$CR=f_{sw}/f_1$）较大，因异步调制造成的正负半周不对称影响较小，PWM 波形接近正弦波形，避免了同步调制产生的不同分频间的频繁切换，实现起来更为简单，并有较好的控制效果；随着牵引电机频率逐渐升高，载波比 CR 减小，PWM 脉冲不对称性逐渐加剧，因此，应转入分段同步调制模式，保证三相对称性，同时，同步调制应保证开关频率不超过所选开关器件的最大允许值；牵引电机频率继续升高进入恒功区后，牵引逆变器从 PWM 模式转入单脉冲方波模式，以获得最大的输出电压[12]。

综合以上考虑，设计了如图 2.18 所示的“异步 SVM＋同步 SVM＋优化同步 SHE＋单脉冲”的牵引逆变器混合脉宽调制策略。载波比较大时采用 SVM，载波比较小时采用 SHE，避免了低载波比下 SVM 谐波特性变差和 SHE 在低频时存储量大的缺点，充分发挥两者的优势，使牵引变流器在整个基频工作范围内都可以有效的抑制低次谐波、减小低频转矩脉动。

如图 2.18 所示，下面将简要分析混合脉宽调制各 PWM 模式的基本原理。

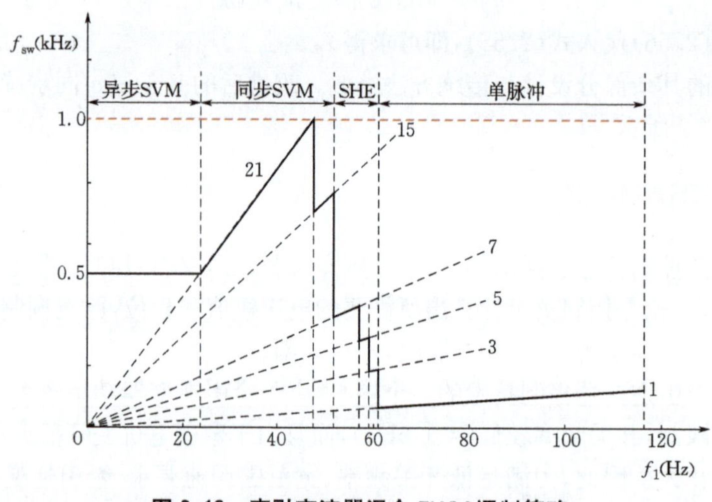

图 2.18 牵引变流器混合 PWM 调制策略

2.4.1.1 异步 SVM 调制模式

应用有效电压矢量和零矢量去拟合在复平面上一恒定时间间隔运动的指令电压矢量，则形成异步调制模式，异步调制是牵引电机低频启动区段的最佳调制方式，其主要有以下优点：可充分利用开关器件允许的开关频率；电机电压以及所产生的电流更接近正弦，转矩脉动小；有利于提高牵引电机起动状态下的黏着利用；同时，便于微处理器的实时调制[17]。

SVM 用 6 个开关管对应的 8 个电压矢量（其中 2 个为零矢量，6 个基本电压矢量 $\boldsymbol{u}_1$→$\boldsymbol{u}_6$，长度为 $2/3V_{dc}$）将空间划分为 6 个扇区 Ⅰ→Ⅵ，并在每个开关周期内用某扇区邻近的两个矢量和零矢量的组合去逼近指令电压矢量，如图 2.19 所示，其中矢量标号以三相 cba 为顺序，“1”代表该相上管导通，“0”代表该相下管导通，$\boldsymbol{u}_{ref}$ 为指令电压矢量，θ_e 为给定电压空间矢量旋转角。

以图 2.19 中的 $\boldsymbol{u}_{ref}$ 为例，$\boldsymbol{u}_{ref}$ 位于第Ⅰ扇区，设开关周期为 T_{sw}，矢量 $\boldsymbol{u}_1$ 作用时间为 T_x，

矢量 $\boldsymbol{u}_2$ 作用时间为 T_y，零矢量用 $\boldsymbol{u}_{0,7}$ 统一表示，作用时间为 T_0，则有

$$\boldsymbol{u}_{ref}=(T_x/T_{sw})\boldsymbol{u}_1+(T_y/T_{sw})\boldsymbol{u}_2+(T_0/T_{sw})\boldsymbol{u}_{0,7} \tag{2.57}$$

其中，$T_{sw}=T_x+T_y+T_0$。将式(2.57)在横、纵坐标上分解，并将 $\boldsymbol{u}_1,\boldsymbol{u}_2,\boldsymbol{u}_{0,7}$ 代入则可解出 T_x,T_y 的值如式(2.58)

$$\begin{cases}T_x=(2\sqrt{3}/\pi)mT_{sw}\sin(\pi/3-\theta)\\ T_y=(2\sqrt{3}/\pi)mT_{sw}\sin\theta\end{cases} \tag{2.58}$$

式中，m 为调制深度，定义为 $m=u_{ref}/(2V_{dc}/\pi)$。

为遵循“开关周期内器件开关次数尽可能少，以减小逆变器的开关损耗”的基本原则，SVM 采用对称七段法开关顺序。例如，当 $\boldsymbol{u}_{ref}$ 位于第Ⅰ扇区时，开关转换顺序为：$\boldsymbol{u}_0\rightarrow\boldsymbol{u}_1\rightarrow\boldsymbol{u}_2\rightarrow\boldsymbol{u}_7\rightarrow\boldsymbol{u}_2\rightarrow\boldsymbol{u}_1\rightarrow\boldsymbol{u}_0$，其中零矢量 $\boldsymbol{u}_0$、$\boldsymbol{u}_7$ 的持续工作时间各为 $T_0/2$，如此 SVM 一个开关周期内 a,b,c 三相开关时序如图 2.20 所示，其中高电平对应上管导通、低电平对应下管导通。其他扇区以此类推，这里不再赘述。

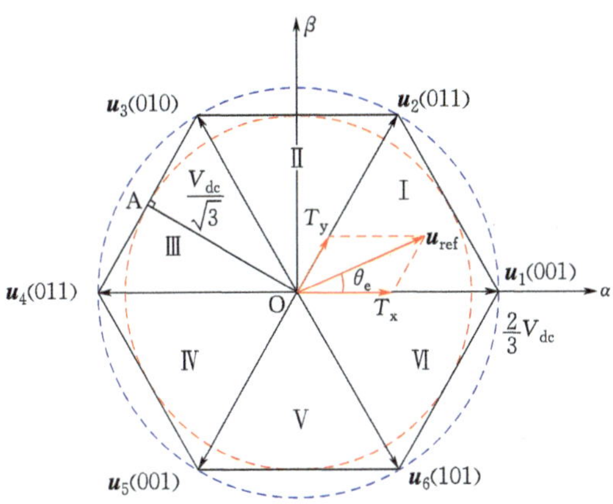

图 2.19 电压空间矢量图

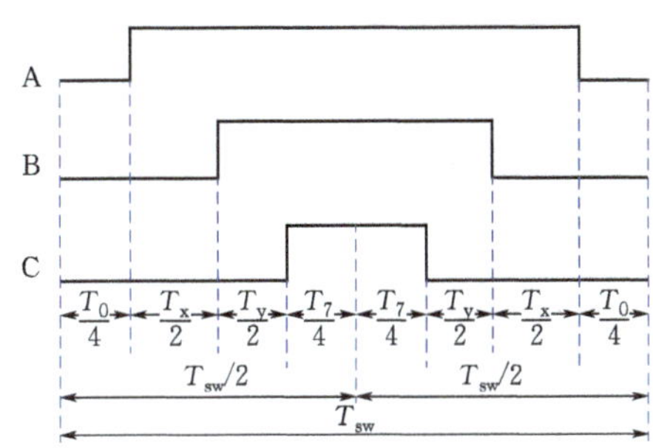

图 2.20 第Ⅰ扇区三相开关信号图

2.4.1.2 同步 SVM 调制模式

若指令电压矢量在空间矢量复平面上的拟合位置固定且均匀分布，即指令电压矢量以恒定电角度运动，则矢量拟合的结果形成同步调制方式。在较高的电机频率下，同步调制可保证牵引变流器三相输出间的对称性，消除寄生谐波。不同的拟合位置和拟合顺序将得到不同的同步调制结果，一般载波比较小(≤10)时，采用特殊的拟合位置和拟合方式[18]，本书中 SVM 同步调制分为 2 段，载波比分别为 21、15，载波比较高，所以采用和异步调制 SVM 相似的拟合方式，即无论对于扇区内还是扇区边界上的指令电压矢量均采用两个基本矢量和零矢量拟合的方式[19]。

同步 SVM 调制模式下，指令电压矢量的角度变化量 $\Delta\theta$ 为常数。对于同步 21 和同步 15 脉冲 SVM 而言，$\Delta\theta$ 分别取 17°和 24°，指令电压矢量拟合位置分布图如图 2.21 所示，初始拟合电压矢量 $\boldsymbol{u}_1^*$ 不一定在 0°处，选定好 $\boldsymbol{u}_1^*$ 初始角 θ，然后依次累加 $\Delta\theta$，可得其它矢量拟合位置。

同步 SVM 计算时，当 θ 值超过 60°时，扇区值增加 1，同时 θ 减去 60°，开始新的扇区角度计算。由于采用角度和扇区分别计算的方法，同步调制 SVM 所有扇区的基本电压矢量作

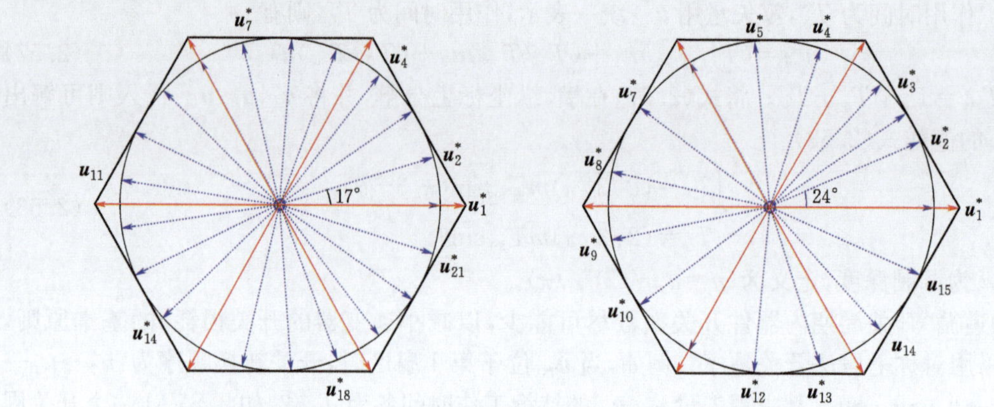

(a)同步21脉冲SVM　　(b)同步15脉冲SVM

图 2.21　同步 SVM 模式下指令电压矢量分布图

用时间可统一使用如式(2.58)所示异步调制 SVM 模式下的公式进行计算。

2.4.1.3　SHEPWM 调制模式

特定谐波消除脉宽调制(Selected Harmonic Elimination PWM,SHEPWM)是 20 世纪 70 年代由 F. G. Turnbull、H. S. Patel 和 R. G. Hoft 等人提出的一种优化同步调制方法。SHEPWM 直接利用三相逆变器输出相电压的数学模型,以指定次谐波的幅值等于 0 为约束条件,离线或在线求解开关角,从而消除逆变器输出相电压中特定次谐波,尤其是低次谐波。

SHEPWM 通过 1/4 基波周期 N 个开关角(相应的基波周期内有 $2N+1$ 个脉冲)的选择,可以消除 $N-1$ 个谐波。由于三次谐波在线电压中互相抵消,消谐主要针对相电压中非 3 的整数倍的奇次谐波。以 $N=3$ 的 SHEPWM 为例,可以主要消除低次的 5 次、7 次、11 次、13 次……谐波中任意 2 个低次谐波。图 2.22 所示为 $N=3$,即 7 脉冲 SHEPWM 调制模式下,两电平牵引逆变器 A 相电压 u_{AO} 波形,其中 O 为直流侧电容中点,α_1,α_2,α_3 分别对应 1/4 基波周期三个开关角[20]。

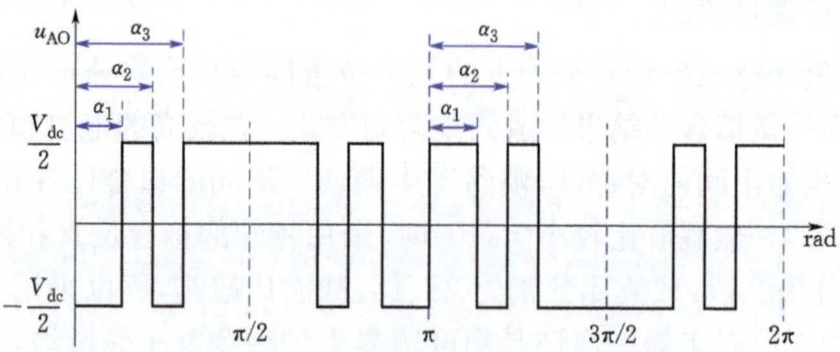

图 2.22　脉冲 SHEPWM 调制下牵引逆变器 A 相电压波形

图 2.22 所示相电压 u_{AO} 展开成傅里叶级数为

$$u_{AO}=\sum_{k=1}^{\infty}(a_k\cos k\omega t+b_k\sin k\omega t)\quad(k=1,2,3\cdots)\tag{2.59}$$

对于 1/4 周期对称的波形,只含正弦项和奇次谐波成分,因此有 $a_k=0$ 且

$$b_k=-\frac{2V_{dc}}{k\pi}\left[1+2\sum_{i=1}^{n}(-1)^i\cos k\alpha_i\right]\quad(k\text{ 为奇数})\tag{2.60}$$

式(2.60)中有 n 个变量($\alpha_1,\alpha_2,\alpha_3,\cdots,\alpha_n$),因此需要 n 个方程解出这 n 个变量的数值,在 $\alpha_1<\alpha_2<\alpha_3<\cdots<\alpha_n$ 的基本约束条件下,通过求解 n 个 α 角度,可以控制基波电压幅值同时消除 $n-1$ 个频率的特定谐波。

2.4.2 基于基本矢量钳位策略的过调制技术

SHEPWM的作用在于衔接同步SVM与单脉冲调制,因为一旦调制比大于0.907之后,传统的SVM将无法实现线性控制,需要SHEPWM进行衔接,以实现平稳过渡到单脉冲调制。

下面将介绍一种全新的过调制技术,这种过调制技术不仅可以在调制比大于0.907后实现线性控制,还可避免传统过调制技术的缺陷,具有较好的控制性能,并且实现也较为容易。

1. 传统过调制算法及其在低开关频率下的应用局限性分析

过调制技术可在不改变基于DSP的传统脉冲发生方式前提下,将逆变器调制范围由线性区(SPWM:0~0.785,SVPWM:0~0.907)扩展至0~1.0,实现线性调制区与单脉冲调制的平滑衔接。传统过调制算法以J. Holtz提出的双模式过调制策略[21]和S. Bolognani提出的单模式过调制策略[22]为典型代表。

单模式法较易实现,然而在谐波特性上远不及双模式法,目前已较少应用。J. Holtz双区法将过调制分为两个区:过调制Ⅰ区($0.907\leqslant m<0.952$)和过调制Ⅱ区($0.952\leqslant m<1$)。以第一扇区为例,其原理如图2.23所示,基本思想为:参考矢量圆超出六边形边界后,参考电压矢量轨迹先在修改后的电压矢量圆与六边形的边之间切换,然后在六边形的边与顶点之间切换,最后停留在六边形的六个顶点,即为单脉冲调制。具体来讲,随着调制深度增大,当参考电压矢量圆 $\boldsymbol{u}_{\text{ref}}$ 超出六边形边界时进入过调制Ⅰ区,此时参考矢量圆落在六边形外的部分会产生基波电压损失,因此需对参考电压矢量轨迹进行修改。修改后的参考电压矢量终点部分落在半径增大后的圆上,且该圆与六边形交于参考角 α_{r},部分落在六边形边上,如图2.23(a)所示。调制深度进一步增大,当参考角 $\alpha_{\text{r}}=0$ 时修改后的参考电压矢量终点将全部落在六边形边上,此时进入过调制Ⅱ区。在Ⅱ区内,参考电压部分时间保持在六边形顶点上,这段时间对应于矢量在空间走过的角度 α_{h},部分时间沿六边形的边运行,如图2.23(b)所示。

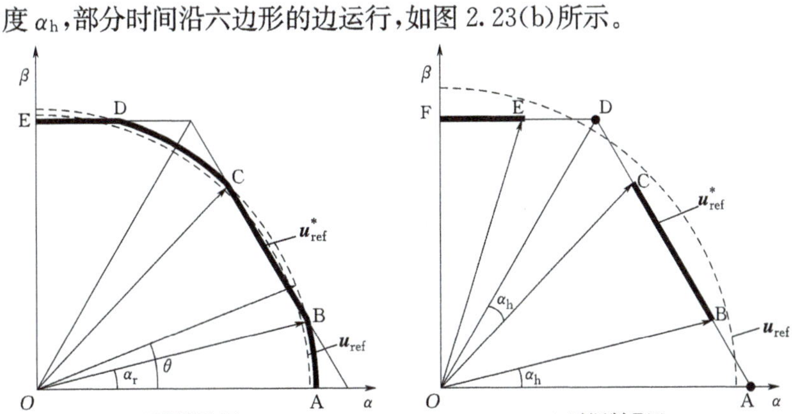

(a)过调制Ⅰ区　(b)过调制Ⅱ区

图2.23 传统双区法过调制原理图

由上述分析知，传统双区法过调制其重点为参考角 α_r 和保持角 α_h 的计算，目前主要有离线求解非线性方程并在线查表法以及分段线性拟合法两种方法，且研究已较为成熟，图 2.24 为采用求解非线性方程的方法得到的参考角以及保持角的数据曲线。而传统双区法计算基本矢量作用时间的方式与线性区 SVPWM 相似，在此不再赘述。

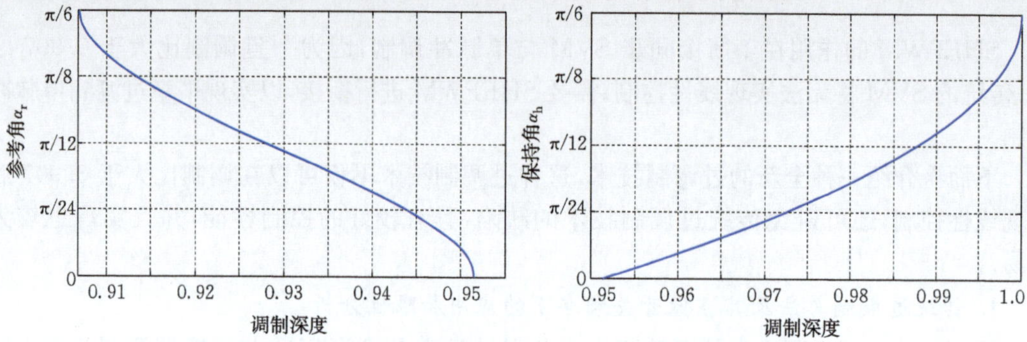

图 2.24　离线计算得到的参考角 α_r 及保持角 α_h 数据曲线

鉴于高速铁路牵引逆变系统的低开关频率特性，随着调制深度增大，载波比越来越低，传统双区法的电压不对称性越来越明显，低次谐波含量越来越大。且由对传统双区法过调制的谐波分析知，电压谐波含量随着调制深度的增大而增大，且Ⅱ区低次谐波含量明显高于Ⅰ区。反映到电机电流上，随着调制深度的增加，Ⅱ区将出现较明显的低频振荡，同时也会影响过调制Ⅱ区与单脉冲调制间的平滑过渡。

针对上述传统双区法过调制在低开关频率下存在的问题，下面将基于基本矢量钳位策略(BBCS，Basic Bus Clamping Strategy)对传统双区法过调制进行改进。

2. 基本矢量钳位策略原理分析

低开关频率下 PWM 脉冲应与基波保持同步以优化谐波特性。基本矢量钳位策略是同步调制的一种，其参考电压矢量在空间矢量复平面上的位置固定，且分布均匀。

影响基本矢量钳位策略的几个因素有：每个扇区的参考矢量个数、参考矢量的位置以及基本矢量和零矢量的作用顺序。在基本矢量钳位策略中，每个扇区的参考矢量个数 N 必须为奇数，各扇区内参考矢量的位置相同，开关拟合方式相似(如对每个扇区的第一个矢量进行拟合时，扇区Ⅰ中拟合顺序为“012”、扇区Ⅱ为“723”、扇区Ⅲ为“034”)，且每个扇区中间 30°处的矢量需以零矢量开始与结束以保证脉冲对称性，如第一扇区的“0127”。以第一扇区为例，7 分频和 11 分频的矢量位置及矢量作用顺序如表 2.2 所示，每个基波周期内的脉冲数 $P=2N+1$。

表 2.2　基本矢量钳位策略

矢量个数 N	矢量位置/°	作用顺序	脉冲数 P	钳位方式
3	10,30,50	127,7210,012	7	60°钳位
5	6,18,30,42,54	012,210,0127,721,127	11	30°钳位
5	6,18,30,42,54	721,127,7210,012,210	11	60°钳位

以每个扇区内矢量个数 $N=5$ 为例，由表 2.2 可见，有两种可行的矢量作用顺序。其中一种为基波每 1/4 周期的中间 30°钳位，另一种为基波每 1/2 周期的中间 60°钳位，以 a 相为例，其矢量图分别如图 2.25(a)、(b)所示。图 2.26 和图 2.27 分别为两种钳位方式在半个基波周期内的脉冲示意图，其中图 2.26 所示矢量范围为 2～180°，图 2.27 所示为－90°～90°。由两幅脉冲示意图并结合矢量图可以较直观的看出两种钳位方式的作用效果。

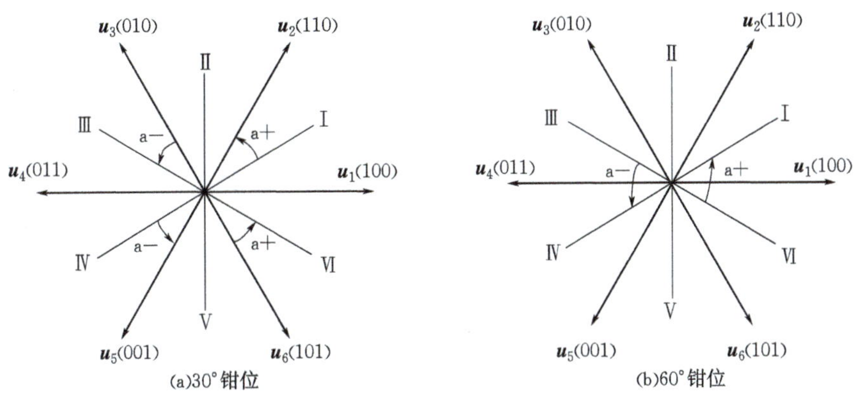

图 2.25　两种基本矢量钳位方式

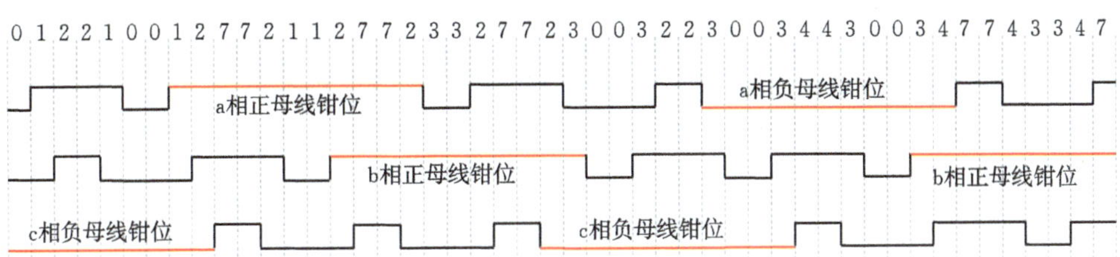

图 2.26　0°～180°范围的 30°钳位模式脉冲示意图

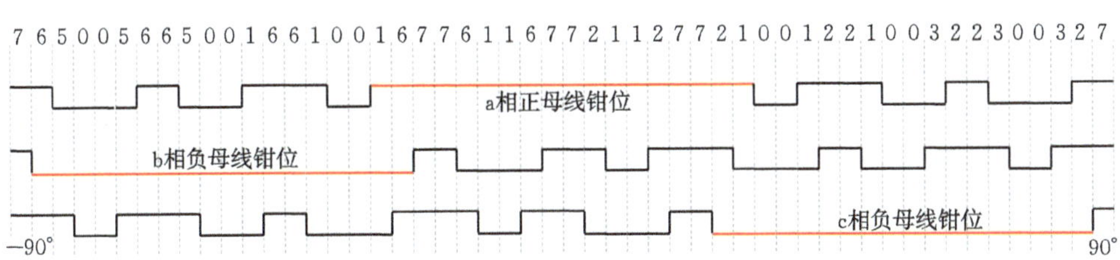

图 2.27　－90°～90°范围的 60°钳位模式脉冲示意图

3. 基于 BBCS 的过调制策略及其与单脉冲之间的平滑过渡

由上面分析知，采用 BBCS 的调制策略其参考电压矢量在空间矢量复平面上对称分布，且由于采用特定的基本矢量拟合顺序，与传统调制方式相比，在参考电压矢量个数相同时的开关频率可以做到较低。鉴于此，下面将基于 BBCS 对传统双区法过调制进行改进。

(1)基于 BBCS 的过调制Ⅰ区

基于 BBCS 的过调制Ⅰ区仍然沿用参考角 α_r 的概念，与传统过调制不同之处为其参考电压矢量位置按照表 2.2 的定义对称分布。以 $N=5$ 的 11 分频为例，在一个基波周期内的电压矢量分布如图 2.28 所示。

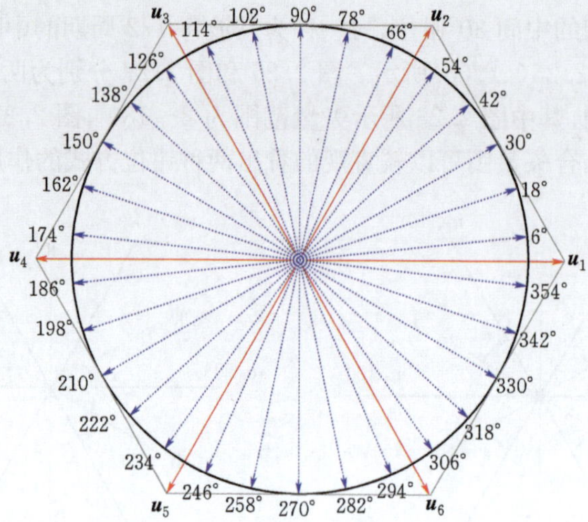

图 2.28　11 分频参考电压矢量分布图

以第一扇区为例，其参考电压位置角 α_{ref1} 有 5 个取值，且随着调制深度增大，参考电压位置不变，幅值 V_{ref1} 可由图 2.23(a) 推导得到，即

$$V_{ref1}=\begin{cases}\dfrac{V_{dc}}{\sqrt{3}\cos\left(\dfrac{\pi}{6}-\alpha_r\right)},\left(\alpha_{ref1}<\alpha_r \text{ 或 } \alpha_{ref1}>\dfrac{\pi}{3}-\alpha_r\right)\\ \dfrac{V_{dc}}{\sqrt{3}\cos\left(\dfrac{\pi}{6}-\alpha_{ref1}\right)},\left(\alpha_r\leqslant\alpha_{ref1}\leqslant\dfrac{\pi}{3}-\alpha_r\right)\end{cases} \tag{2.61}$$

其中参考角 α_r 采用图 2.24 所示在线查表的方式。设基本矢量 $\boldsymbol{u}_1$、$\boldsymbol{u}_2$ 作用时间分别为 T_1 和 T_2，零矢量作用时间为 T_z，开关周期为 T_{sw}，则有

$$T_1=\frac{\sqrt{3}V_{ref1}}{V_{dc}}T_{sw}\sin\left(\frac{\pi}{3}-\alpha_{ref1}\right) \tag{2.62}$$

$$T_2=\frac{\sqrt{3}V_{ref1}}{V_{dc}}T_{sw}\sin\alpha_{ref1} \tag{2.63}$$

$$T_z=T_{sw}-T_1-T_2 \tag{2.64}$$

另外，基于 BBCS 的过调制Ⅰ区，其结束标志为最靠近扇区边界的两个矢量终点也落在六边形边上，对图 2.28 所示的 11 分频模式，Ⅰ区结束标志为参考角 $\alpha_r=6$。

(2)基于 BBCS 的过调制Ⅱ区

传统双模式过调制Ⅱ区中，参考电压矢量被保持角 α_h 分成六边形顶点和六边形边上的两部分而分别进行调制。采用 BBCS 时，对Ⅱ区的实现方式进行了统一，通过将扇区内的参考电压矢量逐渐向扇区边界靠近的方式增大调制深度。具体做法是引入角度修正系数 k_α，刚进入Ⅱ区时 k_α 初值为 1，参考矢量的位置仍如图 2.28 所示，矢量终点均在六边形边上，随着调制深度的增大，k_α 逐渐减小，且当调制深度增大到 1 时 k_α 减小为 0。定义 α 为表 2.2 中的固定矢量角度，则修改后的参考电压矢量位置可由 k_α 和原固定矢量角度 α 分段计算得到：

$$\alpha_{ref2}=\begin{cases} k_\alpha \alpha,\left(0\leqslant\alpha<\dfrac{\pi}{6}\right) \\ \dfrac{\pi}{6},\left(\alpha=\dfrac{\pi}{6}\right) \\ \dfrac{\pi}{3}-k_\alpha\left(\dfrac{\pi}{3}-\alpha\right),\left(\dfrac{\pi}{6}<\alpha<\dfrac{\pi}{3}\right) \end{cases} \tag{2.65}$$

参考电压矢量幅值为

$$V_{ref2}=\frac{\dfrac{V_{dc}}{\sqrt{3}}}{\cos\left(\dfrac{\pi}{6}-\alpha_{ref2}\right)} \tag{2.66}$$

在Ⅱ区中两个零矢量不再参与调制，即 $T_z=0$，T_1 和 T_2 可由下式计算得到：

$$T_1=T_{sw}\frac{\sqrt{3}\cos\alpha_{ref2}-\sin\alpha_{ref2}}{\sqrt{3}\cos\alpha_{ref2}+\sin\alpha_{ref2}} \tag{2.67}$$

$$T_2=T_{sw}-T_1 \tag{2.68}$$

(3)基于 BBCS 的过调制与单脉冲调制的过渡

由上文分析知，Ⅱ区结束时 $k_\alpha=0$，则由式(2.65)可知，Ⅱ区结束时扇区内仅有两个基本矢量和 30°处的矢量。以第一扇区中 $N=3$ 的 60°钳位为例，过调制Ⅱ区向方波的切换如图 2.29 所示。从图中可以较直观的看到，刚进入Ⅱ区时，三个矢量位置分别在 10°、30°和 50°处，随着调制深度增大，k_α 逐渐减小，则根据式(2.65)，10°和 50°处的矢量将逐渐向扇区边界靠拢。图 2.29(a)中示出当 $k_\alpha=0.5$ 时三个矢量位置变成了 5°、30°和 55°。调制深度继续增大至 1 时，k_α 减小为 0，此时根据式(2.65)得到 10°和 50°处的矢量已移动到扇区边界，如图 2.29(b)所示，即基于 BBCS 的过调制Ⅱ区结束时每个扇区内矢量仅剩两个基本矢量以及扇区中间位置的矢量。

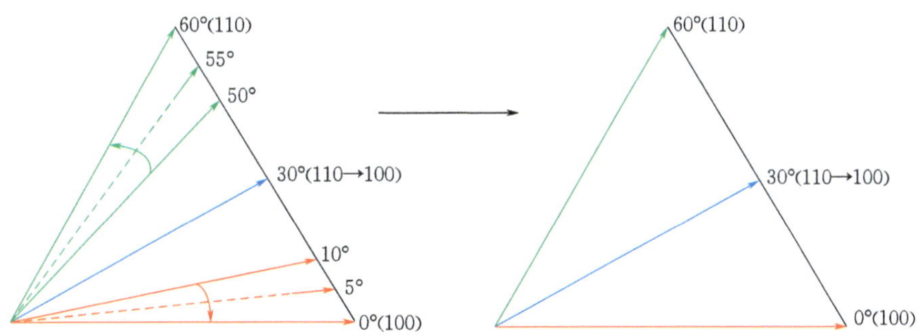

(a)切换过程　　(b)II区结束状态

图 2.29　过调制Ⅱ区与方波的切换——60°钳位法

由表 2.2 可知，30°钳位和 60°钳位两种方式下，扇区中间位置的矢量分别为 $\boldsymbol{u}_1(100)\to\boldsymbol{u}_2(110)$ 和 $\boldsymbol{u}_2(110)\to\boldsymbol{u}_1(100)$，据此可得Ⅱ区结束时两种钳位方式下的脉冲形式，分别如图 2.30(a)和(b)所示。可以看到采用 30°钳位，Ⅱ区结束时的脉冲形式已与单脉冲相同，进入单脉冲后，可令 k_α 保持为 0，调制仍采用 BBCS 过调制Ⅱ区的方式，不存在脉冲发生方式的改变，因此可实现与方波的平滑切换。而采用 60°钳位时，由于扇区中间位置矢量存在三次开关过程，其调制深度无法达到 1。

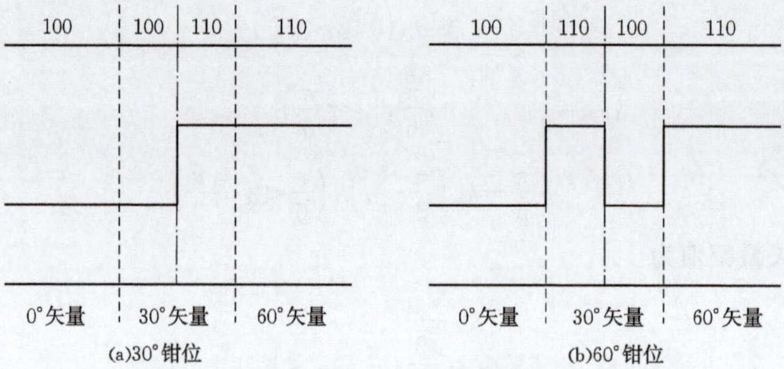

图 2.30 改进型过调制Ⅱ区结束时的脉冲形式

综合上述分析，采用基于基本矢量钳位策略的过调制算法，取 $N=5$(11 分频)，钳位方式采用 30°钳位，可以获得较好的控制性能，并实现向单脉冲的平滑过渡。

(4)基于 BBCS 的过调制实现方法

以 $N=5$ 的 30°钳位为例，根据表 2.2 所示第一扇区内基本矢量作用顺序，可得如图 2.31 所示的第一扇区时序图。其中两个基本矢量及零矢量的作用时间可由式(2.62)～式(2.64)和式(2.67)～式(2.68)计算得到。

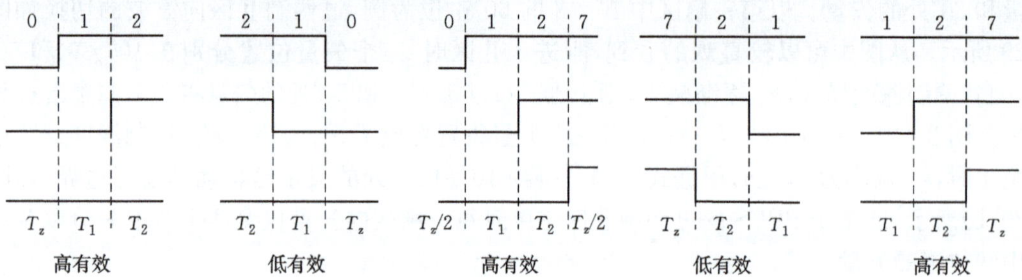

图 2.31 基于 BBCS 的第一扇区时序图

以 6°处的矢量为例，采用基于 DSP 载波比较的方法，比较器输出设置高有效。比较值 $T_a=T_z$，$T_b=T_a+T_1$，$T_c=T_{sw}$。其他矢量的比较值可依据时序图类似得到。

综合上述分析，基于 BBCS 的过调制技术能在较低开关频率下保证波形输出的对称性，并实现向方波的平滑过渡，且其数字实现简单，可不改变基于 DSP 载波比较的传统脉冲发生方式。

2.4.3 混合脉宽调制下牵引电机双模式控制策略

异步牵引电机转子磁场定向控制，基于坐标变换原理，通过控制牵引电机端电压的幅值、相位和频率来间接实现牵引电机励磁和转矩的独立解耦，从而达到高性能的牵引与电制动控制。矢量控制理论目前已有大量的教材和文献参考，在此不再赘述[24-25]。

传统的矢量控制策略核心构成采用同步旋转 d-q 坐标系下励磁、转矩电流 i_d 和 i_q 调节闭环控制，典型控制原理如图 2.32 所示。电流闭环输出电压 u_{d_cor}，u_{q_cor} 与解耦电压 u_{d_dec}、u_{q_dec} 叠加经 PWM 调制控制逆变器输出电压的幅值、相位和频率，从而实现电机电流、转矩的瞬时控制，其中 θ 称之为同步定向角，用于电机电流 d、q 轴解耦和 PWM 脉冲生成。

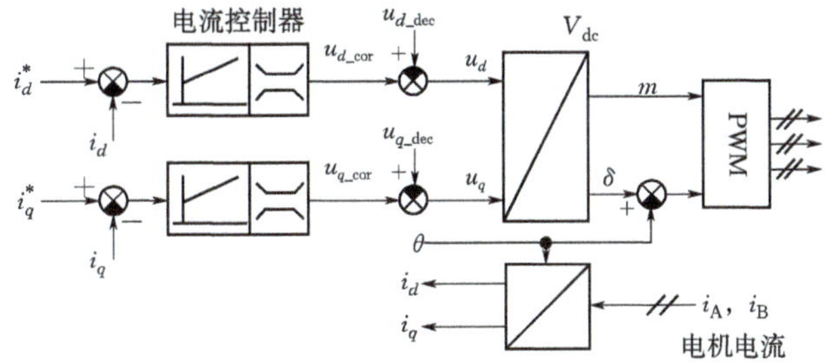

图 2.32　传统的典型矢量控制原理

牵引逆变器系统受诸多条件制约和要求，在牵引电机中高速区需采用单脉冲(方波)控制以降低逆变开关损耗并最大程度地提高变流器输出电压，而单脉冲调制模式下[26]，牵引逆变器输出电压饱和，失去了电压幅值的控制功能，从严格意义上来讲无法执行矢量控制，这是由于矢量控制须能瞬间改变逆变器输出电压的幅值和相位来控制牵引电机转矩，因此，单脉冲调制模式下的牵引电机转矩控制本质上是一种标量控制。但与常用的恒压频比标量控制有所不同的是，牵引电机单脉冲转矩标量控制是基于转子磁场定向电流解耦的。此处为了和 PWM 调制模式下的矢量控制区别，暂且认定单脉冲模式下的牵引电机转矩控制方式为标量控制。

此外，牵引逆变器开关频率低，电机电流正弦度较差，d、q 轴电流信号噪声大，且采用同步 PWM 调制，上述诸多因素导致传统的矢量控制策略不能适用于高速列车的牵引电机控制。国外变流器设备供应商均开发出了基于转子磁场定向的牵引电机转矩控制策略，分别以日本的三菱、日立、东芝和德国 Siemens、法国 Alstom 为典型代表。通过解读国外公司已有专利，图 2.33 与图 2.34 分别给出了日本三菱[27]和德国[28]Siemens 开发的高速列车牵引电机控制核心部分原理。

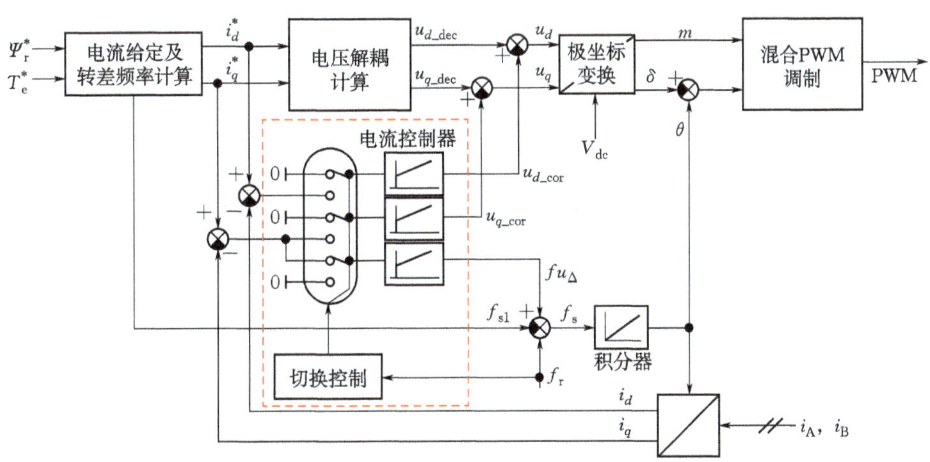

图 2.33　日本三菱地铁车辆牵引电机控制核心部分

日系的间接 RFOC 方法虽无磁链观测器，但对牵引电机转子参数尤其是转子时间常数很敏感，工程上需要增加额外的转子磁场定向实时校正技术[29-30]。此外，这些变流器设备供应商提供的牵引逆变器往往与专门设计的牵引电机相对应成套捆绑出口，所以对牵引电机的性能及参数变化规律掌握较清楚，方便牵引电机转矩高性能控制设计，这些优势是国产化

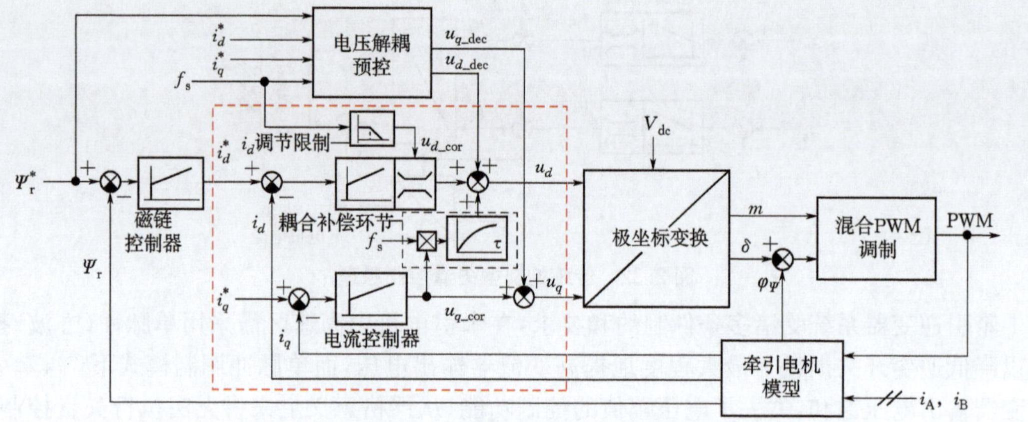

图 2.34　德国西门子地铁车辆牵引电机控制核心部分

电牵引控制技术研究过程中所不具备的。

基于以上考虑，综合间接 RFOC 和直接 RFOC 各自优点，应用两者优势提出互补的混合型 RFOC，同时结合混合脉宽调制策略，提出了基于混合型 RFOC，在 PWM 调制模式（包括异步、同步 SVM 及同步优化 SHEPWM 或过调制技术）下应用矢量控制和在单脉冲调制模式下应用转矩标量控制的牵引电机双模式控制策略，如图 2.35 所示。

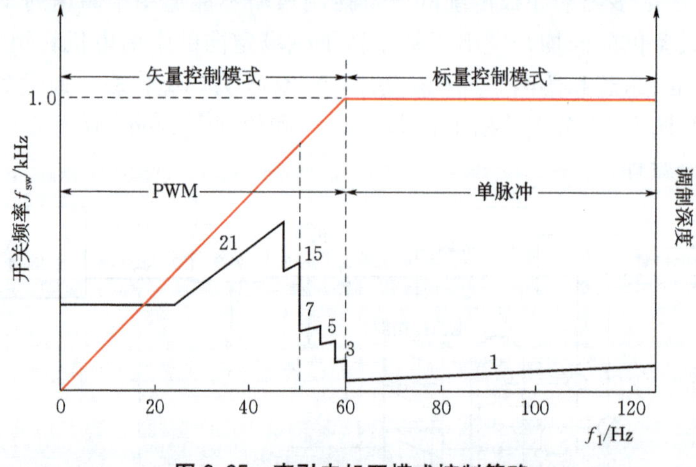

图 2.35　牵引电机双模式控制策略

结合混合脉宽调制及离散磁链观测器设计，PWM 调制模式下车载牵引电机矢量控制原理如图 2.36 所示。

控制结构以磁链闭环为外环，励磁、转矩电流双闭环为内环，电流闭环输出施加电压解耦预控环节。磁链给定值 Ψ_r^* 依据特性曲线 $\Psi_r^*=f(\omega_r)$，磁链闭环输出作为励磁电流闭环给定值 i_d^*，司控器手柄指令给定牵引力矩，根据矢量控制原理经给定磁链矢量计算作为转矩电流闭环给定 i_q^*。其他主要的控制单元还包括：前馈解耦预控单元、角度控制单元、同步定向角生成单元等。下面将就低开关频率混合脉宽调制下应用矢量控制的特殊技术重点展开分析。

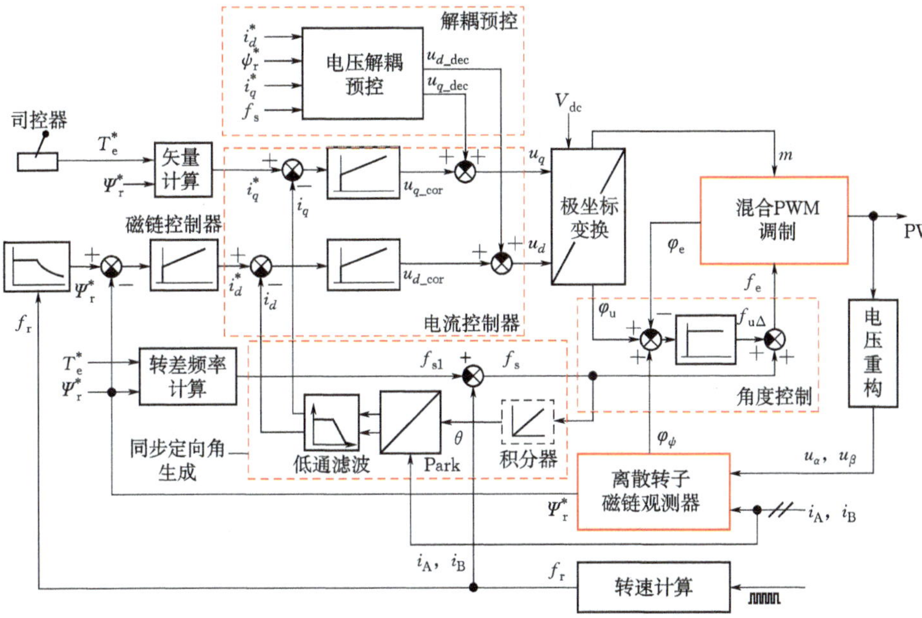

图 2.36　PWM 调制模式下的牵引电机矢量控制原理

2.4.3.1　电压前馈解耦算法

转子磁场定向同步旋转坐标系下异步牵引电机相量图如图 2.37 所示。此时，牵引电机定子 d、q 轴电压方程为

$$u_d = R_s i_d + L_\sigma p i_d - \omega_e L_\sigma i_q + L_m p \Psi_r / L_r \tag{2.69}$$

$$u_q = R_s i_q + L_\sigma p i_q + \omega_e L_\sigma i_d + L_m \omega_e \Psi_r / L_r \tag{2.70}$$

为分别消除式(2.69)、式(2.70)中所示的 d、q 轴电压间的耦合分量 $-\omega_e L_\sigma i_q$ 及 $\omega_e L_\sigma i_d + L_m \omega_e \Psi_r / L_r$，实现定子 d、q 轴电压对 d、q 轴电流的独立控制，解耦算法对系统控制性能显得至关重要，尤其是在电机高速运行区域，d、q 轴电压间的耦合分量会随着耦合电压在定子电压幅值中所占的比例增加而更加明显。

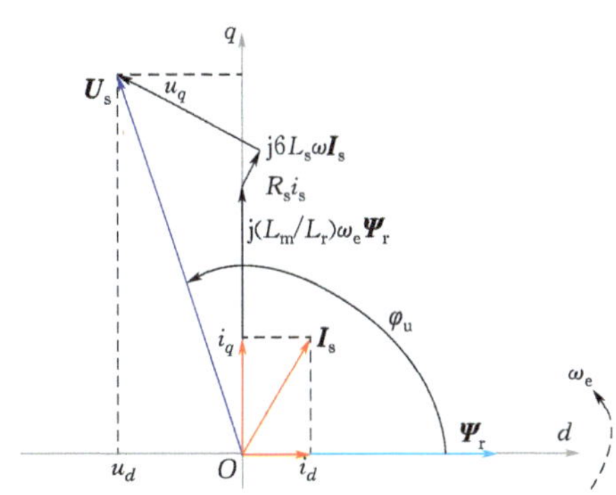

图 2.37　转子磁场定向同步旋转坐标系下异步牵引电机相量图

目前主要的解耦算法有三类：前馈解耦、反馈解耦、交叉解耦。前馈解耦的响应速度最快，交叉解耦的响应速度次之，而反馈解耦的响应速度最差；交叉解耦的超调量较小，不存在振荡现象，与反馈解耦和前馈解耦相比，其稳定性较好，但交叉解耦由于输入取自 PI 调节器输出，控制透明度较差。

通常 d、q 轴电流控制使用 PI 调节器，低开关频率下，数字控制离散性质导致滞后，调节过程慢。另外，低开关频率下，电机电流正弦度较差，采样反馈电流噪声较大，对闭环产生不良影响，因此应在反馈通道中加入低通滤波[31]环节。

采用电压前馈解耦预控可以提高矢量控制系统的电流响应速度，尤其是 SHEPWM 调制阶段，基波脉冲数少，前馈解耦预控提高电流响应的作用更显著。同时，前馈解耦预控增强闭环系统的稳定性，并且对定子电流反馈值 i_d、i_q 低通滤波环节及转子磁链滤波环节带来的滞后影响也起到了比较好的矫正作用。

依据式(2.69)、式(2.70)，前馈电压解耦预控单元根据给定量及电机参数可分别计算解耦预控的直流电压分量 u_{d_dec}、u_{q_dec} 如下所示：

$$u_{d\_dec}=R_s i_d^* + L_\sigma \Delta i_d^* / \mathrm{T} - \omega_e L_\sigma i_q^* \tag{2.71}$$

$$u_{q\_dec}=R_s i_q^* + L_\sigma \Delta i_q^* / \mathrm{T} + \omega_e L_\sigma i_d^* + L_m \omega_e \Psi_r^* / L_r \tag{2.72}$$

为简化计算可稍作近似，认为稳态下 $\mathrm{d}\Psi_r/\mathrm{d}t=0$。由于电流直流量变化慢，可以用相邻两次采样之差与采样计算周期 T 之比替代电流微分运算。引入电压解耦预控单元后，电流给定值的变化不经电流 PI 调节器直接通过预控施加到输出电压，从而大大加快控制过程，电流响应时间从几十个毫秒减至几个毫秒。若计算准确，调节器输出 u_{d_cor} 和 $u_{q\_cor}\approx 0$，电流 PI 调节器仅起校正预控误差的作用。

2.4.3.2 基于角度控制的电压频率确定

角度控制器用于控制电压与磁链频率在动态调节过程中的差异，提高矢量控制系统的实时性和动态响应。由于角度直接反映频率信息，因此，通过角度调节确定电压频率，控制 PWM 脉冲。

图 2.38 给出了静止坐标系与转子磁场定向同步旋转坐标系下 RFOC 转子磁链与定子电压的角度关系。图中转子磁链角度 φ_ψ 与同步 d、q 电压角度 φ_u 分别为

$$\varphi_\psi=\arctan(\Psi_{\beta r}^s / \Psi_{\alpha r}^s) \tag{2.73}$$

$$\varphi_u=\arctan(u_q / u_d) \tag{2.74}$$

由上可得，静止坐标系下的电压矢量 $\boldsymbol{U}_s$ 角度 $\varphi_e=\varphi_u+\varphi_\psi$。

牵引电机稳态运行时，静止坐标系下转子磁链频率与定子电压频率几乎相等，但在动态调节过程中，两者之间存在差异。同步电流矢量控制中的混合 PWM 调制本质上反映的是两相同步旋转与三相静止坐标系间的转换过程。角度控制器工作原理为：由 PWM 调制单元通过电压重构可得实际输出电机电压矢量在静止坐标下的角度 φ_e，而控制 PWM 生成的指令电压在静止坐标系下的角度为 φ_u 与 φ_ψ 之和，由于实际电压角度一般滞后于给定电压角度，因此，将 $\varphi_u+\varphi_\psi$ 与 φ_e 的误差信号经一个 P 调节器输出指令电压的频率补偿信号 $f_{u\Delta}$，将 $f_{u\Delta}$ 与给定转差频率 f_{sl}、反馈转子电频率 f_r 三者相加作为 PWM 生成的指令频率，由此，通过角度的比例调节，可快速减弱电压与转子磁链的频率差异，提高矢量控制系统的动态响应能力。

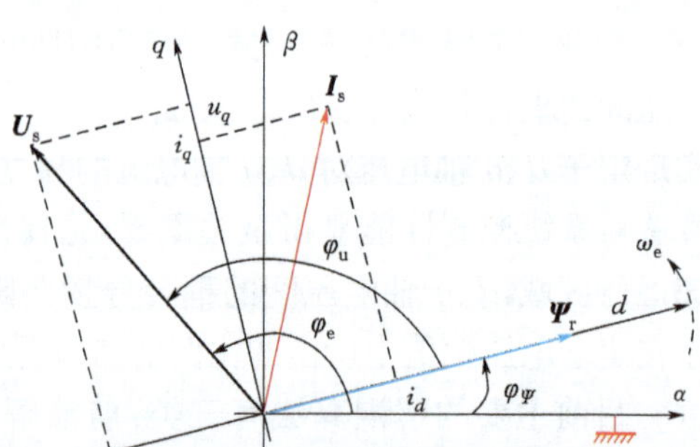

图 2.38 RFOC 主要控制变量的角度关系

2.4.3.3 单脉冲调制下的标量控制

虽然单脉冲调制下指令电压调制深度饱和，达到最大 $m_{max}=1.0$，但可以瞬间改变指令电压相位。利用这一特性，在转子磁场定向基础上，可相应改变转矩电流，从而达到控制牵

引电机转矩的目的。由于电压饱和，随着牵引电机频率继续升高，在单脉冲调制模式下，牵引电机自动进入弱磁区域。单脉冲调制模式下的标量控制原理如图 2.39 所示。在单脉冲调制下进行转矩控制时，去掉矢量控制模式中的转子磁链闭环及 i_d、i_q 电流调节器控制电压。标量控制模式下，只控制转矩电流，并建立转矩电流 i_q 单闭环，闭环输出转差频率的补偿值 Δf_{sl}，实现指令电压相位控制，同时转矩电流 i_q 闭环还可以自动修正牵引电机转子时间常数的变化。

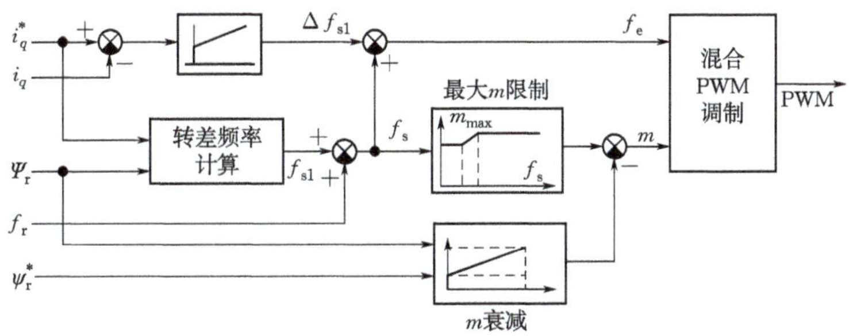

图 2.39 单脉冲调制下的牵引电机转矩控制原理

基于以上分析阐述，可见标量控制模式和上述矢量控制模式的控制结构不同。所以，工程实践时高速铁路列车牵引、制动工况下，对应的双控制模式间的平滑过渡点及过渡方法值得研究。

牵引工况下，由矢量控制平滑过渡至标量控制易于实现，当指令电压调制深度 m 增大至最大 1.0 时，打开 i_d、i_q 闭环输出，保持指令电压调制深度为恒定值 $m_{max}=1.0$，可由矢量控制切换至标量控制模式，并且此时要将磁链及 i_d、i_q 闭环的 PI 调节器中积分分量清零，以保证由标量控制切换至矢量控制时 PI 调节器由初始状态开始运行。

制动工况下，由标量控制平滑过渡至矢量控制，这里采用一种基于转子磁链幅值跟踪判断的原理，过渡原理如图 2.40 所示。

一般牵引电机的额定磁链 Ψ_r^* 由电机额定电压 U_N(线电压有效值)与额定频率 f_N 计算得到

$$\Psi_r^* = U_N/(\sqrt{6}\pi f_N) \tag{2.75}$$

单脉冲工况下的牵引电机线电压大于 U_N，当牵引电机制动减速时，随着电机频率减小，转子磁链势必逐渐增大直至超过 Ψ_r^*，对应图 2.40 中的 A 点。此时，给定调制深度仍会保持为最大值 1.0。当转子磁链继续增大至 B 点，B 点实际转子磁链超出相应的 A 点 $\Delta\Psi_{rmax}$(一般设置 $\Delta\Psi_{rmax}=5\%\Psi_r^*$)，此时，即可认定牵引电机已经减速至恒磁通区，控制模式可以切换为矢量控制。结合图 2.40，切换时，利用图 2.39 中的“m 衰减”模块，减小给定调制深度 m。为使切换过程快速、平稳，“m 衰减”分两段衰减，先直接减小，抑制转子磁链继续增大，防止磁饱和，然后线性衰减，使转子磁链顺势平稳减小，便于矢量控制

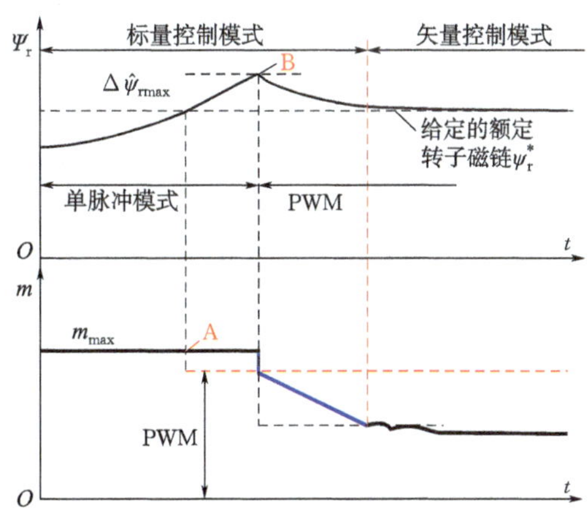

图 2.40 标量控制向矢量控制过渡原理示意

模式中磁链和电流闭环 PI 调节器的施加运行。m 衰减期间，仍保持采用标量控制模式，待转子磁链 Ψ_r 减小至额定磁链 Ψ_r^* 附近时，进入矢量控制模式，实现平滑过渡。

2.5 辅助系统模型与控制

2.5.1 辅助系统建模

辅助系统也是电力牵引系统的重要组成部分，为了对辅助系统控制策略进行深入研究，需首先对辅助变流器进行系统建模[32]。下面选取高频隔离型辅助变流器为例进行系统建模。

为了获得更为优异的控制性能，结合分裂电容逆变器和四桥臂逆变器的各自特点，在分裂电容逆变器中引入中线电感，如图 2.41 所示。中线电感能有效抑制流过滤波电容和支撑电容上的纹波电流，增加电容寿命，并且还能提高逆变器带不平衡负载的能力。为了方便建模分析，可设辅助变流器主电路及其各电气量如图 2.41 所示。

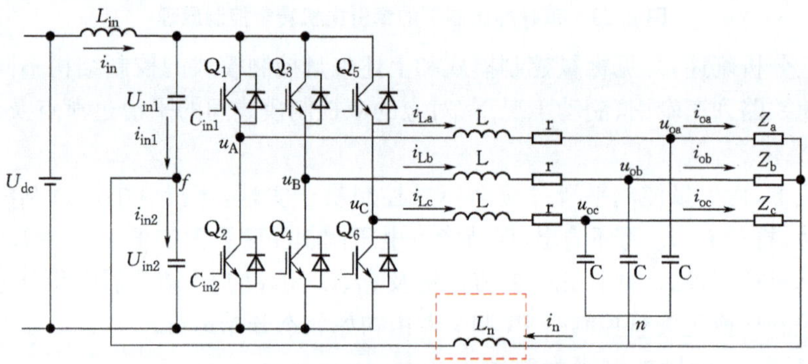

图 2.41　三相逆变器主电路拓扑图

其中，L 为逆变器输出滤波电感，r 为滤波电感等效串联电阻，C 为逆变器输出滤波电容，i_{La}、i_{Lb}、i_{Lc}分别为三相滤波电感电流，i_{oa}、i_{ob}、i_{oc}分别为三相负载电流，u_{oa}、u_{ob}、u_{oc}分别为三相滤波电容电压。

以 n 点电位为电压基准值，根据 Kirchhoff 定律可得

$$\begin{bmatrix} u_A \\ u_B \\ u_C \end{bmatrix} = L\frac{\mathrm{d}}{\mathrm{d}t}\begin{bmatrix} i_{La} \\ i_{Lb} \\ i_{Lc} \end{bmatrix} + r\begin{bmatrix} i_{La} \\ i_{Lb} \\ i_{Lc} \end{bmatrix} + \begin{bmatrix} u_{oa} \\ u_{ob} \\ u_{oc} \end{bmatrix} \tag{2.76}$$

$$\begin{bmatrix} i_{La} \\ i_{Lb} \\ i_{Lc} \end{bmatrix} = C\frac{\mathrm{d}}{\mathrm{d}t}\begin{bmatrix} u_{oa} \\ u_{ob} \\ u_{oc} \end{bmatrix} + \begin{bmatrix} i_{oa} \\ i_{ob} \\ i_{oc} \end{bmatrix} \tag{2.77}$$

将式(2.77)代入(2.76)并进行拉氏变换可得

$$\begin{bmatrix} u_{oa} \\ u_{ob} \\ u_{oc} \end{bmatrix} = \frac{1}{LCs^2+rCs+1}\begin{bmatrix} u_A \\ u_B \\ u_C \end{bmatrix} - \frac{Ls+r}{LCs^2+rCs+1}\begin{bmatrix} i_{oa} \\ i_{ob} \\ i_{oc} \end{bmatrix} \tag{2.78}$$

式(2.78)即为图 2.41 的开环系统模型，令

$$G(s)=\frac{1}{LCs^2+rCs+1} \tag{2.79}$$

$$Z(s)=\frac{Ls+r}{LCs^2+rCs+1} \tag{2.80}$$

观察式(2.78)、式(2.79)和式(2.80),可以认为逆变器本质上是一个可控电源,$G(s)$为控制量,$Z(s)$为电源等效输出阻抗。等效输出阻抗会使电源具备一定斜率的下垂特性,恶化复杂负载条件下逆变器的输出电压质量。

2.5.2 波形控制策略

辅助变流器采用的双闭环控制策略,以电感电流瞬时反馈控制作为内环,以输出电压瞬时反馈控制作为外环。电压外环以理想的正弦波 u_{ref}为参考电压,输出电压与参考电压比较后所得的电压误差信号,经过瞬时电压环调节器后作为电流内环的参考信号 i_{Lref},再与电感电流相比较,得到的电流误差信号经过电流调节器形成控制量,对逆变器实施控制。电感电流内环的引入,使滤波电感电流成为可控的电流源,对包含在环内的扰动,如输入电压的波动、死区时间、电感参数的变化等影响能起到及时的调节作用,可以显著提高系统的动态性能。并且,电感电流能够反映负载或其他原因导致逆变器输出过载电流,对逆变器起到自动限流保护功能。

图 2.42 中逆变器模型在式(2.78)~式(2.80)已经给出,控制系统模型引入电压指令前馈,消除逆变器模型输出电压负反馈的影响,以提高系统开环增益。采用滤波电容电流闭环能有更好的动态性能,但是电容电流闭环无法限制逆变器输出电流,不利于限流控制及保护,而电感电流闭环除了能限流外,通过合理的参数设计也能达到较好的动态性能。因此,电流环采用电感电流闭环。

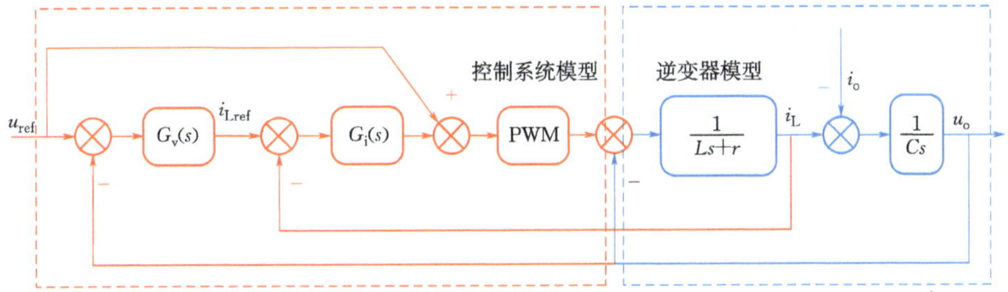

图 2.42 电压电流双闭环控制

建立图 2.42 的系统模型,则

$$u_o=G(s)u_{ref}-Z(s)i_o \tag{2.81}$$

$$G(s)=\frac{[G_v(s)G_i(s)+1]G_{pwm}(s)}{G_v(s)G_i(s)G_{pwm}(s)+sCG_i(s)G_{pwm}(s)+LCs^2+rCs+1} \tag{2.82}$$

$$Z(s)=\frac{[G_i(s)G_{pwm}(s)+sL+r]i_o}{G_v(s)G_i(s)G_{pwm}(s)+sCG_i(s)G_{pwm}(s)+LCs^2+rCs+1} \tag{2.83}$$

影响辅助变流器输出电压波形质量的主要原因是复杂的负载特性和分裂电容偏压。针对这两个主要因素设计闭环控制系统。

消除复杂负载对输出波形影响的根本方法在于减小逆变器的等效输出阻抗。泵类负载直接启动时的严重电压跌落、不平衡负载时的三相电压不平衡以及非线性负载时的谐波畸变都是由大负载电流、不平衡电流以及谐波电流在等效输出阻抗上的压降引起。

通过合理配置式(2.82)、(2.83)中的 $G_v(s)$ 和 $G_i(s)$ 能够改变 $G(s)$ 和 $Z(s)$ 的特性，使得 $G(s)$ 和 $Z(s)$ 在基波与谐波频率处近似达到

$$\begin{cases} G(s)=1 \\ Z(s)=0 \end{cases} \tag{2.84}$$

这样就能保证复杂负载条件下，逆变器的输出电压不受负载特性的影响。

2.5.2.1 考虑数字延时的电流内环设计方法

图 2.42 所示控制器均基于连续域，但在实际控制系统中，因为复杂逻辑控制和数学计算的需要，数字控制更具优势。然而，数字控制也会引入离散耦合和数字控制延时等问题，不利于动态性能地提升和系统稳定[33]。

控制延时会影响系统的动态响应。当系统状态发生突变时，控制系统无法实时响应状态变化，需经过一段时间的延时才能跟踪变化量。更严重的是，控制延时易使系统不稳定，较易使控制系统在高频处产生振荡(可通过泰勒公式展开为从基波到无穷次谐波的各次低通滤波环节之和)。

图 2.43 为控制延时分析图，图中数字控制器为 DSP，采用双重采样模式，在载波的最高点和最低点分别采样，采样周期 t_s 为半个开关周期。图中 $i[1]\sim i[3]$ 为采样得到的电流值，经过 $t[1]\sim t[2]$ 一个采样周期的计算，在 $t[2]$ 时刻加载计算结果，继而最终形成比较值 $ref[2]$。从采样到比较值生效这个过程平均耗时约为 1.5 个采样周期，这是采用双重采样后所需的最短延时。若采用单采样模式，延时时间将达到 2.5 个采样周期。因此，对数字控制而言，缩短采样周期并提高开关频率能有效缩短控制延时。

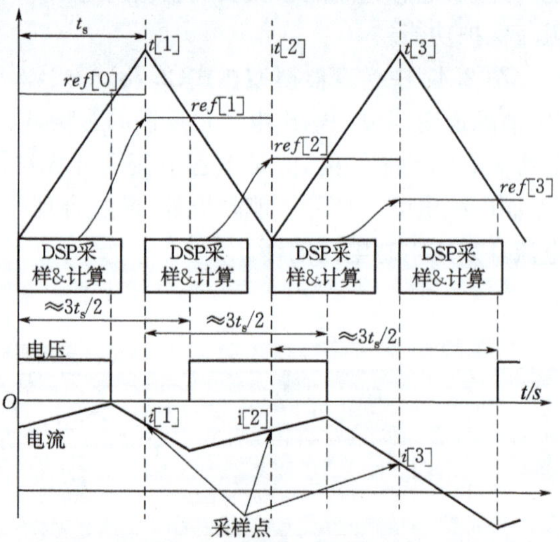

图 2.43 数字控制延时分析

如果不考虑数字控制的离散耦合，截断误差等因素，可以将 PWM 生成过程等效成时间常数为 $1.5t_s$ 的延时环节，如图 2.44 所示。这个延时环节作用于电流内环，可通过合理配置电流内环消除其影响。

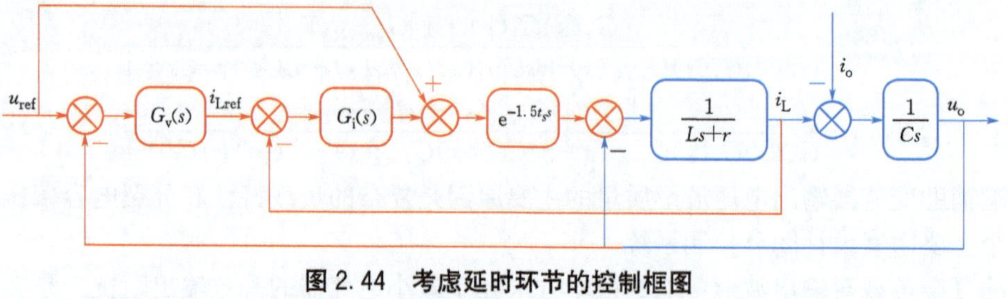

图 2.44 考虑延时环节的控制框图

从图 2.44 中提取电流闭环部分，如图 2.45 所示，将电感电流表示为

$$i_L=\frac{G_i(s)e^{-1.5st_s}i_{Lref}}{G_i(s)e^{-1.5st_s}+sL+r}+\frac{u_{ref}e^{-1.5st_s}-u_o}{G_i(s)e^{-1.5st_s}+sL+r} \tag{2.85}$$

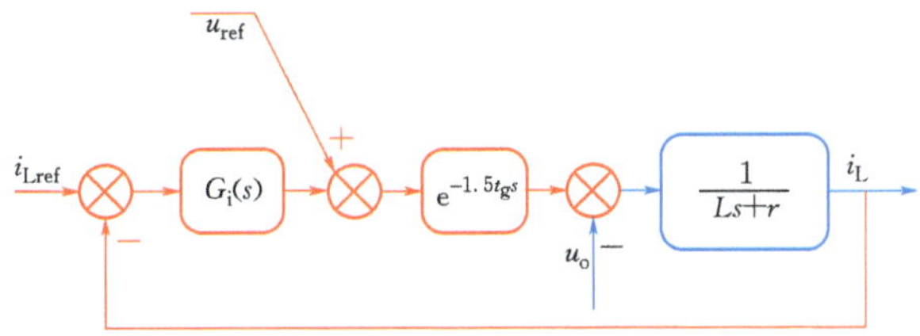

图 2.45 电流闭环框图

式(2.85)中，考虑到电压指令前馈对输出电压反馈的抵消作用，有 $u_{ref}e^{-1.5t_g s}-u_o\approx 0$，所以可进一步简化为

$$i_L=\frac{G_i(s)e^{-1.5st_s}i_{Lref}}{G_i(s)e^{-1.5st_s}+sL+r} \tag{2.86}$$

可令

$$G_{ti}(s)=\frac{G_i(s)e^{-1.5st_g}}{G_i(s)e^{-1.5st_g}+sL+r} \tag{2.87}$$

为了能更准确的处理延时环节，大量文献采用离散方法，通过 Z 变换将整个闭环系统变换到 Z 域下，并引入零阶保持器。这种方法能非常准确的分析数字控制系统，但是由于被控对象仍为模拟系统，采用 Z 变换反而不准确。因此，下面仍然采用连续域的分析方法，延时环节可通过一阶 PADE 近似表示，即

$$e^{-1.5st_g}=\frac{-s+a}{s+a} \tag{2.88}$$

如果电流闭环采用 PID 控制，结合式(2.88)、式(2.87)可进一步表示为

$$G_{ti}(s)=\frac{-K_d s^3+(K_d a-K_p)s^2+(K_p a-K_i)s+K_i a}{(L-K_d)s^3+(K_d a-K_p+La+r)s^2+(K_p a-K_i+ra)s+K_i a} \tag{2.89}$$

式中 K_p、K_i、K_d 分别对应比例、积分和微分系数。从式(2.89)中可以发现，如果分子的高阶项(三次)为 0，电流闭环传递函数在高频处衰减最快，达到抑制高频扰动的目的，此时 PID 控制即转化为 PI 控制，见式(2.90)。

$$G_{ti}(s)=\frac{-K_p s^2+(K_p a-K_i)s+K_i a}{Ls^3+(La+r-K_p)s^2+(K_p a-K_i+ra)s+K_i a} \tag{2.90}$$

2.5.2.2 基于改进型谐振控制器的波形控制技术

电流内环的合理配置能提高系统动态性能，增强带泵类等冲击性负载的能力，使泵类负载在启动时的电压跌落能较快恢复。然而，电流环动态性能的提升无法消除不平衡负载和非线性负载的影响。前文已经指出，这两种负载条件下导致输出电压质量恶化的主要原因在于逆变器等效输出阻抗的存在。

为了解决这个问题，前人提出了多种可行方法，比如 PID 控制[34]、Deadbeat 控制[35]、基于内模原理的重复控制[36]、H∞控制[37]、谐振控制[38]等。这些方法都有其各自的优缺点：PID 控制实现简单，但无法对交流量实现无静差控制，对非线性负载引起的谐波畸变抑制能

力不强；Deadbeat 控制专为数字控制设计，在理论上能实现无差拍跟踪，具有非常高的动态响应速度，但是这种方法对于谐波的抑制效果并不理想，且依赖精确的被控对象模型；重复控制基于内模原理，理论上能抑制所有次谐波，但重复控制稳定性不高，近年来通过引入补偿措施，可以改善重复控制的稳定性，但补偿器的设计仍较为复杂；H∞控制实现较为复杂，对谐波的抑制效果也并不理想；谐振控制器同样基于内模原理，理论上能实现交流量的无静差控制，对特定次谐波也有抑制能力，但是这种控制器的参数设计较难，并且在离散实现上仍有一定困难。

综合以上各种控制方法的优缺点，谐振控制器在处理复杂负载特性、稳定性问题等各方面更具优势。传统谐振控制器一般与比例控制器共同组成比例＋谐振控制器，这样既能通过比例控制器实现高带宽和高动态性能，也能利用谐振控制器实现对特定频率谐波的控制。但比例＋谐振控制器的方式也增加了控制系统复杂性，并且，比例＋谐振控制器低频增益较大，对直流偏置的衰减能力较差，相角滞后也较大，不利于并联控制时配置逆变器等效输出阻抗。因此，迫切需要一种新型谐振控制器，具有更好的直流偏置衰减能力，并且相角滞后小，利于并联控制，参数设计简便，对由非线性负载和不平衡负载引起的输出电压畸变有较强的抑制能力。从上文的分析可以看出，传统谐振控制器的推导过程非常复杂，涉及大量繁琐的拉式变换，本书给出一种基于简单推导方法的改进型谐振控制器。

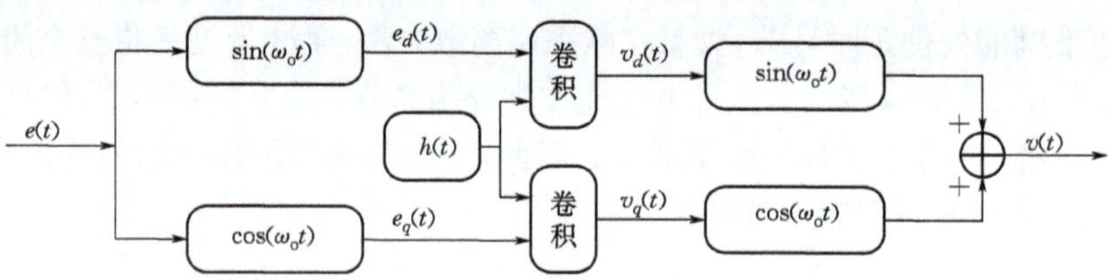

图 2.46　改进型谐振控制器推导框图

根据图 2.46 可得到

$$v(t)=e(t)\cos(\omega_o t)\otimes h(t)\cos(\omega_o t)+e(t)\sin(\omega_o t)\otimes h(t)\sin(\omega_o t) \tag{2.91}$$

对式(2.91)进行 Laplace 变换可得

$$\begin{aligned}V(s)=&\frac{1}{2}H(s)[E(s+j\omega_o)+E(s-j\omega_o)]\otimes\frac{s}{s^2+\omega_o^2}+\\&\frac{1}{2j}H(s)[E(s+j\omega_o)-E(s-j\omega_o)]\otimes\frac{\omega_o}{s^2+\omega_o^2}\end{aligned} \tag{2.92}$$

化简式(2.92)可得

$$\begin{aligned}V(s)=&\frac{1}{4}[H(s+j\omega_o)E(s+2j\omega_o)+H(s-j\omega_o)E(s)+\\&H(s+j\omega_o)E(s)+H(s-j\omega_o)E(s-2j\omega_o)]-\\&\frac{1}{4}[H(s+j\omega_o)E(s+2j\omega_o)-H(s-j\omega_o)E(s)-\\&H(s+j\omega_o)E(s)+H(s-j\omega_o)E(s-2j\omega_o)]\end{aligned} \tag{2.93}$$

化简式(2.93)可得

$$V(s)=\frac{1}{2}[H(s+j\omega_o)E(s)+H(s-j\omega_o)E(s)] \tag{2.94}$$

改进型谐振控制器并不像传统谐振控制器推导中令 $h(t)$ 为简单的积分器，而是考虑到 d、q 轴存在的耦合效应(引入 $\mathrm{j}\omega_o$ 项以抵消耦合)，并且引入比例控制器，以提高控制器增益。

$$H(s-\mathrm{j}\omega_o)=\frac{1}{s-\mathrm{j}\omega_o}\Rightarrow H(s-\mathrm{j}\omega_o)=K_{pr}+K_{ir}(1+\mathrm{j}\omega_o)\frac{1}{s-\mathrm{j}\omega_o} \tag{2.95}$$

$$H(s+\mathrm{j}\omega_o)=\frac{1}{s+\mathrm{j}\omega_o}\Rightarrow H(s+\mathrm{j}\omega_o)=K_{pr}+K_{ir}(1-\mathrm{j}\omega_o)\frac{1}{s+\mathrm{j}\omega_o} \tag{2.96}$$

为了能更方便的调节谐振频率处增益，引入只对谐振频率增益起作用的阻尼效应，见式(2.97)及式(2.98)。

$$K_{pr}+K_{ir}(1+\mathrm{j}\omega_o)\frac{1}{s-\mathrm{j}\omega_o}\Rightarrow K_{pr}+K_{ir}(1+\mathrm{j}\omega_o)\frac{\omega_c}{s+\omega_c-\mathrm{j}\omega_o} \tag{2.97}$$

$$K_{pr}+K_{ir}(1-\mathrm{j}\omega_o)\frac{1}{s+\mathrm{j}\omega_o}\Rightarrow K_{pr}+K_{ir}(1-\mathrm{j}\omega_o)\frac{\omega_c}{s+\omega_c+\mathrm{j}\omega_o} \tag{2.98}$$

将式(2.97)和式(2.98)代入式(2.94)可得

$$G_R(s)=\frac{2[K_{pr}s^2+(K_{ir}+2K_{pr})\omega_c s+(K_{ir}+K_{pr})\omega_c^2+(K_{pr}-K_{ir}\omega_c)\omega_o^2]}{s^2+2\omega_c s+\omega_c^2+\omega_o^2} \tag{2.99}$$

式(2.99)即为改进型谐振控制器的原始形态。由于通常 $\omega_o\gg\omega_c$，可将其简化为

$$G_R(s)=\frac{2[K_{pr}s^2+(K_{ir}+2K_{pr})\omega_c s+(K_{pr}-K_{ir}\omega_c)\omega_o^2]}{s^2+2\omega_c s+\omega_o^2} \tag{2.100}$$

式(2.100)仍过于复杂，并且控制性能存有缺陷，例如当调整其中一个参数时，全频带范围内的特性都会发生变化，不利于控制器参数的合理配置。理想条件下，参数的调整，应只影响部分频带特性，实现控制器各个参数之间的解耦，以提高调节过程的针对性。此外，式(2.100)低频增益较大，无法有效衰减控制量中的直流偏置，需对式(2.100)进行合理优化。

分析可知式(2.100)的低频段增益过高，控制器输入中存在的直流偏置将被放大。分析其原因可以发现式(2.100)分子中存在常数项，如果将其略去，既可降低直流增益，又不影响谐振控制器基本性能。因此，将式(2.100)简化为

$$G_R(s)=\frac{2[K_{pr}s^2+(K_{ir}+2K_{pr})\omega_c s]}{s^2+2\omega_c s+\omega_o^2} \tag{2.101}$$

式(2.101)虽较(2.100)简单，但是当增大 ω_c时，除了谐振频率处阻尼增加外，低频段特性也发生明显变化，不利于控制器参数配置。ω_c 变化影响低频段特性的原因在于式(2.101)分子的一阶系数中包含 ω_c，因此可将式(2.101)进一步简化为

$$G_R(s)=\frac{2[K_{pr}s^2+(K_{ir}+2K_{pr})s]}{s^2+2\omega_c s+\omega_o^2} \tag{2.102}$$

观察式(2.102)，K_{pr}分别出现在一次和二次项上，而 K_{ir}只出现在一次项上，这说明，K_{ir}只对低频段特性有影响，而 K_{pr}则能影响全频段特性。为此，式(2.102)可进一步化简为

$$G_R(s)=\frac{K_{pr}s^2+K_{ir}s}{s^2+2\omega_c s+\omega_o^2} \tag{2.103}$$

2.5.2.3 基于改进型谐振控制器的电压外环设计方法

抑制不平衡负载和非线性负载影响的关键是减小基波频率和谐波频率处的逆变器等效输出阻抗。根据内模原理，只要控制器中包含输入函数的内模，就可抑制扰动的影响，实现

对指令的无静差跟踪。因此，如果 $G_v(s)$ 中含有输入函数的内模，就能消除等效输出阻抗的影响(使等效输出阻抗在内模频率处近似为 0)，实现无静差控制。不平衡负载和非线性负载下的输入函数就是基波及各奇次谐波的正弦函数。因此，如果想要实现对基波指令的无静差控制并消除不平衡负载的影响，需加入基波谐振控制器；如果想要消除特定次谐波影响，需加入对应的谐波次谐振控制器，如图 2.47 所示。图中 $G_{vR1}(s)$、$G_{vR5}(s)$ 和 $G_{vR7}(s)$ 分别代表基波、5 次和 7 次谐振控制器。

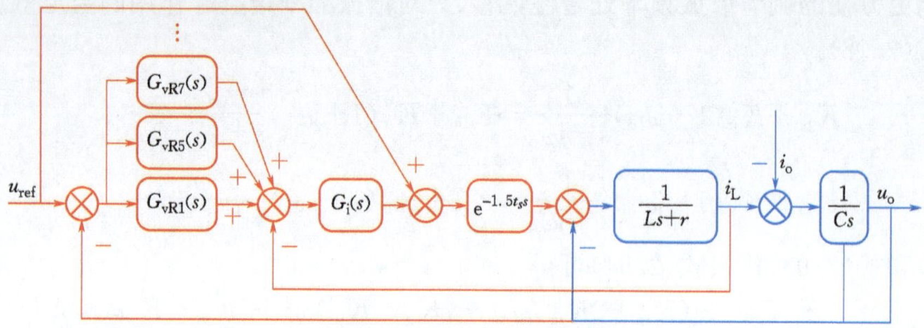

图 2.47　逆变器控制框图

根据内模控制原理，谐波次的谐振控制器只对抑制谐波有意义，而基波次谐振控制器除了能抑制不平衡负载的影响外，还能实现对指令电压的无静差跟踪。因此，各次谐振控制器的参数配置需依据以下原则：

①首先设计基波谐振控制器的参数，以确定系统带宽和稳定性。

②按所需抑制谐波次序的高低，由低次谐振控制器开始逐次往高次谐振控制器进行配置。

③考虑到谐波次谐振控制器对系统增益的影响，最终需检验整个系统的稳定性。

谐波次谐振控制器的参数与所需抑制的谐波大、小有直接关系，如果非线性负载较大，谐波含量较高，就需要增益较大的谐振控制器，如果非线性负载较小，那么所需谐振控制器增益较小，甚至不需要对应次谐振控制器。因此第二点和第三点需根据实际情况灵活修正，第一点则可以根据逆变器性能参数指标进行设计。

系统中，电流内环带宽可达 1 kHz 以上。由于电压外环带宽不能超过电流内环带宽，可将电压外环带宽设置为 1 kHz，对于采样频率 10 kHz 的逆变器系统，1/10 采样频率的带宽值是合理的。对图 2.47 进行简化：

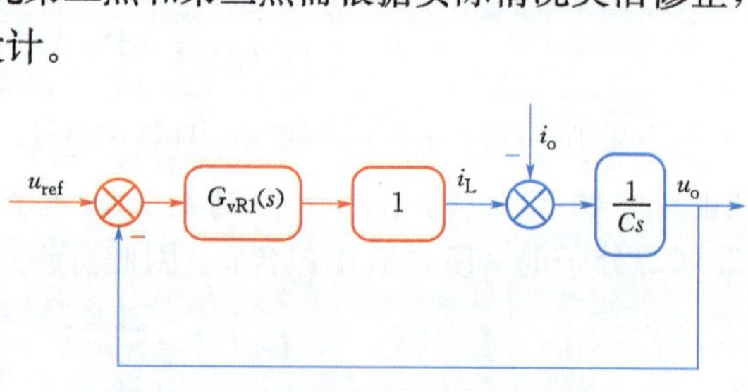

图 2.48　简化后的逆变器控制框图

图 2.48 将电流内环包围的所有环节等效成单位增益，这种等效只在电流内环的带宽内有效。求解图 2.48 可得简化后的输出电压表达式，即

$$u_o=\frac{(K_{pr1}s^2+K_{ir1}s)u_{ref}-(s^2+2\omega_{c1}s+\omega_o^2)i_o}{Cs^3+(2\omega_{c1}C+K_{pr1})s^2+(\omega_o^2C+K_{ir1})s} \tag{2.104}$$

令

$$G_{vo}(s)=\frac{K_{pr1}s+K_{ir1}}{Cs^2+(2\omega_{c1}C+K_{pr1})s+(\omega_o^2C+K_{ir1})} \tag{2.105}$$

通过简化 $G_{vo}(s)$ 可求得带宽。K_{ir1} 只影响低频段特性，对带宽的影响极小，因此可忽略。另外，由于 ω_{C1} 和 C 的取值较小，所以 $2\omega_{C1}C$ 的影响也微乎其微，也可以忽略，最后简化为

$$G_{vo}(s)=\frac{K_{pr1}s}{Cs^2+K_{pr1}s+\omega_o^2C} \tag{2.106}$$

2.5.2.4 基于改进型谐振控制器的分裂电容电压平衡控制原理分析

如前文所述，围绕图 2.41 所示电路拓扑有两个难点，一是复杂负载下的波形控制，另一个就是分裂电容的均压问题。分裂电容均压问题是所有基于分裂电容拓扑的逆变器必然存在的，一旦分裂电容不均压将严重影响输出电压质量。

造成分裂电容不均压的原因很多，例如电容特性差异、开关器件特性差异、采样精度低等。在引起分裂电容偏压的诸多原因当中，AD 采样精度不高导致参与运算的反馈值中出现直流分量进而最终引起分裂电容电压不平衡是主要原因。为了简化分析过程，假设只采用最简单的电压闭环，没有电流内环和电压前馈，如图 2.49 所示。

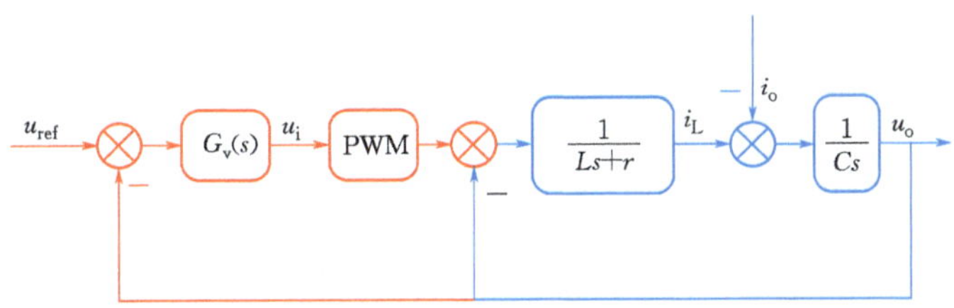

图 2.49 简化的控制模型

根据图 2.49 可得

$$u_i=(u_{ref}-u_o)G_v(s) \tag{2.107}$$

显然 u_{ref} 不存在直流分量，而由于 AD 采样误差 u_o 会存在直流分量，通过 $G_v(s)$ 后 u_i 中极有可能也会存在直流分量。尤其是当 $G_v(s)$ 中包含积分器时，u_o 中的直流分量会通过积分器不断累积到 u_i 中，通过 PWM 后就表现为在一个基波周期内上下桥臂导通时间不一致，影响分裂电容电压。为了简化分析过程，对逆变器模型进行简化，如图 2.50 所示。

图 2.50 基于单相等效电路研究三相四线制逆变器，将开关器件简化为理想开关，图中所标注电流均为有效值。设一个基波周期的时间为 T，其中上管导通的总时间为 T_{up}，下管导通的总时间为 T_{down}，那么在一个基波周期内注入电容 C_{in1} 的能量为

$$P_{Cin1}=\int_0^T i_{in}^2 dt-\int_0^{T_{up}} i_{pi}^2 dt \tag{2.108}$$

在一个基波周期内注入电容 C_{in2} 的能量为

$$P_{Cin2}=\int_0^T i_{in}^2 dt-\int_0^{T_{down}} i_{ni}^2 dt \tag{2.109}$$

①若 $T_{up}=T_{down}$，由于 $i_{pi}=i_{ni}=i_n$，所以 $P_{Cin1}=P_{Cin2}$，此时分裂电容的电压均衡。

②若 $T_{up}\neq T_{down}$，则 $P_{Cin1}\neq P_{Cin2}$，分裂电容将出现偏压。

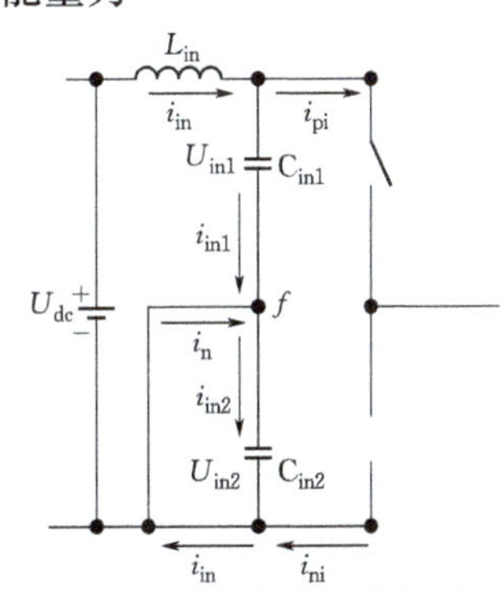

图 2.50 简化的逆变器模型

显然，导通时间长的开关管对应电容电压低，导通时间

短的开关管对应电容电压高。

通过上面的分析可知，若 AD 检测包含直流分量，极有可能导致分裂电容偏压。特别地，当电压环中存在积分器时偏压现象将更为严重。如果能提高 AD 采样精度，彻底消除采样中的直流分量显然能有效解决此问题，但是以当前的采样精度和技术水平，很难做到完全消除直流分量。换一个角度，若 $G_v(s)$ 的直流增益非常小，接近为 0，同样能消除直流分量的影响。改进型谐振控制器[如式(2.103)所示]的直流增益非常小，衰减直流偏置的能力非常强，u_o 中的直流分量通过改进型谐振控制器后将被大大削弱，达到平衡分裂电容电压的目的。

参考文献

[1]代云中．单相电压型四象限整流器控制策略研究与实现[D]．成都：西南交通大学，2011.

[2]刘志敏．PWM 整流器控制策略研究与实现[D]．成都：西南交通大学，2008.

[3]屈莉莉，张波．PWM 整流器控制技术的发展[J]．电气应用，2007，26(2)：6-11.

[4]郑忠玖．三相电压型 PWM 整流器控制策略及应用研究[D]．大连：大连理工大学，2011.

[5]DIXON J W，OOI B T. Indirect current control of a unity power factor sinusoidal current boost type three-phase rectifier [J]. IEEE Transactions on Industrial Electronics，1988，35(4)：508-515.

[6]Kukrer O，Komurcugil H，Control strategy for single-phase PWM rectifiers[J]. Electronics Letters，1997，33(21)：1745-1746.

[7]龚锦霞，解大，张延迟．三相数字锁相环的原理及性能[J]．电工技术学报，2009，24(10)：94-99.

[8]琚兴宝，徐至新，邹建龙，等．基于 DSP 的三相软件锁相环设计[J]．通信电源技术，2004，21(5)：1-4.

[9]李伟．基于坐标变换的单相四象限整流器控制[J]．电气传动，2011，41(10)：32-36.

[10]张崇巍，张兴．PWM 整流器及其控制[M]．北京：机械工业出版社，2003.

[11]姚春燕，杨建成，吴涛．基于 DSP 的四象限脉冲整流器控制系统设计[J]．电气制造，2014，08：44-49.

[12]JALILI K，BERNET S. Design of Filters of Active-Front-End Two-Level Voltage-Source Converters [J]. IEEE Transactions on Industrial Electronics，2009 (56)：1674-1689.

[13]GARASIYA D V，VORA S C，Kapil P N. Simulation，Design and Practical Realization of Single Phase PWM Boost Rectifier[C]//2012 3rd Nirma University International Conference on Engineering (NUiCONE)，2012.

[14]LI H B，ZHANG K，ZHAO H. Active DC-link power filter for single phase PWM rectifiers[C]//8th International Conference on Power Electronics-ECCE Asia，2011：2922-2926.

[15]WANG R X，WANG F，LAI R X，et al. Study of Energy Storage Capacitor Reduction for Single Phase PWM Rectifier[C]//IEEE Applied Power Electronics Conference，2009：1177-1183.

[16]杨显进．CRH 牵引变流器的研究[D]．成都：西南交通大学，2009.

[17]宋文胜．电力牵引变流器控制与调制算法研究[D]. 成都:西南交通大学,2011.
[18]KUKRER O,KOMURCUGIL H. Control strategy for single-phase PMW rectifiers [J].Electronics Letters,1997,33(21):1745-1746.
[19]冯江华．多模式电压空间矢量脉宽调制的理论分析及微机实现[J]. 机车电传动,1996,000(004):7-11.
[20]BEIG A R,NARAYANAN G,RANGANATHAN V T. Modified SVPWM Algorithm for Three Level VSI With Synchronized and Symmetrical Waveforms[J]. IEEE Transactions on Industrial Electronics,2007,54(1):486-494.
[21]李永东．交流电机数字控制系统[M]. 北京:机械工业出版社,2012.
[22]博斯．现代电力电子学与交流传动[M]. 北京:机械工业出版社,2013.
[23]盛明磊．永磁同步电机 SVPWM 弱磁过调制控制策略研究[D]. 南京:南京航空航天大学,2018.
[24]董侃．动车组牵引逆变控制关键技术与系统性能优化研究[D]. 北京:北京交通大学,2015.
[25]霍姆斯,利波．电力电子变换器 PWM 技术原理与实践[M]. 周克亮,译．北京:人民邮电出版社,2010.
[26]陈伯时．电力拖动自动控制系统[M]. 北京:机械工业出版社,2003.
[27]NEGORO H. Vector controller for induction motor[P]. 2002-1-1.
[28]Kitanaka H. Vector controller for induction motor[P]. 2007-7-12.
[29]Jung J,Nam K. A dynamic decoupling control scheme for high-speed operation of induction motors[J]. IEEE Transactions on Industrial Electronics,1999,46(1):100-110.
[30]王高林,杨荣峰,张家皖,等．一种感应电机转子时间常数 MRAS 的在线辨识方法[J]. 电工技术学报,2012,027(004):48-53.
[31]KAWABATA Y,KAWAKAMI T,SASAKURA Y,et al. New design method of decoupling control system for vector controlled induction motor[J]. IEEE Transactions on Power Electronics,2004,19(1):1-9.
[32]刁利军．电力推进负载模拟系统研究[D]. 北京:北京交通大学,2008.
[33]陈杰,刁利军,阮白水,等．辅助变流器整流输出电压的建模分析以及抑制[J]. 电工技术学报,2011,26(S1):71-76.
[34]陈坤,高格．改进数字 PWM 对逆变器响应延迟的改善[J]. 电力电子技术,2017,51(01):12-14.
[35]徐建明．PID 控制器及其设计方法研究[D]. 杭州:浙江工业大学,2003.
[36]郭卫农,段善旭,康勇,等．电压型逆变器的无差拍控制技术研究[J]. 华中理工大学学报,2000,28(6):30-33.
[37]贲冰．基于重复控制的逆变器复合控制技术研究[D]. 秦皇岛:燕山大学,2007.
[38]张辉,谭国俊,钱苗旺,等．基于 H_∞控制与最优跟踪控制相结合的三相 PWM 整流器控制策略[J]. 电工技术学报,2012(12):102-108.
[39]杨秋霞,梁雄国,郭小强,等．准谐振控制器在有源电力滤波器中的应用[J]. 电工技术学报,2009,24(7):171-176.

第3章 高速铁路电力牵引系统的故障诊断

3.1 变流器故障诊断研究现状

所谓故障诊断就是寻找故障原因的过程，狭义的讲主要包括状态监测、状态识别、故障定位等，广义的讲还包括故障原因分析、维修处理对策及趋势预测等内容[1]。故障诊断作为一门学科是从20世纪60年代以后发展起来的，依据其技术特点可以将其分为原始诊断阶段、基于材料寿命分析与估计的诊断阶段、基于传感器与计算机技术的诊断阶段、智能化诊断阶段、故障预测与健康管理（Prognostics Health Management，PHM）阶段等五个阶段。

当前故障诊断领域中几大研究课题主要为故障机理研究、现代信号处理和诊断方法研究、智能综合诊断系统与方法研究以及现代故障预测方法的研究等方面[1]。智能故障诊断与预测研究已成为现代装备故障诊断技术的一个最有前途的发展方向。故障诊断技术的发展呈现以下三个方面的优势：

（1）诊断系统成熟化。专家系统、模糊诊断、神经网络、进化计算、群体智能和综合诊断等方法正走向成熟化，并将在故障诊断系统中得到广泛的应用。

（2）诊断系统集成化。诊断系统的开发转向专门技术的组合和集成，软件更加规范化、模块化，硬件更加标准化、专业化。

（3）诊断与预测综合化。由过去单纯的监测、诊断与预测，向今后的集监测、预测、健康管理、咨询和训练于一体化的综合化方向发展。

故障诊断可以对故障进行早期预警，进而可以通过采取安全冗余等控制措施来提高系统的可靠性和剩余寿命，进而避免故障的发生和灾难性事故。电传动系统的故障诊断基本分为两组：电机相关和电力电子相关[4,5,6]。而电机的故障率与变流器相比相对较低[7]，因此本章集中于牵引变流器的故障诊断；而IGBT是变流器最易损的器件[8]，因此本章主要针对IGBT进行故障诊断与健康管理的研究；IGBT故障主要分为开路和短路故障，而大多数IGBT短路故障由于系统的过流保护而封锁脉冲进而等效为开路故障[9]，因此本章主要研究IGBT在变流器中的开路故障诊断。

Murphey等人[10]将机器学习和人工智能的思想引入到牵引变流器的故障诊断领域，说明了智能算法在解决复杂系统故障诊断方面的有效性；程宏波等人通过熵权多信息算法完成了对高铁接触网的健康综合评估[11]，对接触网的健康监测和安全预警起到一定的积极作用；吴俊芬和施明辉等人[12,13]分别将自组织（Self Organizing Maps，SOM）神经网络应用到汽轮机故障诊断和森林系统的健康评价中，体现了SOM网络算法在故障诊断及健康评价方面的独特优势；卢西伟及王华胜等人[14-17]应用传统的方法从系统的物理老化损伤机理层面对列车进行损伤评估与可靠性性建模，实现了列车的可靠性评估和安全预测。

故障诊断作为一门综合性学科，涉及现代控制理论、可靠性理论、数理统计、模糊理论、信号处理、模式识别和人工智能等多门学科[2]。按照国际故障诊断权威德国 Frank 教授的观点[18]，故障诊断方法可以划分为基于解析模型的方法、基于信号处理的方法和基于知识的方法。

3.1.1 基于解析模型的方法

基于解析模型的方法包括参数估计法、状态估计法和等价空间法。其主要诊断思路是：利用观察器和滤波器对系统的状态和参数进行重构，并构成残差序列，然后采取相应的措施来增强残差数列中所包括的故障信息，抑制模型误差等非故障信息，通过对残差数列的统计分析就可检测出故障的发生并进行故障诊断。然而对于现代复杂装备(如牵引变流器等)多变量、非线性的复杂系统，很难建立其精确的解析模型，因此诊断精度会受限。

如果把一个实际系统的数学模型表示成

$$\boldsymbol{y}=f(\boldsymbol{u},\boldsymbol{x},\boldsymbol{\theta},\boldsymbol{n},\boldsymbol{F}) \tag{3.1}$$

各物理量间的关系表示如图 3.1 所示。

图中，$\boldsymbol{u}$ 表示可观测的输入量；$\boldsymbol{y}$ 表示可测量的输出量；$\boldsymbol{x}$ 表示系统的状态变量；$\boldsymbol{n}$ 表示噪声干扰；$\boldsymbol{\theta}$ 表示系统参数；$\boldsymbol{F}$ 表示系统的故障模式；$\Delta\boldsymbol{x}$，$\Delta\boldsymbol{y}$，$\Delta\boldsymbol{\theta}$ 表示故障引起的相应物理量变化。输入量 $\boldsymbol{u}$ 和输出量 $\boldsymbol{y}$ 是可测量的，而状态变量 $\boldsymbol{x}$ 和系统参数 $\boldsymbol{\theta}$ 不一定是可测量的。

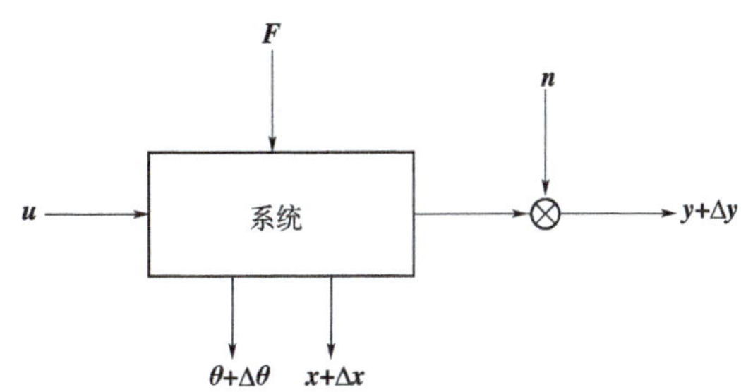

图 3.1 系统的数学模型

如果输出量能直接反应系统的故障特征，则根据 $\boldsymbol{y}$ 的范围即可确定故障，然而其变化不一定准确反应系统是否故障。如果系统数学模型是已知的，则可以通过测量估计系统的状态和参数确定状态变量和系统参量是否变化或超过某一阈值。基于数学模型的方法可以从较少的测量点取估计系统多个状态或参数，用物理量冗余取代测量点冗余，从而实现故障诊断[19]。

3.1.2 基于信号处理的故障诊断方法

这类方法不需要建立诊断对象的精确数学模型，包括利用 Kullback 信息准则检测故障方法、基于小波变换以及经验模态分解(Empirical Mode Decomposition，EMD)方法的故障诊断方法、谱分析法、概率密度法等[2]。其主要诊断思路是：系统的输出在幅值、相位、频率及相关性上与故障会存在一定的联系，这些联系可以用数学形式来表示。在故障发生时可以利用这些量来分析和处理，来判断故障源的所在。

3.1.3 基于知识的方法

基于知识的故障诊断方法主要分为基于故障树的诊断方法[20,21]、基于模糊理论的诊断方法、基于专家系统的故障诊断方法、基于神经网络的诊断方法、基于灰色理论的诊断方法、基于传统人工智能的融合技术的诊断方法和基于核方法的故障诊断方法。

虽然目前基于人工智能的故障诊断及应用研究较基于数学模型的方法有所增长，仍然有许多问题有待于研究：多输入输出系统故障诊断，其系统中存在两个以上故障时的检测与辨识；基于人工智能的方法，研究分布式、层次性的故障推理；研究模糊故障树、模糊理论与图论理论结合的故障诊断推理方式；具有未建模动态、外部干扰影响较大系统的故障诊断研究。由于实际诊断问题的复杂性，不能寄希望于任何一种单一的方法就能解决所有问题，基于人工智能的方法和数学模型方法作为两种有代表性的控制系统故障诊断方法，如能结合起来，其意义将是深远的。

单一的方法很难准确有效的完成复杂非线性系统的故障诊断，现代故障诊断通常与多传感器信息融合相结合，进而可以更准确、快速地完成故障的诊断和识别。如果按照信息的抽象程度，信息融合可分为三个层次，即数据层融合，特征层融合和决策层融合，在每个层次单个信息还可以与本层的融合结果进行再融合。例如在数据层通过某一个传感器获得的数据还可以与数据级融合结果进行再融合，然后进行下一步的特征提取工作，同样是否进行再融合需要根据实际需求而定。图 3.2 所示的是一种基于多特征信息融合的故障诊断的一般框架，该预测框架包含数据层、特征层、决策层三个层次。在实际的故障诊断过程中不一定采用全部的融合环节，需要根据具体问题具体分析，按需选择。

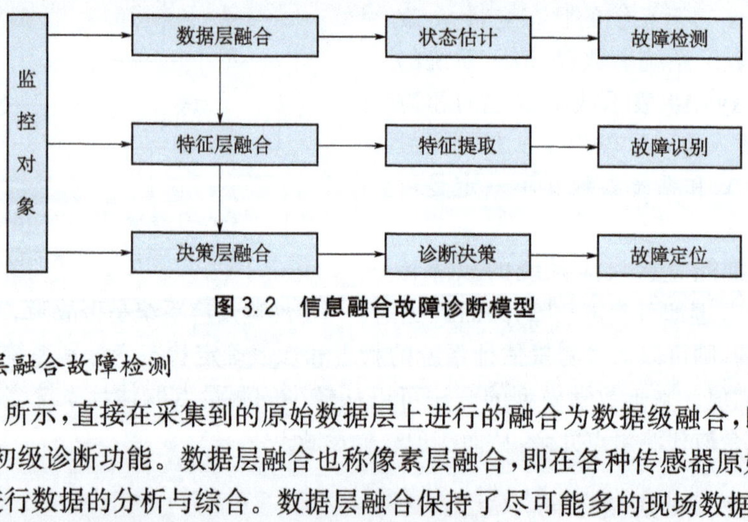

图 3.2　信息融合故障诊断模型

1. 数据层融合故障检测

如图 3.3 所示，直接在采集到的原始数据层上进行的融合为数据级融合，以实现故障的监测、报警等初级诊断功能。数据层融合也称像素层融合，即在各种传感器原始数据未进行预处理之前进行数据的分析与综合。数据层融合保持了尽可能多的现场数据，提供了很多细微信息，主要用来故障检测和为特征层提供故障信息。

2. 特征层融合故障识别

如图 3.4 所示，特征层融合是利用从各个传感器原始信息中提取的特征信息进行综合分析和处理的中间层次融合。它需要数据层的融合结果，同时也需要有关诊断对象描述的诊断知识的融合结果。诊断知识既包括先验的各种知识，如基于规则的知识、基于动态模型的知识、基于故障树的知识、基于神经网络的知识等，也包括数据采掘系统得到的有关对象运行的新知识，如规则、分类、序列匹配等。根据已建立的假设（已知的故障模式），对观测量进行检验，以确定哪一个假设与观测量相匹配来进行故障识别。

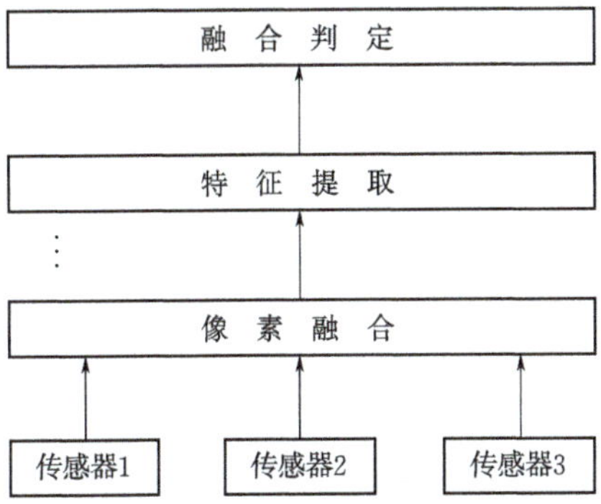

图 3.3 数据层融合

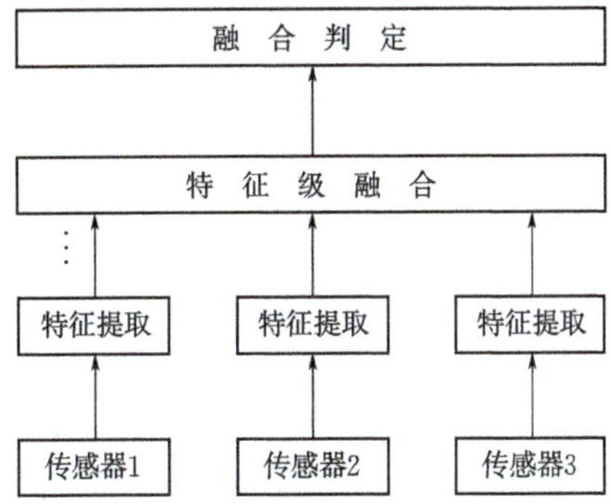

图 3.4 特征层融合

由于实际的传感器系统总是不可避免地存在测量误差，诊断系统也不同程度地缺乏有关对象的先验知识，当故障发生时，有时不能确定故障发生的个数，也无法判定观测数据是真实故障引起的还是由噪声、干扰引起。这些不确定因素破坏了观测数据与故障之间的关系，因此需要特征层信息融合进行故障识别。特征层信息融合将诊断知识的融合结果和检测量数据层的融合结果结合起来，实现了故障诊断系统中的诊断功能。

3. 决策层融合故障定位

如图 3.5 所示，决策层融合是一种高层次的融合，其信息既有来自特征层的融合结果，又有对决策知识的融合结果。决策层融合为系统的控制决策提供依据。决策层信息融合前，多传感器系统中的每一个传感器的数据先在本地完成预处理、特征提取、识别或判断等处理，再针对具体决策问题的需求，采用适当的融合技术，充分利用特征层融合所得的各种特征信息，对目标给出简明而直观的结果。决策层是三级融合的最终结果，直接针对具体的决策目标，融合结果的质量将直接影响决策水平。系统根据决策层信息融合的结果，针对不同故障源和故障特征，采取相应的容错控制策略，对故障进行隔离、补偿或消除。

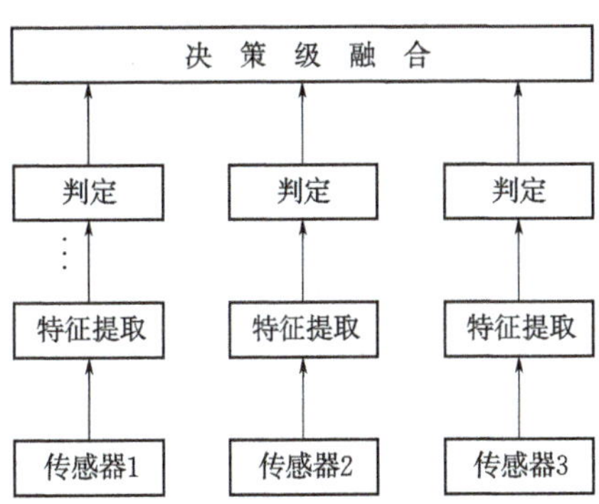

图 3.5 决策层融合

3.2 故障诊断及安全评估算法

由于牵引变流系统的非线性、故障机理的复杂性和多样性[22]，常规传统的方法很难准确判断系统的故障原因，而神经网络具有良好的非线性映射和自适应学习能力及并行运算处理能力，可以更好地解决未知不确定确定非线性系统的故障分类和诊断问题。本节提出一种改进的反向传播(Back Propagation，BP)神经网络来对变流器进行故障建模和诊断，利用 SOM 神经网络的自适应聚类完成系统故障等级的评估，为列车的智能化故障诊断及系统开发奠定基础[23]。

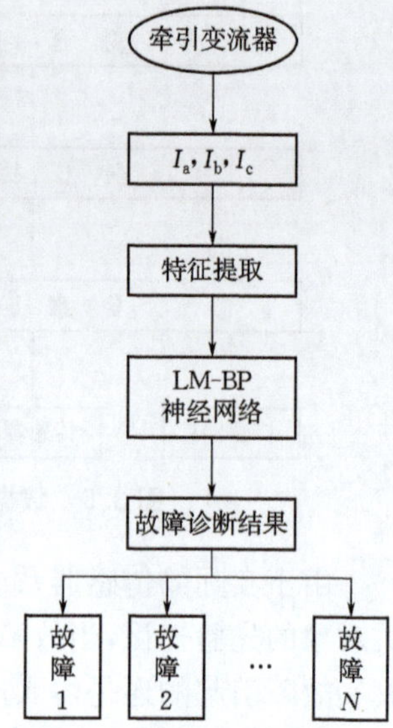

图 3.6　牵引变流器的故障诊断流程图

3.2.1　LM-BP 神经网络

传统 BP 神经网络由于存在训练时间长、误差收敛速度慢且易陷入局部最优的缺陷，故障诊断正确率低。而一些附加动量调整算法很难对动量进行自适应最优选取[24,25]。为了提高牵引变流器的故障诊断准确率，本节提出一种 LM-BP(Levenberg-Marguardt Back Propagation)神经网络的变流器故障诊断模型，该算法结合了高斯-牛顿算法和最速下降法的优势，它既包含了最速下降法的全局搜索能力又具有高斯-牛顿法的快速收敛速度。

牵引变流器的故障诊断流程如图 3.6 所示。

将提取的故障特征输入到 LM-BP 神经网络，分别对特征样本进行训练然后测试，如图 3.7所示，三层神经网络可以达到任意非线性映射，在实际应用中三层网络即可满足实际需求，因此采用三层神经网络模型。

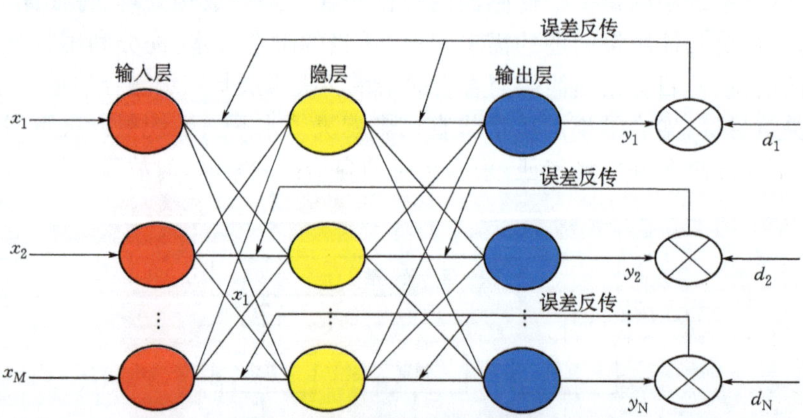

图 3.7　三层 BP 神经网络模型

根据文献[24,25]可知，阈值矢量 $\boldsymbol{w}^{(k)}$ 通过第 k 次迭代获得，迭代公式如下：

$$\boldsymbol{w}^{(k+1)}=\boldsymbol{w}^{k}+\Delta\boldsymbol{w} \tag{3.2}$$

网络总的误差为：

$$E(\boldsymbol{w}^{(k)})=\frac{1}{2}\sum_{k=1}^{N}(d_k-y_k)^2=\frac{1}{2}\sum_{k=1}^{N}e_k{}^2(\boldsymbol{w}^{(k)}) \tag{3.3}$$

式中　$e_k(\boldsymbol{w}^{(k)})$——方程的误差，$k=1,2,\cdots N$；

d_k——期望的输出；

y_k——实际的输出。

LM 算法是一种高斯-牛顿算法的迭代更新：

$$\Delta \boldsymbol{w} = -[\boldsymbol{J}^{\mathrm{T}}(n)\boldsymbol{J}(n) + \mu \boldsymbol{I}]^{-1}\boldsymbol{J}(n)\boldsymbol{e}(n) \tag{3.4}$$

式中 μ——比例系数，$\mu>0$；

$\boldsymbol{I}$——方程里的单位矩阵；

$\boldsymbol{J}(n)$——$e_k(w)$的雅可比矩阵：

$$\boldsymbol{J}(n) = \begin{bmatrix} \frac{\partial e(1)}{\partial w_1} & \frac{\partial e(1)}{\partial w_2} & \cdots & \frac{\partial e(1)}{\partial w_m} \\ \frac{\partial e(2)}{\partial w_1} & \frac{\partial e(2)}{\partial w_2} & \cdots & \frac{\partial e(2)}{\partial w_m} \\ \vdots & \vdots & \ddots & \vdots \\ \frac{\partial e(n)}{\partial w_1} & \frac{\partial e(n)}{\partial w_2} & \cdots & \frac{\partial e(n)}{\partial w_m} \end{bmatrix} \tag{3.5}$$

LM-BP 神经网络按如下步骤执行：

(1)网络初始化：训练误差 ε、系数 β、μ、权重和阈值 $w^{(0)}$。令 $k=0$，$\mu=\mu_0$。

(2)输入样本，计算网络的输出。

(3)计算雅可比矩阵 $\boldsymbol{J}(n)$。

(4)分别计算 $\Delta \boldsymbol{w}$ 和 $E(\boldsymbol{w}^{(k)})$。

(5)如果 $E(\boldsymbol{w}^{(k)})<\varepsilon$，转到第(7)步；否则，根据权值和阈值矢量 $\boldsymbol{w}^{(k+1)}$ 计算误差函数$E(\boldsymbol{w}^{(k+1)})$。

(6)如果 $E(\boldsymbol{w}^{(k+1)})<E(\boldsymbol{w}^{(k)})$，令 $k=k+1$，$\mu=\mu/\beta$ 然后跳到第(2)步；否则，不更新权重和阈值，并令 $\boldsymbol{w}^{(k+1)}=\boldsymbol{w}^{(k)}$，$\mu=\mu\beta$. 然后跳到第(4)步。

(7)结束。

3.2.2 SOM 神经网络及安全评估

自组织特征映射模型(SOM)是一种竞争性神经网络，同时引入了自组织特性，它与竞争神经网络都采用无监督的学习方式，区别在于自组织映射网络除了能学习输入样本的分布外，还能够识别输入向量的拓扑结构。自组织特征映射模型如图 3.8 所示。

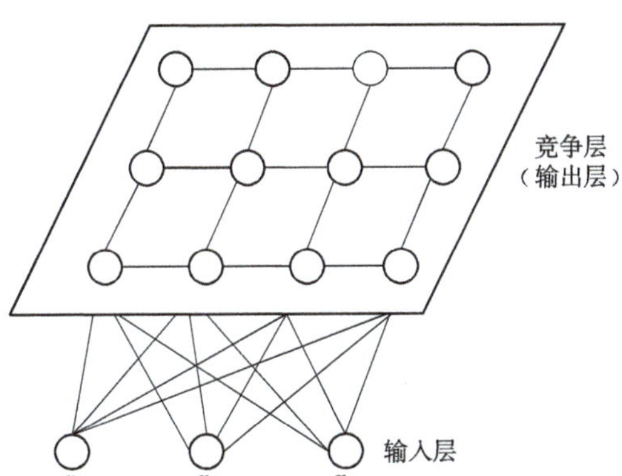

图 3.8 自组织特征映射模型

分类方式由多个神经元协同作用完成，自组织映射网络包含输入层、输出层两层网络，输入与输出神经元通过权值相连，同时，近邻的神经元之间也通过权值向量相连，输出神经元的传递函数通常为线性函数，因此输出值是输入值的线性加权和，假设输入神经元个数为 m，输出神经元为 n，权值为 w_{ij}，则输出神经元 Y_j 的输出值为

$$Y_j = f(\sum_{i=1}^{m} x_i w_{ij}) \tag{3.6}$$

自组织特征映射算法是一种无教师的聚类方法，它将任意维输入模式在输出层映射成一、二或多维离散图形，并保持其结构不变，其学习过程可以描述为：对每一个网络的输入的健康特征量，只调整一部分权值，使权向量更接近或更偏离输入矢量，这一调整过程即为竞争学习，随着不断学习权向量在输入空间相互分离，形成了各自代表输入空间的一类模式，即实现了健康特征量与健康等级的聚类。

图 3.9 为网络学习与系统健康评估流程图。由于输入的系统越健康，健康状态偏差量越小，因此所聚类神经元对应输出的故障度越低，因此健康度越高。

图 3.9　网络学习与健康评估流程图

下面分别说明聚类参数如何选择以及网络的训练步骤。

SOM 网络的训练步骤如下：

(1)设定变量。

$\boldsymbol{x}=[x_1,x_2,\cdots,x_8]$为输入样本，每个样本为 8 维向量。

$\boldsymbol{\omega}_i(k)=[\omega_{i1}(k),\omega_{i2}(k)\cdots,\omega_{in}(k)]$为第 i 个输入节点与输出神经元之间的权值向量。

(2)初始化。权值使用较小的随机值进行初始化，并对输入向量和权值都做归一化处理：

$$\boldsymbol{x}'=\frac{\boldsymbol{x}}{\|\boldsymbol{x}\|} \tag{3.7}$$

$$\boldsymbol{\omega}_i'(k)=\frac{\boldsymbol{\omega}_i(k)}{\|\boldsymbol{\omega}_i(k)\|} \tag{3.8}$$

(3)将随机抽取的样本输入网络。样本与权值向量做内积，内积值最大的输出神经元赢得竞争。由于样本向量与权值均已归一化，因此求内积最大相当于求欧氏距离最小：

$$D=\|\boldsymbol{x}-\boldsymbol{\omega}\| \tag{3.9}$$

求得距离最小的那个神经元，记为获胜神经元。

(4)更新权值。对获胜神经元拓扑邻域内的神经元，采用 Kohonen 规则进行更新：

$$\boldsymbol{\omega}(k+1)=\boldsymbol{\omega}(k)+\eta[\boldsymbol{x}-\boldsymbol{\omega}(k)] \tag{3.10}$$

确定邻域时可以使用不同的距离函数，常用的如欧式距离(dist)、曼哈顿距离(mandist)等。

(5)更新学习速率 η 及拓扑邻域，并对学习后的权值进行重新归一化。学习率和邻域大小的调整按排序阶段、调整阶段两步来进行。

(6)判断是否收敛。判断迭代次数是否达到预设的最大值，若没有达到最大迭代次数，

则转到第(3)步,否则结束算法。

3.3 实验验证

3.3.1 IGBT 开路故障模拟及诊断

通过搭建 dSPACE 实验平台,对单管开路故障进行故障模拟[26]。图 3.10、图 3.11 为开路故障实验时观测的 I_a、I_b电流波形。另外观测图 3.11 发现在 T1 管开路时 a 相电流在正半周并未完全为 0,分析原因是由于噪声及闭环的影响导致,而后对三相输出电流实验数据进行预处理和特征计算,多次采样故障数据并输入神经网络进行学习训练。

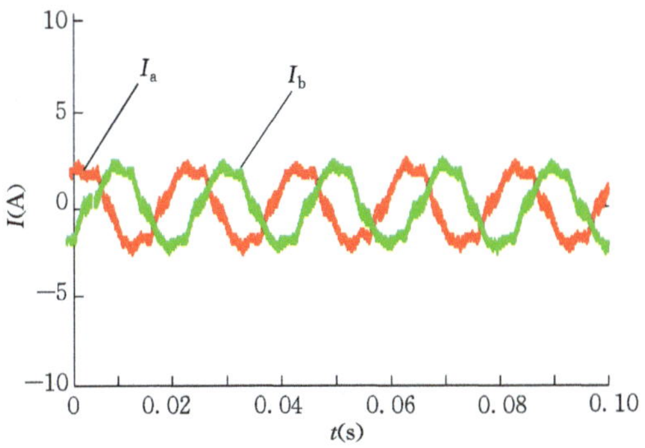

图 3.10 系统正常时 I_a、I_b实验电流

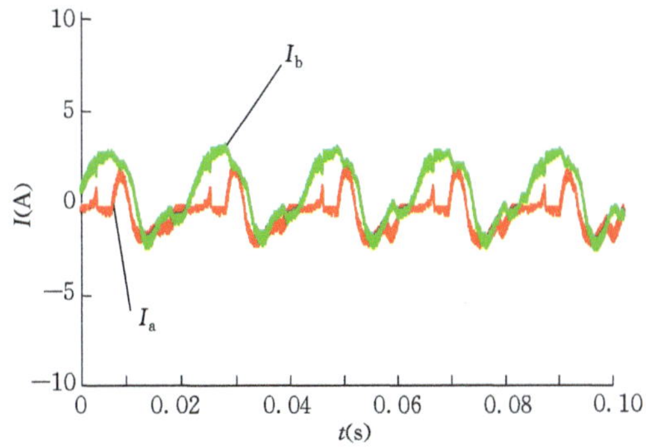

图 3.11 T1 管开路时 I_a、I_b实验电流

如表 3.1 所示,仿真实验表明 BP 算法的迭代次数为 1172,而 LM-BP 为 294,BP 算法的诊断时间为 32.57 s,而 LM-BP 为 8.13 s。比较图 3.12 和图 3.13,BP 算法陷入了局部最优,而 LM-BP 比 BP 网络有更好的泛化能力,它有更快的收敛速度和更高的准确率。

表 3.1 BP 网络和 LM-BP 网络算法的比较

算法	迭代次数	收敛时间(s)	准确率
BP	1 172	32.57	89.2%
LM-BP	294	8.13	96.3%

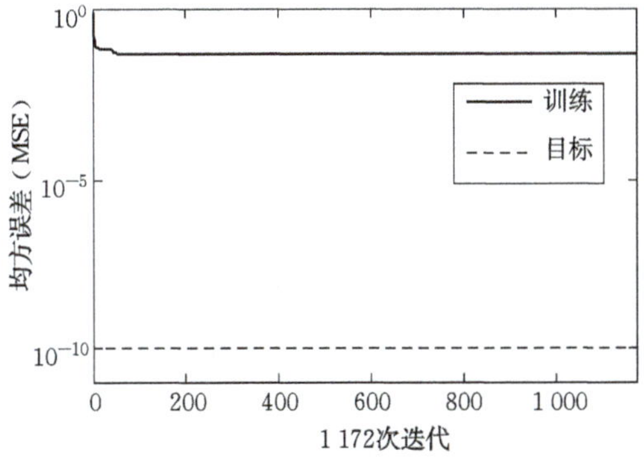

图 3.12 BP 网络误差收敛曲线

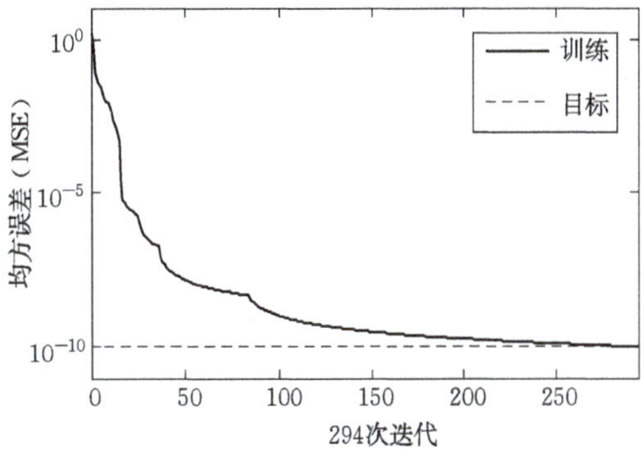

图 3.13 LM-BP 网络误差收敛曲线

3.3.2 基于SOM神经网络的安全评估

1. 网络输入特征提取

牵引逆变器把直流电压转换成牵引系统所要求的变压变频三相交流电源，驱动三相异步电机，因此逆变器输出的电压电流波形质量的好坏直接影响了牵引系统的性能，同时也反映了系统的健康状态；其次，三相电机输出转矩及转速也直接反映了电机的牵引能力，同时也间接反映了牵引系统的健康状况，因此本节以三相输出电压、三相输出电流、输出转矩和转速为健康特征量来分析电机驱动系统的健康度。

当系统处于某一稳定运行状态时，反映电机驱动系统健康状态的变量有三相电压、三相电流以及转矩和转速，分别表示为V_{an}、V_{bn}、V_{cn}、I_a、I_b、I_c、T_e、S，其中V_{an}、V_{bn}、V_{cn}分别表示三相电压的均方根值，I_a，I_b，I_c分别表示三相电流的均方根值，T_e和S分别表示转矩和转速的平均值。

设采样电压$V_{in}(i=a,b,c)$在t时间内的采样个数为N，采样值分别为$V_{in}^1,V_{in}^2,\cdots,V_{in}^N$，则

$$V_{in}=\sqrt{\frac{(V_{in}^1)^2+(V_{in}^2)^2+\cdots+(V_{in}^N)^2}{N}} \tag{3.11}$$

设采样电流$I_i(i=a,b,c)$在t时间内的采样个数为M，采样值分别为$I_i^1,I_i^2,\cdots,I_i^M$，则

$$I_i=\sqrt{\frac{(I_i^1)^2+(I_i^2)^2+\cdots+(I_i^M)^2}{M}} \tag{3.12}$$

设在t时间内对转矩T_e的采样个数为P，采样值分别为$T_e^1,T_e^2,\cdots,T_e^P$，则

$$T_e=\frac{T_e^1+T_e^2+\cdots+T_e^P}{P} \tag{3.13}$$

设在t时间内对转速的采样个数为Q，采样值分别为$S^1,S^2,\cdots,S^Q$，则

$$S=\frac{S^1+S^2+\cdots+S^Q}{Q} \tag{3.14}$$

假设在系统在稳定状态下各变量额定标准值分别为V_{an}^*、V_{bn}^*、V_{cn}^*、I_a^*、I_b^*、I_c^*、T_e^*、S^*，则各个状态量V_{an}、V_{bn}、V_{cn}、I_a、I_b、I_c、T_e、S与标准值之间的差值则代表了系统的健康状态，与标准值偏差越大，则系统的健康度越低，反之，与标准值偏差越小，则系统的健康度越高。因此，引入健康特征因子$x_i(i=1,2,\cdots,8)$，令

$$x_1=\left|\frac{V_{an}-V_{an}^*}{V_{an}^*}\right|,x_2=\left|\frac{V_{bn}-V_{bn}^*}{V_{bn}^*}\right|,x_3=\left|\frac{V_{cn}-V_{cn}^*}{V_{cn}^*}\right|,x_4=\left|\frac{I_a-I_a^*}{I_a^*}\right|$$

$$x_5=\left|\frac{I_b-I_b^*}{I_b^*}\right|,x_6=\left|\frac{I_c-I_c^*}{I_c^*}\right|,x_7=\left|\frac{T_e-T_e^*}{T_e^*}\right|,x_8=\left|\frac{S-S^*}{S^*}\right|$$

这里的参数主要是聚类的类别个数，采用自组织特征映射网络进行聚类时，设置竞争层为3×3的结构，即聚类的类别数为9。过细的类别将系统健康度分为过多的健康等级没有太大意义。而粗线条的二分类，即健康和不健康也没有意义。由于输入向量为8维，因此网络输入层包含8个神经元节点，竞争层包含9个神经元节点。训练完毕后，每一个输入向量属于一个竞争层节点，网络输出对应系统的故障度D从0.1到0.9(其中0.1表示系统正

常，0.9 表示系统完全故障，0.1 到 0.9 系统损伤度依次升高），因此定义系统健康度 H 为：

$$H=(1+\varepsilon-D)\times 100\% \tag{3.15}$$

式中 D——系统的损伤度，即故障度；

H——系统的健康度；

ε——对系统健康进行修正的系数，一般取为 0～0.1。

下面以智能功率模块（Intelligent Power Module，IPM）中的开关管开路故障来模拟系统的健康退化情况，这里主要以表 3.2 中几种典型情况来对系统学习训练并进行健康度评估。

表 3.2 系统健康退化状态表

序号	系统状态	序号	系统状态
1	健康无故障	6	T1、T2、T3 开路
2	T1 开路	7	T1、T2、T4 开路
3	T2 开路	8	T1、T2、T3、T4 开路
4	T1、T2 开路	9	T1、T2、T3、T4、T5 开路
5	T1、T3 开路	10	T1、T2、T3、T4、T5、T6 开路

2. 健康退化模拟与计算

直流侧电压是由 380 V 三相交流额定电压输入经二极管不可控整流得到，中间直流电压约为 513～537 V，经过电压等级为 1 200 V 的 IPM，逆变器输出是额定功率为 2.2 kW 的异步电机负载。

通过对系统八种状态量的采集并经过预处理及特征计算可得到健康特征因子（见表 3.3）。

表 3.3 系统健康退化状态数据表

序号	系统状态	X_1	X_2	X_3	X_4	X_5	X_6	X_7	X_8
1	健康无故障	0.05	0.03	0.02	0.03	0.04	0.02	0.01	0.02
2	T1 开路	0.11	0.1	0.13	0.09	0.16	0.08	0.15	0.1
3	T1、T2 开路	0.23	0.2	0.19	0.16	0.18	0.24	0.22	0.17
4	T1、T2、T3 开路	0.26	0.33	0.28	0.32	0.31	0.34	0.33	0.35
5	T1、T2、T3、T4 开路	0.41	0.45	0.38	0.42	0.46	0.47	0.42	0.4
6	T1、T2、T3、T4、T5 开路	0.71	0.75	0.68	0.72	0.66	0.57	0.72	0.74
7	T1、T2、T3、T4、T5、T6 开路	0.81	0.85	0.78	0.82	0.86	0.77	0.82	0.84

通过对不同开关器件故障数量的触发来模拟系统不同程度的故障。将表 3.3 的健康退化数据输入到自组织特征映射网络，借助于 MATLAB 数学软件来编程实现[27]，网络收敛后的连接权值、权值距离及位置如图 3.14、图 3.15 和图 3.16，最后输出结果见表 3.4。可见，随着开关器件的数量增多，系统的故障度增加，因此系统的健康度逐渐降低，说明通过该算法可以基本上实现系统的健康评估，为故障维护维修及系统的安全稳定运行具有一定的指导作用。

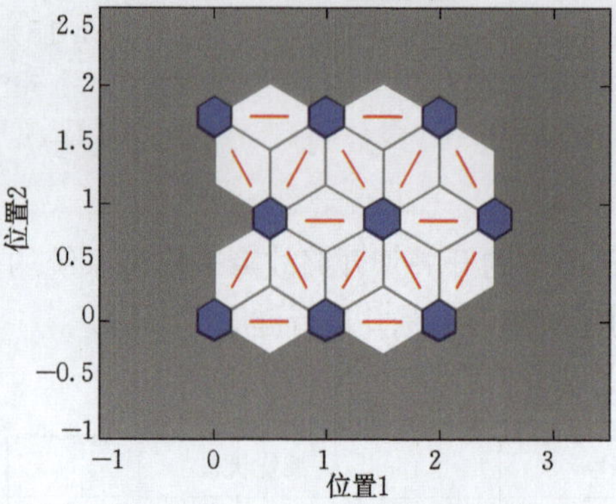

图 3.14　SOM 连接权值图

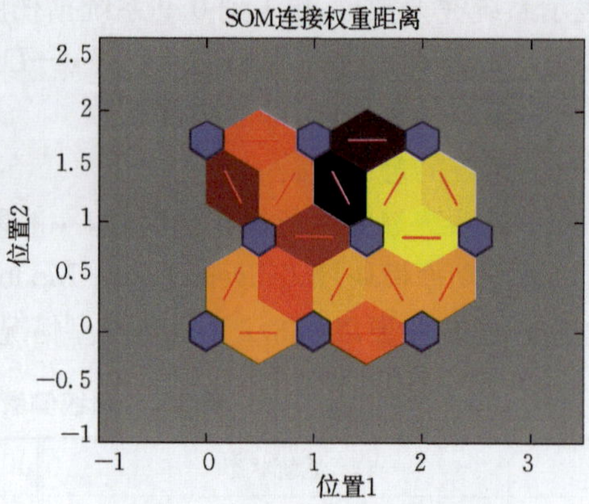

图 3.15　SOM 连接权重距离图

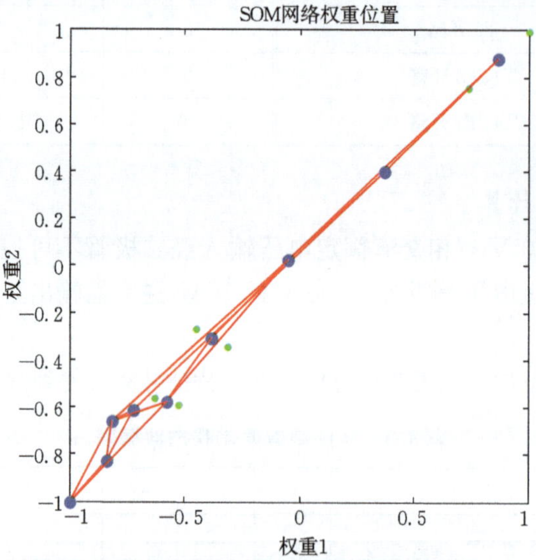

图 3.16　SOM 网络权重位置图

表 3.4　系统健康评估结果

序号	系统状态	系统故障度	系统健康度
1	健康无故障	0.1	90%
2	T1 开路	0.2	80%
3	T1、T2 开路	0.4	60%
4	T1、T2、T3 开路	0.5	50%
5	T1、T2、T3、T4 开路	0.6	40%
6	T1、T2、T3、T4、T5 开路	0.7	30%
7	T1、T2、T3、T4、T5、T6 开路	0.9	10%

通过分析电机驱动系统的控制原理和故障机理分析提取出系统关键健康状态量，并对其进行处理提取出健康状态特征因子，利用自组织特征映射网络的无监督及自主学习特性，通过竞争聚类完成对系统的故障度快速聚类识别，并以开关器件为例对算法进行了仿真实验验证，最后完成了对系统的健康度评估，对列车电力牵引传动系统的安全控制及维护维修具有重要的理论指导意义。

参考文献

[1]张金玉，张炜．装备智能故障诊断与预测[M]．北京：国防工业出版社，2013.

[2]鄂加强．智能故障诊断及其应用[M]．长沙：湖南大学出版社，2006.

[3]SILVA A A，BAZZI A M，GUPTA S. Fault diagnosis in electric drives using machine learning approaches[C]//Electric Machines & Drives Conference，2013：722-726.

[4]ESTIMA J O，CARDOSO A J M. A New Algorithm for Real-Time Multiple Open-Circuit Fault Diagnosis in Voltage-Fed PWM Motor Drives by the Reference Current Errors[J]. IEEE Transactions on Industrial Electronics，2012，60(8)：3496-3505.

[5]DE ARAVJO R R L，JACOBINA C B，DA SILVA E R C，et al. Fault detection of open-switch damage in voltage-fed PWM motor drive systems[J]. IEEE Transactions on Power Electronics，2003，18(2)：587-593.

[6]FREIRE N M A，ESTIMA J O，CARDOSO A J M. A Voltage-Based Approach Without Extra Hardware for Open-Circuit Fault Diagnosis in Closed-Loop PWM AC Regenerative Drives[J]. IEEE Transactions on Industrial Electronics，2014，61(9)：4960-4970.

[7]DING Y，LOH P C，TAN K K，et al. Reliability evaluation of three-level inverters[C]//Applied Power Electronics Conference and Exposition，2010：1555-1560.

[8]RODRÍGUEZ-BLANCO M A，CLAUDIO-SÁNCHEZ A，THEILLIOL D，et al. A Failure-Detection Strategy for IGBT Based on Gate-Voltage Behavior Applied to a Motor Drive System[J]. IEEE Transactions on Industrial Electronics，2011，58(5)：1625-1633.

[9]赵燕峰，曹国荣，蒋耀生，等．风电变流器中IGBT的可靠性研究[J]．电力电子技术，2011，45(8)：104-106.

[10]MURPHEY Y L，MASRUR M A，CHEN Z，et al. Model-based fault diagnosis in electric drives using machine learning[J]. IEEE Transactions on Mechatronics，2006，11(3)：290-303.

[11]程宏波，何正友，胡海涛，等．高铁接触网健康状态的熵权多信息综合评估[J]．铁道学报，2014(3)：19-24.

[12]吴俊芬，胡念苏，赵瑜．基于自组织特征映射神经网络的汽轮机回热系统故障诊断[J]．武汉大学学报，2003，36(4)：99-102.

[13]施明辉，赵翠薇，郭志华，等．基于SOM神经网络的白河林业局森林健康分等评价[J]．生态学杂志，2011，30(6)：1295-1303.

[14]王华胜，王忆岩，谢川川，等．CRH2型动车组可靠性建模与分配[J]．铁道学报，2009，31(5)：108-112.

[15]朱莉,刘汝让. 动车组可靠性评估[J]. 机车车辆工艺,2008(5):14-15.

[16]卢西伟,刘志刚,沈茂盛. 基于应力损伤的电力机车传动系统损伤度模型[J]. 北京交通大学学报,2009,33(6):13-16.

[17]MOLAEI M,ORAEE H,FOTUHI-FIRUZABAD M. Markov Model of Drive-Motor Systems for Reliability Calculation[C]//IEEE International Symposium on Industrial Electronics,2006:2286-2291.

[18]FRANK P M. Analytical and Qualitative Model-based Fault Diagnosis-A Survey and Some New Results[J]. European Journal of Control,1996,2(1):6-28.

[19]张建民. 基于波形分析技术的电力电子电路故障诊断方法研究[D]. 长沙:湖南大学,2007.

[20]史秀娈,孙丽,王立民,等. 基于故障树的 HXD3 型电力机车牵引变流器可靠性设计[J]. 电力机车与城轨车辆,2010,33(3):15-19.

[21]胡川,姚建伟. 基于故障树—蒙特卡洛方法的动车组可靠性分析[J]. 中国铁道科学,2012,33(B08):52-59.

[22]LIU J Q,LI S,YOU X J,et al. Reliability evaluating for traction drive system of high-speed electrical multiple units[C]//IEEE Transportation Electrification Conference and Expo,2013:1-6.

[23]孟苓辉,刘志刚,刁利军,等. 城轨列车牵引逆变系统可靠性评估[J]. 铁道学报,2014,36(9):34-38.

[24]YANG X,JIANG F,WU X. Prediction of Lead-acid Storage Battery's Remaining Capacity Based on LM-BP Neural Network[C]//Chinese Control and Decision Conference,2013:1908-1912.

[25]WANG H,SHAN G,DUAN X. Optimization of LM-BP neural network algorithm for analog circuit fault diagnosis[C]//IEEE International Conference on Information Science and Technology,2013:271-274.

[26]GHANI Z A,HANNAN M A,Mohamed A. Renewable energy inverter development using dSPACE DS1104 controller board[C]//IEEE International Conference on Power and Energy,2010:69-73.

[27]陈明. MATLAB 神经网络原理与实例精解[M]. 北京:清华大学出版社,2013.

第4章 电力牵引系统的可靠性评估

4.1 变流器可靠性评估研究现状

对于系统级别的可靠性研究近年来国内外学者提出了多种分析方式，针对系统的可靠性建模方法有经典的静态建模技术如可靠性框图(Reliability Block Diagram，RBD)、故障树(Fault Tree Analysis，FTA)、故障模式、影响及其危害性分析(Failure Mode，Effects and Criticality Analysis，FMECA)、二元决策图(Binary Decision Diagram，BDD)，动态建模技术如 Markov 模型、GO 流模型、动态故障树(Dynamic Fault Tree Analysis，DFTA)、Petri 网模型等。这类模型要比可靠性静态模型复杂得多，虽然对系统的描述比静态模型要精确一些，但对系统数据的要求也是很高的[1]，具体分类见表 4.1[2]。

表 4.1 系统级可靠性模型对比

模型	优点	缺点
RBD	结构清晰，建模快速，计算简单	精确度低，不适用于复杂系统或容错系统
FTA	模型直观，结构清晰，同时实现定性和定量分析	常用简化模型，精确度低，不适用于复杂系统或容错系统
FMECA	深入分析系统故障模式、机理及其影响	分析周期长，需要多方参与，成本较高存在独立性假设
GO	能直接进行定量计算，精确度高，可表征系统多级故障工作状态	计算复杂，存在共有信号时需进行修正，不适用于复杂系统
Markov	与系统状态转换过程，评估精确度高	模型复杂，易出现模型爆炸情况，需简化模型

邵戎、常越[3]根据串并联关系对逆变器主电路进行了简单的可靠性计算，但并未分析影响可靠性的关键因素及提出提高可靠性的方法；朱莉[4]等人仅以 CRH2 型动车组的历史数据来进行可靠性建模和失效率分析；卢西伟[5]等人提出了一种基于累积损伤理论的列车传动系统损伤评估和寿命预测模型，对传动系统关键设备可靠性评估具有一定指导意义，但并未计算具体的表达式；史秀娈[6]等人通过对电力机车牵引变流器建立故障树分析出故障原因找出薄弱环节，进而指导对其进行可靠性和安全性设计，避免故障的发生；赵燕峰[7]等人分析了影响风电变流器中 IGBT 可靠性和寿命的因子，并根据雨流法完成对变流器可靠性

的分析；Yi Ding[8]等人对单相和三相逆变器的拓扑进行了可靠性计算和对比分析，并对提高逆变器可靠性提出了一定的建议。综合上述文献，本章首先对牵引变流系统的主电路系统级别进行了可靠性静态建模，得出系统可靠性随关键器件失效率的变化，并对比分析关键器件不同失效率对系统可靠性的影响程度。

胡川[9]等人建立了 CRH2 型动车组的走行、牵引及制动等列车各关键子系统的故障树，并基于蒙特卡洛方法对动车组整车可靠性进行了仿真模拟和计算；王华胜[10]等人分析了 CRH2 型动车组的各子系统的逻辑功能关系，并对各子系统建立了可靠性框图模型，并根据系统的重要性、复杂度等指标对系统的可靠性进行了分配，对动车组建立可靠性评价指标体系并运用于动车组的设计、生产及维修奠定了基础；刘建强[11]等人针对 CRH3 型动车组的动力系统建立了可靠性框图模型，并根据列车的实际故障数据对武广高铁与京津城际动车组的动力系统的可靠性进行了计算和对比分析；M. Molaei 等人[12]只是对列车电力牵引系统各关键设备提出了马尔科夫建模思想，并未分析设备的故障机理和系统的故障态，也未深入分析关键设备的失效率等因子对系统可靠性的影响规律。因此，本章在以上文献的研究基础之上，将系统分为三状态并建立系统的马尔科夫模型，通过分析系统的故障机理模型以表征系统的失效率，并求解出系统的安全与亚安全状态来评估系统的可靠性，最后对比分析了不同设备以及其不同失效率对系统可靠性的影响，并提出一些提高系统可靠性和安全性的建设意见。

4.2 可靠性评估方法

产品可靠性是指产品在规定条件和规定时间内完成规定功能的概率[13]，描述的是产品功能性随时间保持的概率[14]。因此，产品可靠性是时间的函数，一般用 $R(t)$表示，产品可靠性函数的定义为：

$$R(t)=P(T>t) \tag{4.1}$$

式中 T——产品发生故障(失效)的时间；

t——规定的时间。

因此，产品在规定条件和规定时间内，不能完成规定功能的概率，也是时间的函数，一般用 $F(t)$表示，称为累积故障分布函数，即

$$F(t)=P(T\leqslant t) \tag{4.2}$$

$$R(t)+F(t)=1 \tag{4.3}$$

故障密度分布函数 $f(t)$是累积故障分布函数 $F(t)$的导数。它可以看成在 t 时刻后的一个单位时间内发生故障的概率，即

$$f(t)=\frac{\mathrm{d}F(t)}{\mathrm{d}t} \text{ 或 } F(t)=\int_0^t f(t)\mathrm{d}t \tag{4.4}$$

因此，累积故障分布函数 $F(t)$、可靠度函数 $R(t)$和故障密度分布函数 $f(t)$三者之间的关系可以图 4.1 表示。

失效率指系统在规定的条件下和规定的时间内丧失功能的概率。通常电子元器件的典型失效曲线如图 4.2 所示，通常称为“浴盆曲线”。它分为早期失效期、偶然失效期和耗损失效期三个阶段[15]。

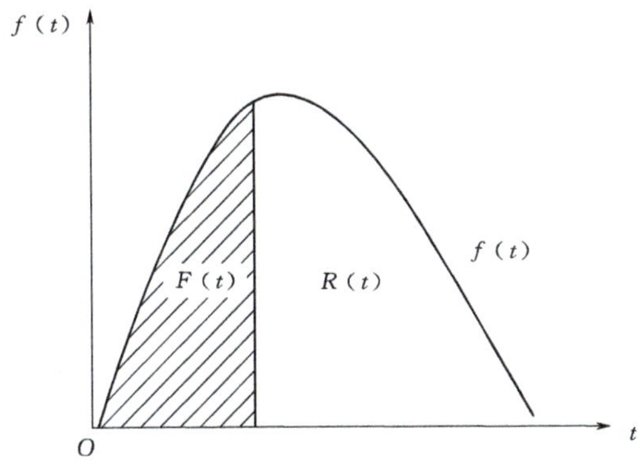

图 4.1　$F(t)$、$R(t)$和 $f(t)$的关系

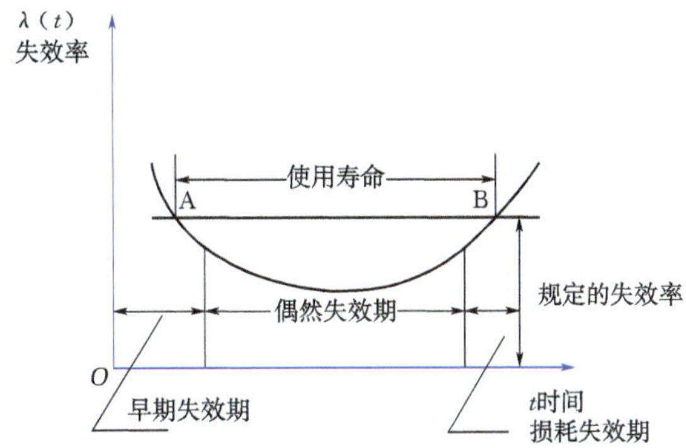

图 4.2　典型的失效曲线

早期失效期是产品的生产、设计初期，产品的故障率较高，且具有迅速下降的特征。这一阶段产品的故障主要是设计与制造的缺陷，如设计不当、材料缺陷、加工缺陷、安装调整不当等，产品投入使用后很容易较快的暴露出来。可以通过加强质量管理及采用环境应力筛选等方法来减少甚至消除早期故障。

在产品投入使用一段时间后，产品的故障率可降到一个较低的水平，且基本处于平稳状态，可以近似认为故障率为常数，此时进入偶然失效期。这个时期故障主要是由偶然因素引起的。

而耗损失效期为产品的使用晚期。在产品投入使用相当长的时间后，就会进入耗损失效期，其特点是产品的故障率随时间迅速上升，很快出现产品故障大量增加直至最后报废。这一阶段产品故障主要是由老化、疲劳、磨损、腐蚀等耗损性因素引起的。可以通过对产品进行数据分析确定耗损阶段的起始点，进而采取 PHM 等寿命预测算法实现故障预警及维护维修。对于机车牵引系统而言，大多数器件为电子元器件，描述其可靠性模型主要是针对生产之后的使用阶段，也即偶然失效期，其失效曲线类似指数分布[15]。

假设失效曲线为指数分布，则

可靠度为

$$R(t)=e^{-\lambda t},t\geqslant 0,\lambda>0 \tag{4.5}$$

失效分布为

$$F(t)=1-R(t)=1-e^{-\lambda t},t\geqslant 0,\lambda>0 \tag{4.6}$$

失效密度为

$$f(t)=F'(t)=\lambda e^{-\lambda t},t\geqslant 0,\lambda>0 \tag{4.7}$$

失效率为

$$\lambda(t)=\frac{f(t)}{R(t)}=\lambda,t\geqslant 0,\lambda>0 \tag{4.8}$$

平均故障时间为

$$\mathrm{MTBF}=\int_0^{\infty}e^{-\lambda t}\,\mathrm{d}t=\frac{1}{\lambda},t\geqslant 0,\lambda>0 \tag{4.9}$$

下面重点介绍静态的串、并联系统可靠性模型和动态的马尔科夫(Markov)模型原理。

1. 串联系统

只要有一个单元发生故障，串联系统（如图 4.3 所示）就发生故障，其可靠性小于至多等于各单元可靠性最小值，即

$$R_i \leqslant \min\{R_i\} \tag{4.10}$$

式中 R_i 为第 i 个单元可靠性。

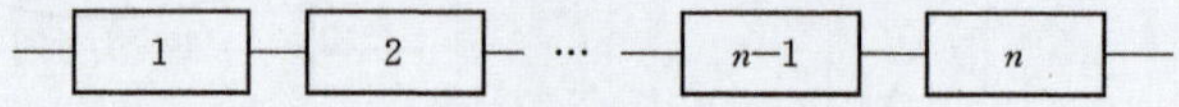

图 4.3　串联系统可靠性框图

若每个单元可靠性分别为 $R_1,\cdots,R_n$，且诸单元互相独立，则系统可靠性为

$$R_s = \prod_{i=1}^{n} R_i \tag{4.11}$$

若已知各单元失效率分别为 $\lambda_1(t),\cdots,\lambda_n(t)$，则系统可靠性、失效率、平均寿命为[16]

$$\begin{aligned} R_s &= \exp\left\{-\int_0^t [\lambda_1(u)+\cdots+\lambda_n(u)]\mathrm{d}u\right\} \\ &= \exp\left\{-\int_0^t [\lambda_s(u)]\mathrm{d}u\right\} \end{aligned} \tag{4.12}$$

$$\lambda_s(t) = -\frac{R'_s(t)}{R_s(t)} = \sum_{i=1}^{n}\lambda_i(t) \tag{4.13}$$

$$\theta_s(t) = \int_0^\infty R_s(t)\mathrm{d}t = \int_0^\infty \exp\left[-\int_0^t \lambda_s(u)\mathrm{d}u\right]\mathrm{d}t \tag{4.14}$$

若各单元寿命为指数分布，则 $\lambda_i(t)=\lambda_i$，于是

$$\left.\begin{aligned} R_s(t) &= \mathrm{e}^{-\lambda_s t} \\ \lambda_s &= \sum_{i=1}^{n}\lambda_i \\ \theta_s &= \frac{1}{\lambda_s} \end{aligned}\right\} \tag{4.15}$$

2. 并联系统

只有所有单元全部发生故障，并联系统（如图 4.4 所示）才发生故障，系统的可靠性大于至少等于各单元可靠性最大值，即

$$R_s \geqslant \max\{R_i\} \tag{4.16}$$

式中 R_i 为第 i 个单元可靠性。

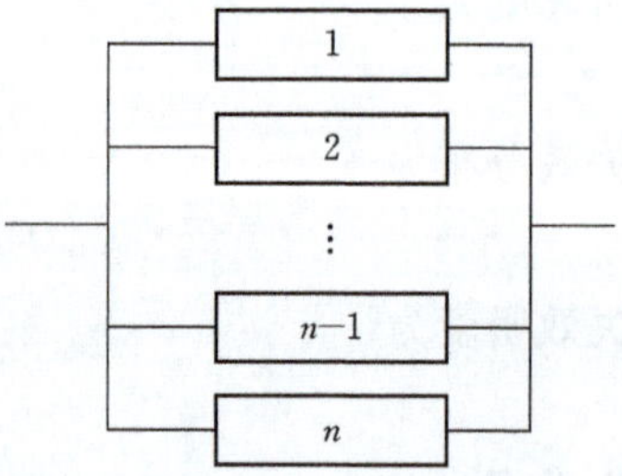

图 4.4　并联系统可靠性框图

设各单元可靠性分别为 $R_1,\cdots,R_n$，且诸单元互相独立，则系统可靠性[17]为

$$R_s = 1 - \prod_{i=1}^{n}(1-R_i) \tag{4.17}$$

若各单元寿命为指数分布时，设各单元失效率相同均为 λ，则系统可靠性、系统失效率、系统平均寿命分别为

$$\left.\begin{aligned} R_s(t) &= 2\mathrm{e}^{-\lambda t} - \mathrm{e}^{-2\lambda t} \\ \lambda_s &= -\frac{R_s'(t)}{R_s(t)} = \frac{2\lambda\mathrm{e}^{-\lambda t} - 2\lambda\mathrm{e}^{-2\lambda t}}{2\mathrm{e}^{-\lambda t} - \mathrm{e}^{-2\lambda t}} = 2\lambda\,\frac{1-\mathrm{e}^{-\lambda t}}{2-\mathrm{e}^{-\lambda t}} \\ \theta_s &= \int_0^{\infty} R_s(t)\mathrm{d}t = \int_0^{\infty}(2\mathrm{e}^{-\lambda t} - \mathrm{e}^{-2\lambda t})\mathrm{d}t = \frac{2}{\lambda} - \frac{1}{2\lambda} = \frac{3}{2}\theta \end{aligned}\right\} \tag{4.18}$$

3. Markov 模型原理

如果随机过程 $X(t)$在 $t_1,t_2,\cdots,t_n$ 时刻(其中 $0\leqslant t_1<\cdots<t_n$)对应状态为 $x_1,\cdots,x_n$，则有下式成立

$$\begin{aligned} &P[X(t_n)=x_n \mid X(t_1)=x_1,\cdots,X(t_{n-1})=x_{n-1}] \\ &\quad=P[X(t_n)=x_n \mid X(t_{n-1})=x_{n-1}] \end{aligned} \tag{4.19}$$

则称$\{X(t);t>0\}$为连续时间的马尔科夫过程。这表明系统将来的状态 $X(t_n)$仅与系统现在所处的状态 $X(t_{n-1})$有关，与过去历史无关，这种性质称之为马尔科夫过程的“无记忆性”。

若 $X(t)$为马尔科夫过程，且 $X(t)$为离散型随机变量，则这样的马尔科夫过程称之为马尔科夫链。设马尔科夫链 $X(t)$的有限状态空间为

$$S=\{0,1,2,\cdots,n\} \tag{4.20}$$

为求 t 时刻$X(t)$处于某一状态 j 的概率 $P_j(t)$，需要知道从一个状态 i 到另一个状态 j 的状态间的转移概率，即

$$P[X(t_{k+1}=j)\mid X(t_k=i)]=P_{ij},k=0,1,\cdots,n \tag{4.21}$$

若一个马尔科夫链 $X(t)$从 u 时处于状态 i 转移到 $t+u$ 时处于状态 j 的转移概率与转移的起始时间无关，即

$$\begin{aligned} &P[X(t+u)=j \mid X(u)=i]=P[X(t)=j \mid X(0)=i] \\ &\quad=P_{ij}(t) \end{aligned} \tag{4.22}$$

则此马尔科夫链是齐次的，它表明转移概率只和时间差 t 有关，而和时间的起点无关。

4.3 牵引电传动系统可靠性建模及影响分析

牵引变流器是牵引电传动系统的重要电力电子变换装置，而牵引电机是变流器的直接电力驱动装置，其可靠性与变流器息息相关，因此将牵引电机也考虑进牵引变流系统范围内进行分析。针对牵引变流系统，本文分别利用基于可靠性串并联逻辑结构进行静态建模，利用基于 Markov 模型进行动态建模，并分别分析其静态和动态可靠性变化及影响[18]。

4.3.1 基于串并联结构的牵引电传动系统可靠性评估

牵引变流系统是列车安全、稳定运行的关键子系统，是列车动力的来源。牵引传统系统一旦出现故障，有可能造成机毁人亡，对生命安全和财产安全造成巨大的损失。因此对牵引系统可靠性进行评估、预测，尽早发现系统的薄弱环节，进而指导列车的维护维修等具有重要意义。

图 4.5 为某高速列车的牵引传动系统主电路框图[19]。该牵引逆变器驱动四台电机，C 为直流端支撑电容，其并联电阻 R 为电容的放电电阻，Q_9、R_d、D_1 一起构成斩波模块，用来限制支撑电容 C 上的电压，Q_{10}、Q_{11}、Q_{12}、Q_{13}、Q_{14}、Q_{15}一起组成三相逆变器驱动异步电机 M_1 带动列车运行。

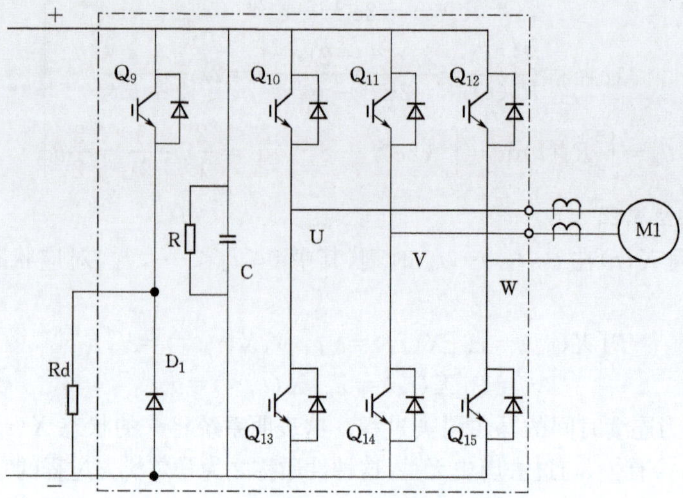

图 4.5 某高速列车牵引传动系统主电路图

1. IGBT 可靠性模型

根据 MIL-HDBK-217F 军用标准，IGBT 失效率可以表示为[15]

$$\lambda_{IGBT}=\lambda_{IGBT\_b}\cdot\pi_T\cdot\pi_R\cdot\pi_S\cdot\pi_Q\cdot\pi_E \tag{4.23}$$

式中 λ_{IGBT_b}——仅由温度、电压、电流作用时的基本失效率，此类器件失效率 $\lambda_{IGBT\_b}=0.8\text{Fit}$；

π_T——温度应力系数，是器件结温 T_j 对器件失效率的影响因素，$\pi_T=e^{-2114\left(\frac{1}{Tj+273}-\frac{1}{298}\right)}$；

π_R——额定功率系数，指额定功率 P_r 的大小对失效率的影响，$\pi_R=(P_r)0.37$；

π_S——电压应力系数，即电压应力 $S_V=\dfrac{V_{CE}}{V_{CEO}}$ 降额的影响因数，$\pi_S=0.045e^{3.1S_V}$；

π_Q——质量系数，即不同质量等级对器件工作失效率的调整系数；

π_E——环境系数，即不同环境类别的环境应力对器件失效率的影响。

2. 直流侧电容可靠性模型

直流侧支撑电容一般选为铝电解电容。铝电解电容的可靠性比较差，它是决定逆变器可靠性的关键因素。电解电容的老化过程中发生电化学反应，随着电解液的蒸发其失效主要体现在等效串联电阻的增大，其变化关系为[10]

$$\frac{\text{ESR}}{\text{ESR}_0}=\left(\frac{V_0}{V}\right)^2 \tag{4.24}$$

通常以电解液挥发 40%，即 *ESR* 变为初始值的 3 倍时表示其完全失效，因此其可靠性可以根据下式来表征：

$$R_2=\begin{cases}\dfrac{3\text{ESR}_0-\text{ESR}}{2\text{ESR}_0} & (\text{ESR}\leqslant 3\text{ESR}_0)\\ 0 & (\text{ESR}>3\text{ESR}_0)\end{cases} \tag{4.25}$$

令 $\xi=\dfrac{\text{ESR}}{\text{ESR}_0}$，称 ξ 为电容的标幺化等效串联电阻，则上式可化为

$$R_2=\begin{cases}1.5-0.5\xi & (\xi\leqslant 3)\\ 0 & (\xi>3)\end{cases} \tag{4.26}$$

3. 二极管的可靠性模型

根据现有文献描述，二极管的主要失效率可由下列公式进行表达[15]：

$$\lambda_p=\lambda_b\cdot\pi_T\cdot\pi_S\cdot\pi_C\cdot\pi_Q\cdot\pi_E \tag{4.27}$$

其中，二极管基本失效率 $\lambda_b=0.8Fit$；温度应力系数 $\pi_T=e^{-3091\left(\frac{1}{Tj+273}-\frac{1}{298}\right)}$；电压应力系数 $\pi_S=V_S^{2.43}$；π_C 是引线结构系数，选用金属化电极结构，则 $\pi_C=1$；π_Q 和 π_E 与 IGBT 相同。

4. 电机疲劳损伤可靠性模型

当设备承受的交变应力超过疲劳极限时，其内部就会产生一定量的损伤，当损伤累积到一定数值时，设备便疲劳破坏，这种损伤成为累积损伤。1945 年迈因纳提出线性累积损伤理论，认为线性累积损伤是线性累积的，相同的应力产生等量的损伤。设构件在应力 S_i 下，疲劳极限次数为 N_i，则若该应力循环次数为 n_i，则产生损伤度为

$$d_i=\frac{n_i}{N_i} \tag{4.28}$$

其中，$i=1,2,3,\cdots$，根据线性累积损伤理论可知，设备总的损伤度可以表示为式(4.29)。当设备所有的损伤度求和等于 1 时，便发生疲劳破坏。

$$D=\sum_{i=1}^{k}\frac{n_i}{N_i} \tag{4.29}$$

电机的老化损伤主要是电场、温度场、机械应力和热应力所造成的，为简化分析，根据累积损失理论，以电机的过电压和过电流次数表征电应力对电机寿命的影响。

设电机平均寿命为 T_D，对应的平均过电压次数为 N，单位时间内的过电压次数为 N/T_D，假设某时刻电机累计运行时间 t，出现过电压、过电流的次数为 n，认为此时电机的损伤度为

$$D_4=\frac{\eta\left(\dfrac{n}{t}\right)}{\dfrac{N}{T_D}} \tag{4.30}$$

其中 η 为修正系数，用来修正不同运行工况对其寿命的影响，根据损伤度可以将电机的可靠性表示为：

$$R_4=1-D_4=1-\frac{\eta\left(\dfrac{n}{t}\right)}{\dfrac{N}{T_D}} \tag{4.31}$$

5. 系统可靠性计算及评估

要保证牵引系统安全可靠的运行，必须保证斩波模块、直流支撑电容、三相逆变器及电机均安全可靠的运行，四者相当于串联组成牵引逆变系统，其可靠性如图 4.6 所示。

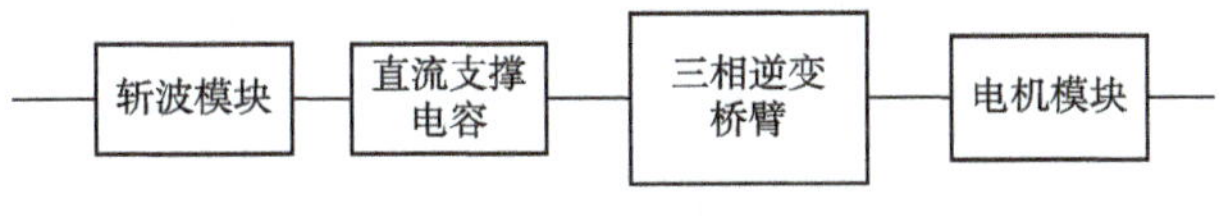

图 4.6 牵引传动系统可靠性框图

对于斩波模块，由于电阻的失效率可忽略不计，为便于计算，假设其可靠度为 1，因此斩波模块的失效率为

$$\lambda_1=\lambda_{IGBT}+\lambda_p \tag{4.32}$$

对于直流支撑电容，它的可靠性为

$$R_2=\begin{cases}1.5-0.5\xi(\xi\leqslant 3)\\0 \qquad (\xi>3)\end{cases} \tag{4.33}$$

对于三相逆变器，要保证其正常运行，必须保证三个桥臂均正常工作，即相当于六个 IGBT 均正常可靠，因此

$$\lambda_3=6\lambda_{IGBT}=6\lambda_{IGBT\_b}\cdot\pi_T\cdot\pi_R\cdot\pi_S\cdot\pi_Q\cdot\pi_E \tag{4.34}$$

因此牵引系统的整体可靠性可以表示为

$$\begin{aligned}R(t)&=R_1(t)R_2(t)R_3(t)R_4(t)\\&=e^{-\lambda_1 t}(1.5-0.5\xi)e^{-\lambda_3 t}(1-D_4)\\&=e^{-(\lambda_{IGBT}+\lambda_p)t}(1.5-0.5\xi)e^{-6\lambda_{IGBT}t}(1-D_4)\end{aligned} \tag{4.35}$$

根据式(4.35)可知，要评估该牵引传动系统的可靠性，首先要知道 IGBT 及二极管的失效率、电解电容及电机的失效率及可靠性指标。不难发现，影响该牵引传动系统的可靠性变量有 IGBT 和二极管的失效率即 λ_{IGBT}、λ_p，电解电容的标幺化等效串联电阻 ξ(ξ=ESR/ESR_0)，电机的累积损伤度 D_4，IGBT 和二极管的基本失效率 $\lambda_{IGBT}\approx\lambda_p=0.8$，对于 ξ 和 D_4 分别使其各自在给定范围内变化，来观察牵引传动系统整体可靠性变化[21]。

对于电解电容的可靠性指标，假设电机的损伤度为 0，即可靠性为 1，此时不考虑电机损伤对系统可靠性的影响，进而便于观察电容的老化对系统可靠性影响的变化。

电容可靠性的变化体现在等效串联电阻的增大，即 ξ 的变化(如图 4.7 所示)，分别令 ξ=1、1.5、2、2.5，不难看出，随着 ξ 增大，系统的可靠性大幅降低，说明电解电容对系统可靠性影响很大。

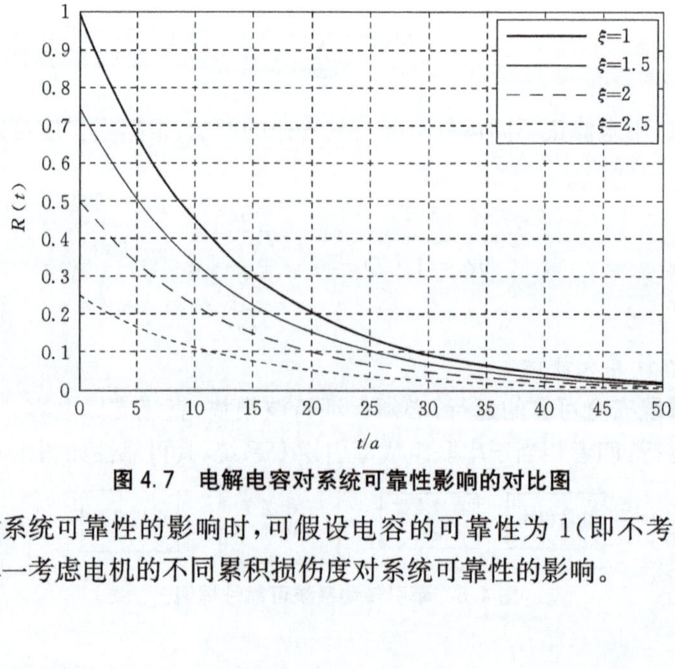

图 4.7 电解电容对系统可靠性影响的对比图

考虑电机对系统可靠性的影响时，可假设电容的可靠性为 1(即不考虑电容老化的影响)，进而便于单一考虑电机的不同累积损伤度对系统可靠性的影响。

从图 4.8 不难看出，随着电机损伤度增大，系统可靠性也大幅降低，当电机损伤度大于 0.6 时，系统初始的可靠性已经低于 0.4，可见，电机的可靠程度直接决定了牵引传动系统的可靠性大小。同时，对比图 4.7、图 4.8 不难发现，在电机损伤情况下，系统寿命接近 30 年，而电容损伤下，系统寿命接近 50 年，而二者是串联系统，电机的寿命更大程度上决定了系统的寿命。

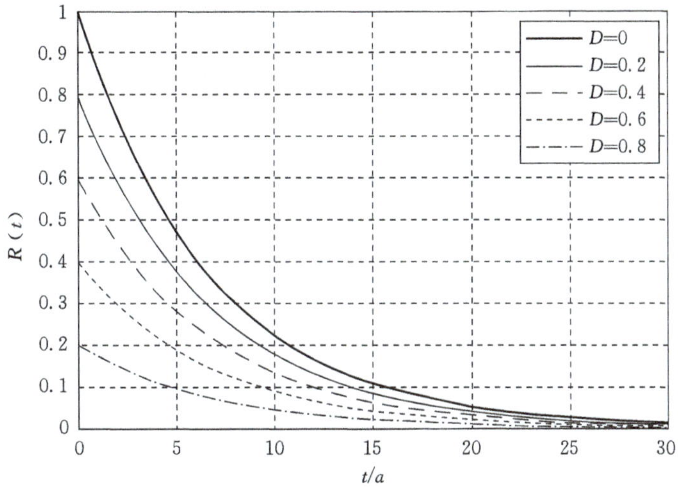

图 4.8 电机对系统可靠性影响的对比图

图 4.9 是二极管和 IGBT 故障对系统可靠性影响对比曲线图。由于系统的二极管和 IGBT 失效率接近，因此可以把二者看作是失效率接近的同一类器件一起考虑。二极管和 IGBT 二者全部的数量为 8，因此分别使故障数 $n=1,2,\cdots,8$，得到系统的可靠性变化曲线。从图中可以看出，故障器件数每增加一个，系统可靠性有一定的降低，但是和图 4.7、图 4.8 对比发现，系统可靠性变化没有电容和电机对系统可靠性的影响显著，而且当开关器件(IGBT、

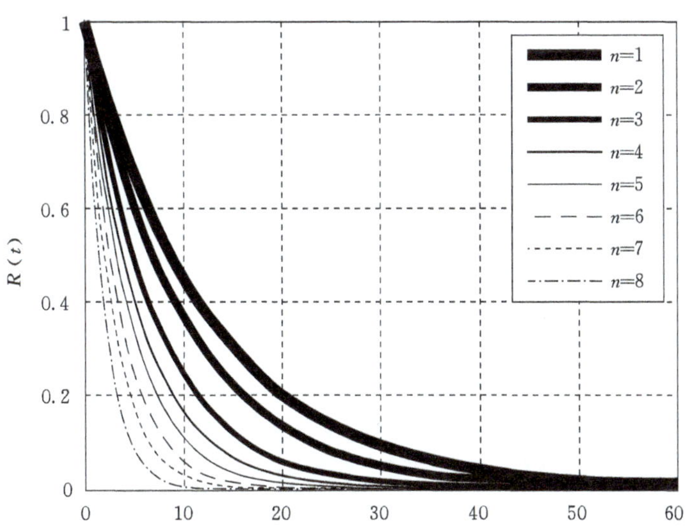

图 4.9 二极管、IGBT 对系统可靠性影响的对比图

二极管)故障时系统的寿命最长的接近 60 年,也明显长于电容和电机老化损伤时系统的寿命,说明开关器件的老化或故障对系统寿命的影响小于电容老化对系统的影响,而电容的老化小于电机损伤对系统的影响。但是当开关器件的故障达到一定数量时系统可靠性急剧下降,寿命也骤然缩短,这是因为电机是由逆变器来供电和控制的,当逆变器元件故障数增大到一定数目不能正常运行,可能发生短路过流或三相不平衡等故障,从而引起转矩脉动或导致电机绝缘击穿等危险,使电机的寿命也骤然下降,对系统的安全性及可靠性危害巨大。

4.3.2 基于马尔科夫模型的牵引电传动系统可靠性评估

在动车组中装有 4 个完全相同且互相独立的动力单元,相邻的两辆动车为一个基本动力单元,每一个动力单元由一个带牵引控制单元的牵引变流器和 4 个并联的牵引电动机组成。牵引变流器的输入侧的整流器为四象限变流器,两个四象限变流器并联为逆变器提供稳定的直流电压,逆变器把直流电压转换成牵引系统所要求的变压变频三相交流电源,驱动 4 个并联的异步牵引电机。图 4.10 为单个动力单元原理图。

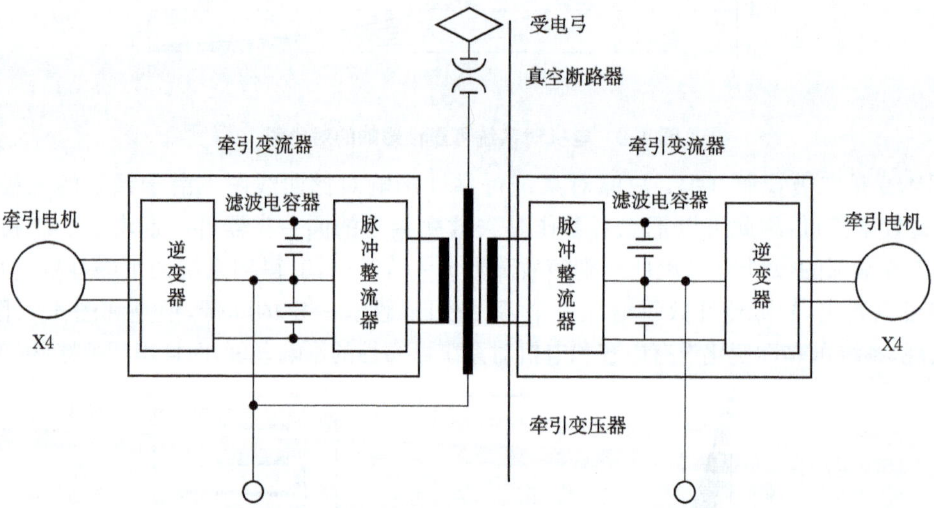

图 4.10　CRH3 型动车组基本动力单元

针对动车组的牵引变流系统,IGBT 的可靠性模型如上文所述,电容及电机失效模型分别建立并表征如下:

1. 电容失效率表征

电解电容在使用过程中发生化学反应生成 Al_2O_3,电容的氧化膜逐渐增大,而且新生成的氧化膜并不平整,使得电容器耐压、漏导等性能下降。同时,反应中伴随着 H_2 的生成,也加速了电解液的蒸发。随着氧化膜的增厚和气体不断的析出,电解电容的失效体现在电容量的降低和 ESR 的增大。电解电容的等效电路模型如图 4.11 所示。

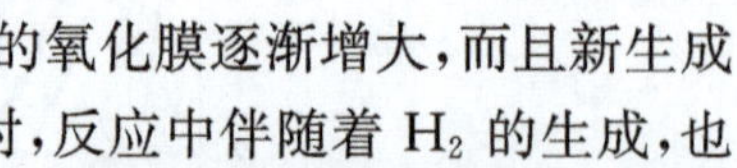

图 4.11　电解电容简化电路模型

通常情况下电解电容的失效标准是当电解液挥发 40%,即 ESR 变为初始值的 3 倍时表示设备完全失效。据此电解电容的失效率可以用下式表示为[22]

$$\lambda_c=\begin{cases}\dfrac{ESR-ESR_0}{2ESR_0} & (ESR<3ESR_0)\\ 1 & (ESR\geqslant 3ESR_0)\end{cases} \tag{4.36}$$

2. 电机损伤失效模型

在动车组的牵引变流系统中，90%以上的电机故障是由于绝缘系统故障导致的[23]，主要考虑绕组绝缘寿命。为了简化计算，认为绕组绝缘近似服从指数分布[6]，得出系统失效模型如下：

$$\lambda_m=\lambda_b\cdot\pi_E\cdot\pi_Q\cdot\pi_C\cdot\pi_K \tag{4.37}$$

$$R_m(t)=\exp(-\lambda_m t) \tag{4.38}$$

式中 π_E——环境系数；

π_Q——质量系数；

π_C——结构系数；

π_K——种类系数。

λ_b 的模型为

$$\lambda_b=A\cdot\exp[(T_{HS}+273)/N_T]^G \tag{4.39}$$

式中 T_{HS}——热点温度；

N_T——温度系数；

G——加速常数；

A——失效调整系数。

3. 基于 Markov 模型的牵引变流系统建模

由于 Markov 链在逼近指数型概率分布问题时的准确度很高，因此 Markov 模型在解决电力电子系统的安全性分析问题过程中具有很好的应用效果。可对牵引电传动系统进行动态 Markov 建模，进而评估出系统在动态情况下可靠性的变化及受器件失效率变化的影响。

假设高速列车的牵引传动系统是不可修复系统，定义一种“亚安全”状态，即系统的部分设备或单元故障，但是通过降功降额等措施仍能维持继续运行，分别用“0”“1”“2”三种状态代表系统正常、亚安全、故障三种状态。图 4.12 为马尔科夫三状态退化转移模型，图 4.13 为 CRH3 单个动力单元原理图。“0”状态代表动力系统正常运行状态，在此状态下牵引系统及各关键设备均正常运行无故障；“1”状态代表动力系统处于亚安全状态，在此状态下牵引系统的部分(1、2 或 3 个)动力单元出现故障，但是通过降功降额等措施仍能维持列车运行；“2”状态代表动力系统的故障状态，在此状态系统 4 个动力单元均发生故障而使列车无法降功运行，必须对动力单元进行更换或维修，其中对于一个动力单元，只要其中任意一个四象限整流器、支撑电容或电机发生故障则代表该动力单元故障。

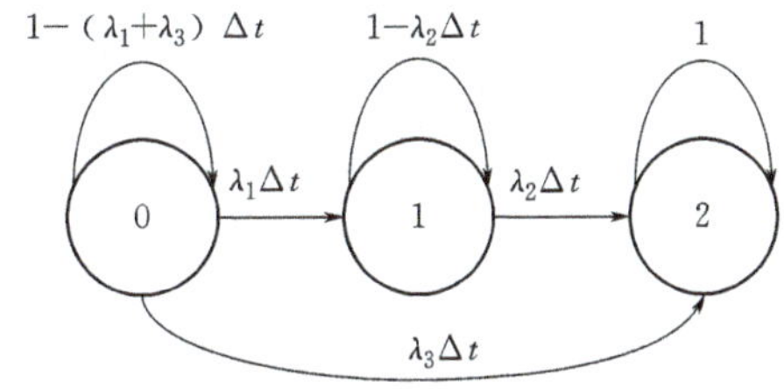

图 4.12 马尔科夫三状态退化转移模型

设 $\lambda_1\Delta t$ 表示系统在 Δt 时间内从“0”状态转移到“1”状态的概率，$\lambda_2\Delta t$ 表示系统从“1”状态转移到“2”状态的概率，$\lambda_3\Delta t$ 表示系统从“0”状态转移到“2”状态的概率，令 $P_i(t)$ 为电解电容在 t 时刻 i 状

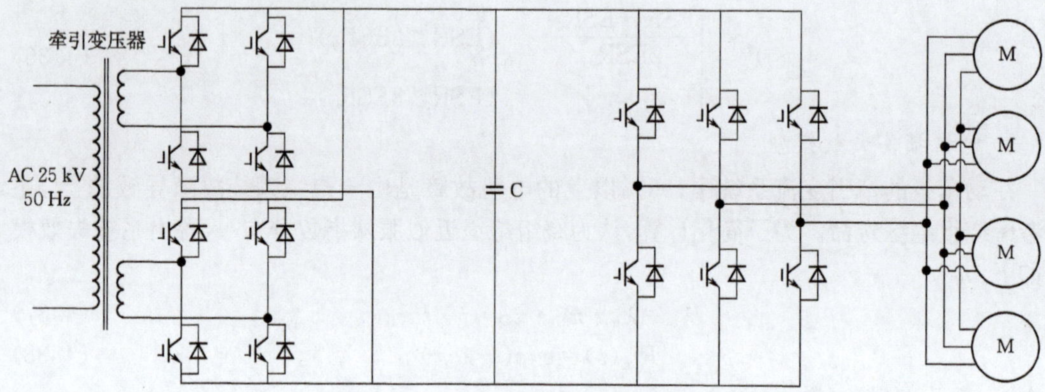

图 4.13 CRH3 单个动力单元原理图

态下的概率($i=1,2,3$)，$P_i(t+\Delta t)$为电解电容在 $t+\Delta t$ 时刻 i 状态下的概率($i=1,2,3$)，则取极限 $\Delta t\to 0$，可列出差分方程如下：

$$P_0(t+\Delta t)=[1-(\lambda_1+\lambda_3)\Delta t]P_0(t) \tag{4.40}$$

$$P_1(t+\Delta t)=\lambda_1\Delta tP_0(t)+(1-\lambda_2\Delta t)P_1(t) \tag{4.41}$$

$$P_2(t+\Delta t)=\lambda_3\Delta tP_0(t)+\lambda_2\Delta tP_1(t)+P_2(t) \tag{4.42}$$

对以上方程，令 $\Delta t\to 0$，并写成矩阵形式如下：

$$\begin{bmatrix}P_0'(t)\\P_1'(t)\\P_2'(t)\end{bmatrix}=\begin{bmatrix}-(\lambda_1+\lambda_3) & 0 & 0\\ \lambda_1 & -\lambda_2 & 0\\ \lambda_3 & \lambda_2 & 0\end{bmatrix}\begin{bmatrix}P_0(t)\\P_1(t)\\P_2(t)\end{bmatrix} \tag{4.43}$$

设初始条件为

$$\begin{bmatrix}P_0(0)\\P_1(0)\\P_2(0)\end{bmatrix}=\begin{bmatrix}1\\0\\0\end{bmatrix} \tag{4.44}$$

则可以解出

$$P_0(t)=\mathrm{e}^{-(\lambda_1+\lambda_3)t} \tag{4.45}$$

$$P_1(t)=-\frac{\lambda_1}{\lambda_1-\lambda_2+\lambda_3}\left[\mathrm{e}^{-(\lambda_1+\lambda_3)t}-\mathrm{e}^{-\lambda_2 t}\right] \tag{4.46}$$

$$P_2(t)=\frac{\lambda_2-\lambda_3}{\lambda_1-\lambda_2+\lambda_3}\mathrm{e}^{-(\lambda_1+\lambda_3)t}-\frac{\lambda_1}{\lambda_1-\lambda_2+\lambda_3}\mathrm{e}^{-\lambda_2 t}+1 \tag{4.47}$$

4. 系统可靠性分析与计算

对于一个动力单元，任意一个四象限整流模块发生故障、支撑电容故障或任意一个异步电机发生故障，则动力单元发生故障，λ'可由式(4.48)计算

$$\begin{aligned}\lambda'&=8\lambda_{\mathrm{IGBT}}+\lambda_{\mathrm{C}}+6\lambda_{\mathrm{IGBT}}+4\lambda_{\mathrm{m}}\\&=14\lambda_{\mathrm{IGBT}}+\lambda_{\mathrm{C}}+4\lambda_{\mathrm{m}}\end{aligned} \tag{4.48}$$

系统由正常状态转移到亚安全的条件是四个动力单元任意一个、两个或三个发生故障，因此 λ_1 可以表示为

$$\begin{aligned}\lambda_1&=\mathrm{C}_4^1\lambda'(1-\lambda')^3+C_4^2\lambda'^2(1-\lambda')^2+C_4^3\lambda'^3(1-\lambda')^1\\&=4\lambda'-6\lambda'^2+4\lambda'^3-2\lambda'^4\end{aligned} \tag{4.49}$$

系统由亚安全状态转移到故障状态的条件是剩余的1个、2个或3个动力单元均发生故障,因此λ_2可表示为:

$$\lambda_2=\lambda'+\lambda'^2+\lambda'^3 \tag{4.50}$$

系统由安全状态转移到故障状态的条件是四个动力单元均发生故障,因此λ_3可表示为:

$$\lambda_3=\lambda'^4 \tag{4.51}$$

为了分别分析IGBT、支撑电容及电机的失效对系统影响程度,现设$\lambda_{IGBT}=x$、$\lambda_C=y$、$\lambda_m=z$,分别带入λ',再将λ'分别带入λ_1、λ_2、λ_3,并将其带入$P_0(t)$、$P_1(t)$、$P_2(t)$,设

$$R(t)=P_0(t)+P_1(t) \tag{4.52}$$

(1)IGBT对系统可靠性影响分析

分别令每一个λ依次由0.1逐年增长0.2,并令另外两项保持为0不变(即相当于假设其他设备完好无损,失效率为0),进而观测在每一类关键设备失效率在给定值下的系统可靠性随时间的变化趋势图[24],并对比分析每类关键设备在不同失效率情况下对系统可靠性的影响程度。

由图4.14可见,随着时间的增大,系统的可靠性随着IGBT的老化失效逐渐降低趋近于0,但在相同的时间t内,IGBT失效率的不同对系统的影响程度也不等。对比x分别取集合{0.1,0.3,0.5,0.7,0.9}中每个值,IGBT的失效率逐渐增大时,系统的可靠性逐渐降低。当$x=0.1$时,系统的寿命大于5年;当$x=0.3$时,系统的寿命为3年;但当$x\geqslant 0.5$时,系统的寿命则小于2年。可见,IGBT的失效对系统的寿命影响显著。

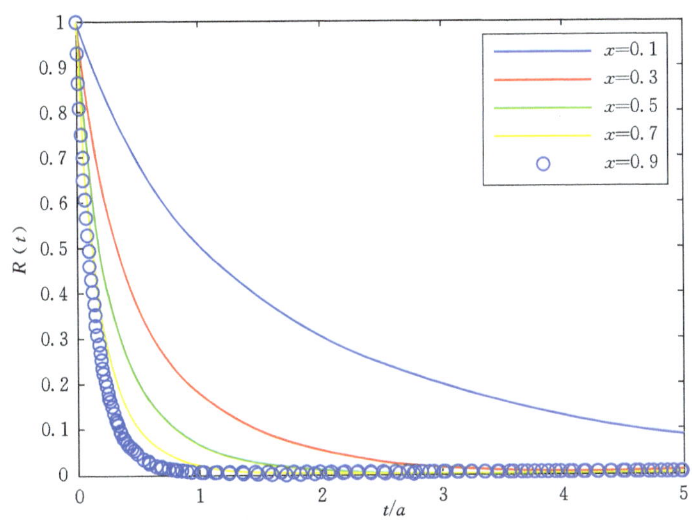

图4.14 IGBT失效率变化对系统安全影响对比图

(2)电容对系统可靠性影响分析

由图4.15可见,随着时间的增大,系统的可靠性随着电容的老化失效逐渐由1降为0,对比发现,随着y分别取集合{0.1,0.3,0.5,0.7,0.9}中的每个值,即电容的失效率逐渐增大时,系统的可靠性都很接近,变化不大,但是伴随着电容的老化失效,系统寿命在1年后均降到0.1以下,这也与电容作为直流支撑环节的重要作用有关。

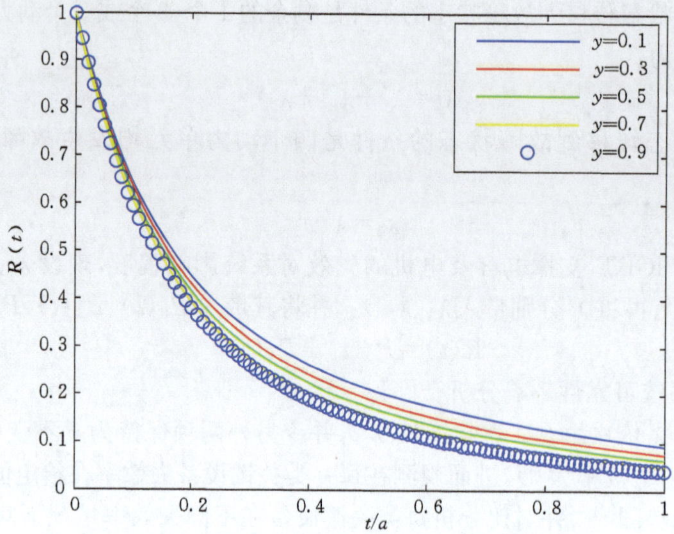

图 4.15　电容失效率变化对系统安全影响对比图

(3)电机对系统可靠性影响分析

由图 4.16 可见，随着时间的增大，系统的可靠性随着电机的损伤、绝缘老化而逐渐降低，当 z 分别取集合{0.1,0.3,0.5,0.7,0.9}中每个值，即电机的失效率逐渐增大时，系统的可靠性变化下降显著。可见，电机是决定系统可靠性的关键环节。

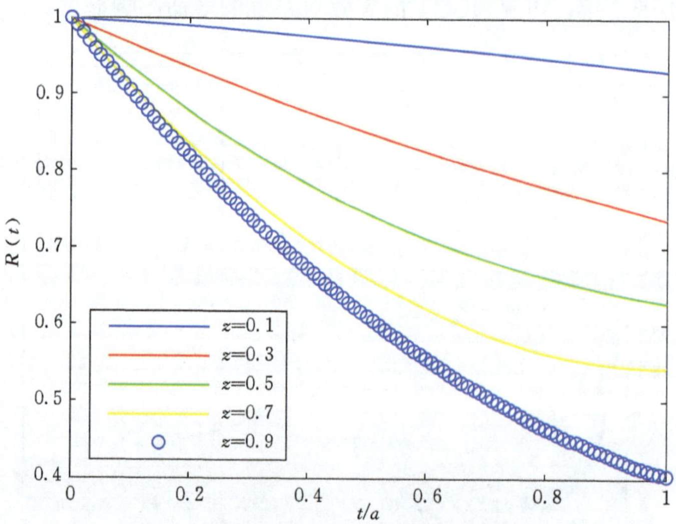

图 4.16　电机失效率变化对系统安全影响对比图

(4)置信度计算与结果对比分析

注意到 $0<R(t)<1$，置信度 c 可以取 $c=90\%$，$R(t)=c$，保持 $y=z=0$，可以得到 x 与 t 的曲线(这里面涉及隐函数求根问题，采用 MATLAB 软件编程可以解决)，同理可以画出 y 与 t 及 z 与 t 的关系，分别如图 4.17、图 4.18、图 4.19 所示。

由前文可知，$\lambda_{IGBT}=x$、$\lambda_C=y$、$\lambda_m=z$，即 x、y、z 分别表示 IGBT、电容和电机的失效率，由图 4.17、图 4.18、图 4.19 对比分析，可知在置信度为 90%时，在 $t=0.1$ 时，则须 $x=0.3$、

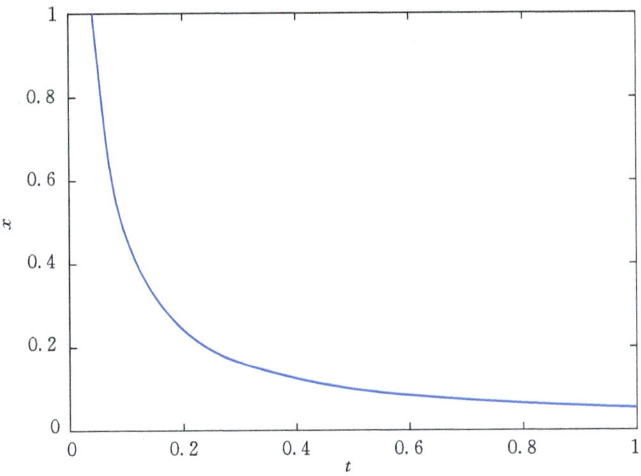

图 4.17　置信度为 90% 时 x 与 t 的关系曲线

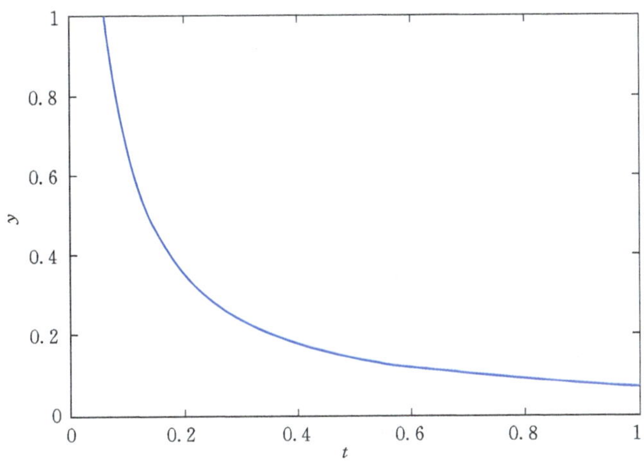

图 4.18　置信度为 90% 时 y 与 t 的关系曲线

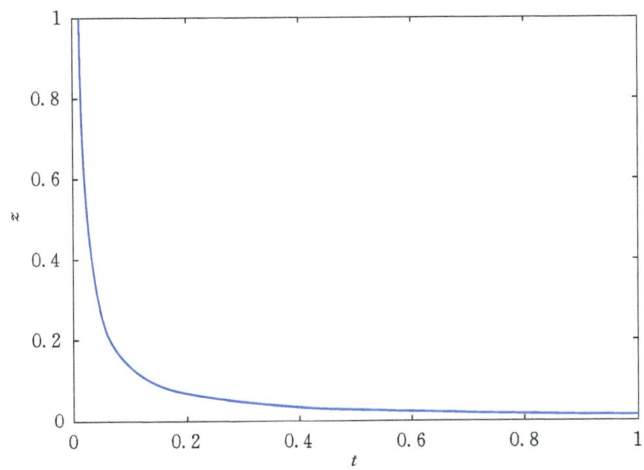

图 4.19　置信度为 90% 时 z 与 t 的关系曲线

$y=0.4$、$z=0.1$，可见要想在 $t=0.1$ 时使置信度大于 90%，则须控制分别使 IGBT、电容、电机的失效率低于 0.3、0.4 和 0.1；在 $t=0.2$ 时，则须控制分别使 IGBT、电容、电机的失效率低于 0.2、0.3 和 0.05。综上分析可见，要使置信度大于 90%，则须控制 z 最低，其次是 x，再次是 y。

同样对比图 4.14、图 4.15、图 4.16 亦可发现，电机的失效率变化对系统可靠性的影响最大，这与电机的复杂结构以及作为传动环节的重要作用有关；其次，随着 IGBT 的失效率增大，系统的寿命下降显著，因为牵引传动系统中 IGBT 数量较多，失效率增大则对系统的可靠性影响也很大；最后，电容的失效率增大对系统可靠性变化影响最小，但是作为中间直流环节的支撑电容，其可靠性也是决定系统安全的关键，也需要根据其寿命变化规律对其进行维护维修以保障系统可靠、安全的工作。

参考文献

[1]张璇，耿嘉勇，曾德银，等．电力电子系统可靠性模型综述[J]．电源学报，2016，14(6)：99-107.

[2]俞敏雯，曾辉，刘正高．系统可靠性评估技术发展综述[J]．质量与可靠性，2005(2)：32-35.

[3]邵戎，常越．逆变器主电路的可靠性计算[C]//全国电气自动化与电控系统学术年会，2007：146-150.

[4]朱莉，刘汝让．动车组可靠性评估[J]．机车车辆工艺，2008(5)：14-15.

[5]卢西伟，刘志刚，沈茂盛．基于应力损伤的电力机车传动系统损伤度模型[J]．北京交通大学学报，2009，33(6)：13-16.

[6]史秀娈，孙丽，王立民，等．基于故障树的 HXD_3 型电力机车牵引变流器可靠性设计[J]．电力机车与城轨车辆，2010，33(3)：15-19.

[7]赵燕峰，曹国荣，蒋耀生，等．风电变流器中 IGBT 的可靠性研究[J]．电力电子技术，2011，45(8)：104-106.

[8]DING Y，LOH P C，TAN K K，et al. Reliability evaluation of three-level inverters[C]//Applied Power Electronics Conference and Exposition，2010：1555-1560.

[9]胡川，姚建伟．基于故障树—蒙特卡洛方法的动车组可靠性分析[J]．中国铁道科学，2012，33(B08)：52-59.

[10]王华胜，王忆岩，谢川川，等．CRH2 型动车组可靠性建模与分配[J]．铁道学报，2009，31(5)：108-112.

[11]刘建强，李石，游小杰，等．高速动车组牵引传动系统可靠性评估[J]．电工技术学报，2013(S1)：370-376.

[12]MOLAEI M，ORAEE H，FPTUHI-FIRUZABAD M. Markov Model of Drive-Motor Systems for Reliability Calculation[C]//IEEE International Symposium on Industrial Electronics，2006：2286-2291.

[13]胡昌寿．可靠性工程[M]．北京：宇航出版社，1989.

[14]李良巧，冯欣．可靠性系统工程若干概念[J]．四川兵工学报，2003，24(6)：1430-1435.

[15]吴俊芬,胡念苏,赵瑜．基于自组织特征映射神经网络的汽轮机回热系统故障诊断[J]. 生态学杂志,2001,30(6):1295-1303.

[16]黄劲．基于三相四桥臂逆变器的电机驱动系统 EMC 及可靠性研究[D]. 武汉:华中科技大学,2009.

[17]周正伐．可靠性工程基础[M]. 北京:中国宇航出版社,2009.

[18]SORENSEN N R,THOMAS E V,QUINTANA M A,et al. Thermal Study of Inverter Components[J]. IEEE Journal of Photovoltaics,2013,3(2):807-813.

[19]刘志刚,叶斌．电力电子学[M]. 北京:北京交通大学出版社,2004.

[20]GASPERI M L. Life prediction modeling of bus capacitors in AC variable frequency drives[J]. IEEE Transactions on Industry Applications,2005,41(6):1430-1435.

[21]RODRÍGUEZ-BLANCO M A, CLAUDIO-SÁNCHEZ A, THEILLIOL D, et al. A Failure-Detection Strategy for IGBT Based on Gate-Voltage Behavior Applied to a Motor Drive System[J]. IEEE Transactions on Industrial Electronics, 2011, 58(5): 1625-1633.

[22]孟苓辉,刘志刚,王磊,等．基于 Markov 模型的电解电容可靠性评估[J]. 北京交通大学学报,2014,38(2):112-116.

[23]董锡明．轨道列车可靠性、可用性、维修性和安全性(RAMS)[M]. 北京:中国铁道出版社,2009.

[24]MACKEN K J P,WALLACE I T,BOLLEN M H J. Reliability Assessment of Motor Drives[C]//Power Electronics Specialists Conference,2006:1-7.

第5章 电力牵引系统安全控制研究

5.1 电力牵引系统安全控制问题

随着电气化铁路在世界范围内的快速发展，铁路安全运营越来越受到人们的重视，尤其以近几年频繁发生的车-网（“列车-牵引网”，以下均简称“车-网”）高频谐振（High-Frequency Resonance，HFR）和低频振荡（Low-Frequency Oscillation，LFO）为重点的车-网耦合不稳定现象，成为亟待解决的问题。车-网高频谐振通常发生于列车运行过程中。既有研究认为，在谐波的作用下，牵引供电系统和列车存在电感、电容等参数的相互作用，引起车-网系统局部并联谐振和串联谐振，使得车-网系统中电压和电流成倍增加，从而导致过电压和过电流的产生。车-网低频振荡通常发生于列车在库中整备的过程。随着升弓受电列车数量的增加，列车动力系统总阻抗降低，当列车动力系统总阻抗小于牵引网阻抗时，系统处于不稳定状态，容易引发低频振荡问题。

电气化铁路存在多种车型混跑的现象，牵引网也可能存在南北各异的情况，这就给问题的分析及解决带来了很大困难。从发生的时间来看，国内车-网耦合不稳定现象出现的时间并不长，因此目前国内针对高频谐振和低频振荡现象的研究仍处于起步阶段，还没有形成体系，并且对车-网耦合不稳定的机理也没有分析的很明确，针对该问题的解决方案也比较单一；另外，列车牵引变流器的控制策略及控制参数是分析和解决高频谐振、低频振荡的关键，而这些属于内部资料，通常不对外公开，因此也给研究带来了一定的阻碍。

为了更全面地分析车-网耦合稳定性，目前现有研究主要从以下四个方面入手：牵引网供电系统及列车动力系统建模方法、车-网耦合稳定性问题的分析方法、车-网耦合不稳定机理研究、车-网耦合不稳定抑制措施研究。

5.1.1 牵引供电系统及列车动力系统建模方法

1. 牵引供电系统建模方法

牵引供电系统结构复杂，并有多种供电方式（如直接供电方式、带回流线的直接供电方式、吸流变压器供电方式、自耦变压器供电方式、同轴电缆供电方式等），这给牵引供电系统建模带来了很大的困难。

日本学者最早在自耦变压器供电方式的研究中引入链式网络模型[1-3]，有研究者将该方法用于牵引供电系统的建模中，并将各种供电形式统一建模，形成了统一复合链式电路模型[4]。该研究建立了牵引变电所外部电源模型以及内部牵引变压器模型，从而得到牵引供电系统固有的阻抗频率特性。统一复合链式电路模型在目前针对牵引供电系统建模中应用最为广泛。该方法将牵引网中的各个电气元件及短路和断线等故障描述为纵向串联元件或横向并联元件，并采用节点导纳矩阵建模方法，根据链式电路结构，构建牵引网的数学模型。统一复合链式电路模型能够统一以上几种供电方式，为利用计算机进行牵引网电气计算奠定了基础[5,6]。

2. 列车动力系统建模方法

阻抗模型是目前研究的热点，该方法起源于新能源领域的研究。并网逆变器与电网之间形成动态的互联系统，互联系统公共连接点处的动态交互影响，阻抗模型可用来分析针对分布式发电并网系统的稳定性[7]。2007 年，Lennart Harnefors 提出了电压型变流器输入阻抗建模方法[8]，建立了较为全面的电压型变流器阻抗模型，将逆变器分为同步系统、电压环控制系统、电流环控制系统等多个模块，并对这些模块分别建模，从而形成一个较为全面和详细的并网逆变器阻抗模型，为分析电网与变流器之间的交互作用提供了理论基础。有研究者利用小信号分析法[9]，建立了电网和并网逆变器的阻抗模型，详细分析了变流器内电压、电流控制环和锁相环对该模型及整个系统的影响，并充分考虑了耦合项对系统的影响。

目前阻抗建模也有多种方式，如谐波线性化[10-12]、基于旋转坐标系（d-q 坐标系）的阻抗模型[13-16]、基于极坐标系的阻抗模型以及基于静止坐标系下阻抗模型。谐波线性化法忽略了频率耦合效应，从而将多输入多输出系统看成单输入单输出系统。该方法主要用于分析三相变流系统的谐波不稳定问题，但由于忽略了耦合项，所以模型不够准确。基于 d-q 旋转坐标系阻抗模型，由于变量通常转化为 d-q 轴来实现有功与无功分开控制，因此引入 d-q 轴阻抗的定义。并且，d-q 轴是旋转的，其旋转频率与牵引网基波频率相同，所有基波频率的交流变量在 d-q 坐标系下均变为直流量，便于小信号分析。基于极坐标系的阻抗模型，在一定程度上等效于 d-q 坐标系阻抗模型，目前对该方法建模的研究较少。基于静止坐标系下阻抗建模法可将阻抗模型实现一定的简化，有研究者通过该方法建立了列车动力系统简化阻抗模型，对比了简化模型在旋转坐标系和静止坐标系下的表达形式，通过一定的化简发现在静止坐标系下的高频段，阻抗模型的耦合项为零，这样可以很容易地得到系统特征值，便于分析车-网系统高频谐振现象[19]。

5.1.2 电气化铁路车-网耦合不稳定抑制措施

针对两种车-网耦合不稳定现象，目前研究中还没有统一的抑制方法，因此还是分为高频谐振和低频振荡两种情况。

1. 车-网高频谐振抑制措施研究现状

目前对车-网高频谐振现象的研究显示，其产生主要有两方面因素，一是列车作为谐波源产生高频谐波，二是车-网之间形成了串并联谐振回路，因此抑制措施可以通过软件或硬件的形式，从根源降低列车产生高频谐波的含量，破坏车-网串并联谐振条件，从而使车-网系统稳定。

（1）从软件角度入手

文献[20]从列车内部网侧变流器调制算法的角度出发来抑制列车产生的高次谐波，提出了一种自适应的 PWM 算法，在网侧变流器频谱中，消除了振荡次谐波，从而抑制了车-网高频谐振现象。

文献[21]提出了一种用于列车网侧变流器的 RHEPWM 调制算法，它与常规的 SHEPWM 调制算法的不同之处在于目标方程的建立，SHEPWM 针对低频谐波含量为零建立方程，而 RHEPWM 不仅针对低频谐波，还针对振荡次谐波含量为零建立方程，通过这种方式消除网侧变流器频谱中振荡频率谐波。但该方法的不足之处在于没有考虑列车的运动性。列车在运动过程中与牵引网形成的串并联电路不同，谐振频率也不同，因此该方法具有一定的局限性。

文献[22]借鉴了 RHEPWM 调制算法，基于 SHEPWM 来抑制列车网侧变流器产生的高次谐波，考虑了列车的运动性，通过检测振荡频率所处范围，将该范围内谐波消除。

(2)从硬件角度入手

文献[23]采用在电力机车车载变压器前端加装 RC 无源滤波装置的方法，在一定程度上抑制了机车注入牵引网的谐波含量，但由于 RC 无源滤波装置体积较大，成本较高，并且缺乏安全性，该方案并没有得到广泛应用。

文献[24]和[25]则是在列车上加装有源滤波器来改善牵引网线路中的电流情况，但该方案在增加硬件的同时，还需要在软件上增加复杂的控制算法，因此也没有得到推广使用。

文献[26]通过增加车载变压器辅助绕组的方式，抑制列车产生的高次谐波，该方法也存在一定的局限性，车载变压器辅助绕组位于该变压器二次绕组位置，而通常车载变压器的两个绕组都有连接网侧变流器，因此该方案会对原系统带来一定的影响。

文献[27]将列车内部的 L 型网侧变流器改成 LCL 型网侧变流器，利用 LCL 型变流器能够对谐振谐波消除的功能，抑制车-网高频谐振。与传统的 L 型变流器相比，LCL 型具有与 L 型相同的电感值，只是额外增加一个小型电容 C。

2. 车-网低频振荡抑制措施研究现状

根据目前的研究，车-网低频振荡的产生原因是列车和牵引网的阻抗不匹配，因此可以从改变牵引网阻抗和改变列车阻抗两个角度入手，对车-网低频振荡现象进行抑制。

(1)从改变牵引网阻抗角度

实际牵引网相当于一个“弱电源”，因此，减小牵引网的阻抗，能适当抑制车-网低频振荡现象的发生[28]。

文献[29]利用 SSSC 技术，结合最优控制理论，能够提高系统阻尼，从而抑制低频振荡。

文献[30]采用 TCSC 技术对电网输电线路进行串联补偿，从而控制其阻抗。

文献[31]和[32]采用 SVC 技术对电网输电线路进行并联补偿，将线路电流调整为容性或感性，从而抑制电网中的低频振荡现象。

文献[33]为了降低在牵引供电系统中牵引网阻抗，将变电站原有的变压器换成容量更大，短路电压更小的变压器，采用这种方式来抑制低频振荡，但该方法需要在硬件上进行修改，这就在一定程度上增加了成本及操作难度。由于牵引供电系统与电力系统的差异性，并且还涉及既有设施的改造成本问题，目前电力系统低频振荡的这些抑制措施并没有在电气化铁路中推广应用。

(2)从改变列车阻抗角度

相比从牵引网的角度抑制车-网低频振荡现象，国内外学者更倾向于从列车的角度出发，研究抑制措施。

文献[34]通过改变 PI 控制器的比例系数，来抑制车-网低频振荡现象，该方法虽然简单，但也存在一定的缺点，比例系数可调节范围有限，并且随着列车数量的增加，还是可能会出现车-网低频振荡现象，即发生了参数二次不匹配的问题。

文献[35]和[36]提出了多变量控制策略，在一定程度上抑制车-网低频振荡，但该控制策略完全不同于传统的电压、电流双闭环控制，其控制器结构复杂难以实现，并且参数设计上也有一定的难度[37]。

文献[38]介绍了一种抑制低频振荡的措施，即列车在车库中升弓整备阶段，车内的四象限变流器关闭 IGBT，采用二极管工作模式，从而增加列车阻抗来抑制振荡。该方法较为简单，容易实现，并且不增加任何成本。但二极管供电不能保证直流电压稳定，列车内辅助变流器等负载的变化，会使得四象限变流器的直流侧电压发生很大变化，严重的可能引起四象限变流器保护动作。

文献[39]通过观察车-网低频振荡电压、电流波形发现，当网压幅值振荡处于低谷时，网流是滞后于网压的，此时呈现感性，而当网压幅值振荡处于高峰时，网流是超前于网压的，此时呈现容性。利用这一规律，设计了 POD 控制器，使得在网压幅值振荡处于低谷时，增加电流无功给定量，从而加大列车吸收容性电流量，而当网压幅值振荡处于高峰时，减小电流无功给定量，从而加大列车吸收感性电流量。通过这种方式可以使车-网系统重新恢复稳定状态。该方法通过观察的方式总结振荡规律，提出抑制措施，但实际车-网低频振荡的网压、网流是否都满足这一规律还有待商榷。

文献[40]提出基于直流电压的低通滤波反馈阻尼补偿法，该方法将直流电压经过低通滤波器后的信号补偿到原有控制中，从而抑制车-网低频振荡，并通过系统主导极点的移动趋势得出，采用该方法后系统的稳定裕度有所提高，能同时容纳列车升弓整备的数量增加。但该方法也存在一定的缺点，当系统发生低频振荡时，直流电压的确会出现波动，但该波动并没有交流电压明显，并且直流电压的波动存在一定的延时，使得该方法不能第一时间对振荡系统采取抑制措施。

5.2 基于旋转坐标系下全频率范围的车-网阻抗模型

建立列车动力系统-牵引网模型（简称“车-网模型”）是研究车-网耦合稳定性问题的基础。鉴于阻抗模型易于分析、适用性较为广泛等优点，逐渐成为建模研究的热点问题。在阻抗建模的多种方式中，基于旋转坐标系（d-q 旋转坐标系）的阻抗模型能够将各个交流量转化为 d-q 旋转坐标系下的直流量，便于小信号分析，因此本节在 d-q 旋转坐标系下建立全频率范围的车-网阻抗模型（All Frequency Rotating Coordinate System，AF-RCS），旨在解决现有车-网模型高低频形式不统一，导致车-网耦合稳定性机理分析不全面以及列车动力系统模型不完整的问题。

5.2.1 牵引网阻抗模型

牵引网阻抗由实部和虚部组成，在包含电压和电流作用下的实际电路中，牵引网阻抗会形成 d、q 轴电压电流耦合的现象，从而形成 d、q 轴耦合阻抗。

牵引网阻抗模型简化为图 5.1 的形式。

其中，u_g 为 25 kV 牵引网电压，i_g 为牵引网电流，R_g、L_g 和 C_g 分别为牵引网在车载牵引变压器二次侧的等效电阻、电感和电容。

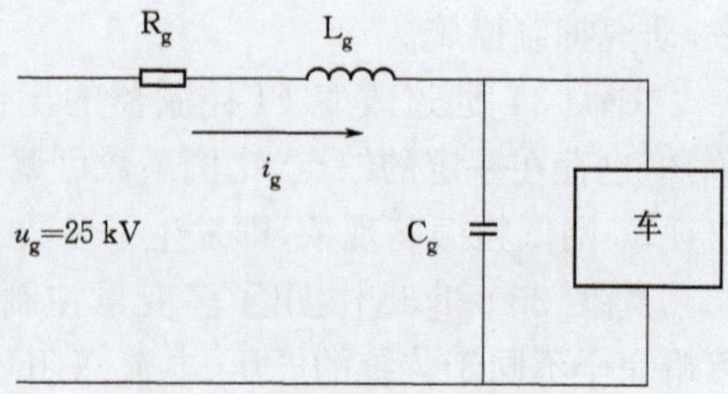

图 5.1　简化牵引网等效电路

在旋转坐标系（d-q 坐标系）下，线性化后的阻感元件动态方程可表示为：

$$\begin{bmatrix}\Delta u_{gd}\\ \Delta u_{gq}\end{bmatrix}=\begin{bmatrix}sL_g+R_g & -\omega L_g\\ \omega L_g & sL_g+R_g\end{bmatrix}\begin{bmatrix}\Delta i_{gd}\\ \Delta i_{gq}\end{bmatrix} \tag{5.1}$$

同理，在旋转坐标系（dq 坐标系）下，线性化后的电容元件动态方程可表示为：

$$\begin{bmatrix}\Delta i_{gd}\\ \Delta i_{gq}\end{bmatrix}=\begin{bmatrix}sC_g & -\omega C_g\\ \omega C_g & sC_g\end{bmatrix}\begin{bmatrix}\Delta u_{gd}\\ \Delta u_{gq}\end{bmatrix} \tag{5.2}$$

结合式（5.1）和式（5.2），可以得到牵引网等效阻抗表达式为：

$$\boldsymbol{Z}_g=\left[\begin{bmatrix}sL_g+R_g & -\omega L_g\\ \omega L_g & sL_g+R_g\end{bmatrix}^{-1}+\begin{bmatrix}sC_g & -\omega C_g\\ \omega C_g & sC_g\end{bmatrix}\right]^{-1} \tag{5.3}$$

5.2.2　基于 AF-RCS 的列车动力系统阻抗模型

牵引变流器是列车牵引供电系统的重要组成部分，因此列车动力系统阻抗（简称“车阻抗”）模型主要是牵引变流器的阻抗模型。牵引变流器包括网侧变流器、逆变器，其负载为牵引电机等。因此建模的主要任务是建立网侧变流器模型。为了使模型更加完整，逆变器和牵引电机的阻抗模型也是不可缺少的一部分。

图 5.2 为牵引变流器结构图，其中，网侧变流器实际上是一个四象限变流器，可以双向变换交流与直流电，为叙述方便，后文均用“桥臂”电压代指网侧变流器交流侧端口电压 u_{ab}。为了使牵引变流器阻抗模型易于建立且更加准确，可将建模分为以下几个部分：电压同步系统（Voltage Synchronization System，VSS）、电流同步系统（Current Synchronization System，CSS）、交流电流控制部分（AC Current Control，ACC）和直流电压控制部分（DC Voltage Control，DVC）。整体控制结构如图 5.3 所示。

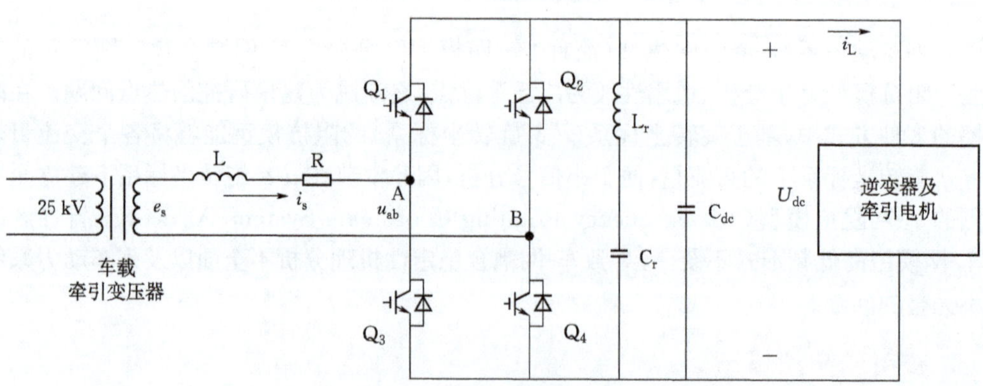

图 5.2　牵引变流器结构图

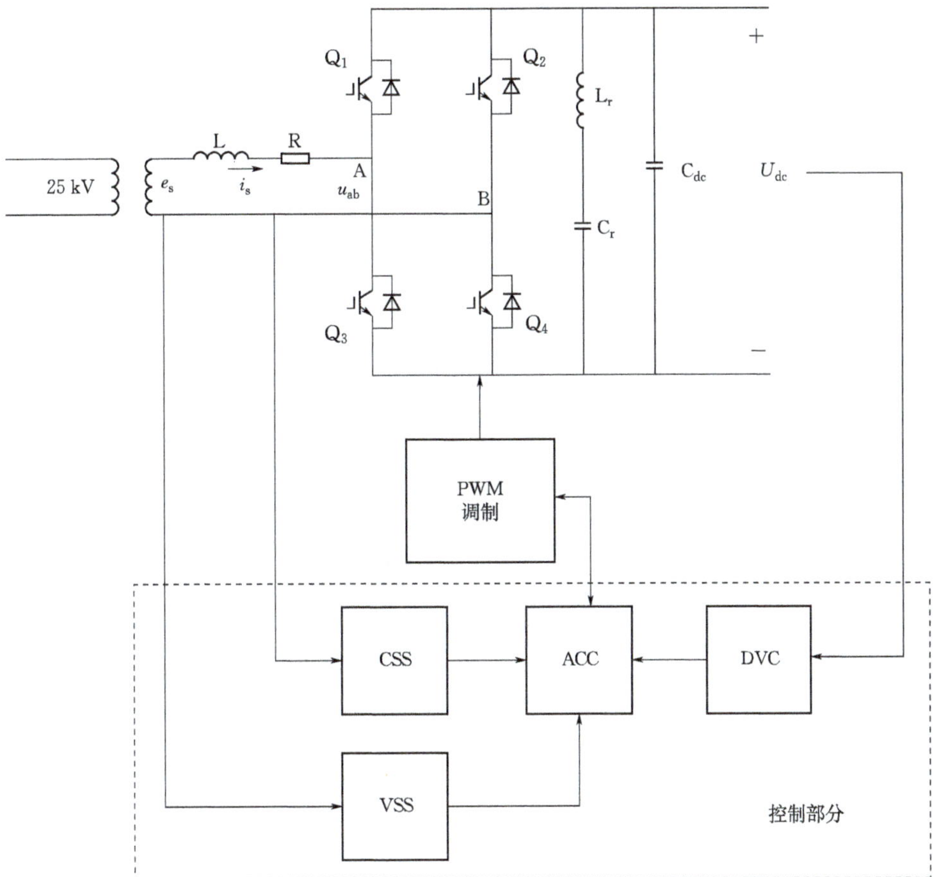

图 5.3　网侧变流器及其控制部分

1. VSS 子模型

VSS 的结构如图 5.4 所示。

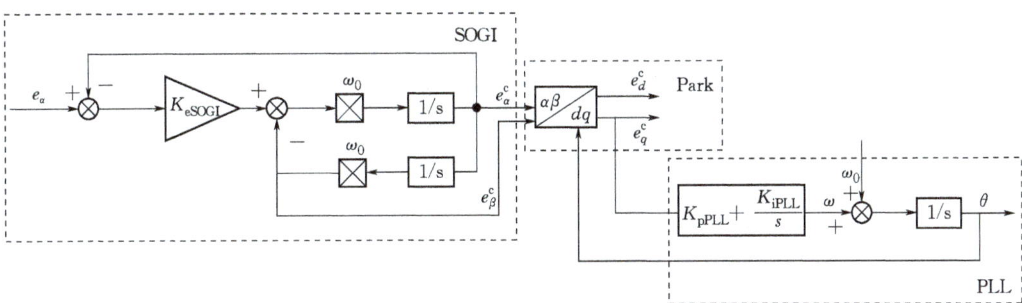

图 5.4　VSS 结构框图

在图 5.4 中，e_α 为车载牵引变压器二次侧电压 $e_\alpha=e_s$，二阶广义积分(Second-Order Generalized Integral，SOGI)的作用是输出网压 α-β 轴控制量，其中 SOGI 的增益为 K_{eSOGI}。基波角频率为 ω_0，锁相环(Phase Locked Loop，PLL)产生的同步角为 θ，其中控制量用上角标 c 表示。由图 5.4 可得如下表达式：

$$\begin{cases} e_\alpha^{\mathrm{c}}=\dfrac{K_{\mathrm{eSOGI}}\omega_0 s}{s^2+K_{\mathrm{eSOGI}}\omega_0 s+\omega_0^2}\cdot e_\alpha=H_{\mathrm{e}}e_\alpha \\ e_\beta^{\mathrm{c}}=H_{\mathrm{e}}\dfrac{\omega_0}{s}e_\alpha=H_{\mathrm{e}}e_\beta \end{cases} \tag{5.4}$$

其中：

$$H_{\mathrm{e}}=\frac{K_{\mathrm{eSOGI}}\omega_0 s}{s^2+K_{\mathrm{eSOGI}}\omega_0 s+\omega_0^2} \tag{5.5}$$

从而得到矩阵：

$$\begin{bmatrix} e_\alpha^{\mathrm{c}} \\ e_\beta^{\mathrm{c}} \end{bmatrix}=\begin{bmatrix} H_{\mathrm{e}} & 0 \\ 0 & H_{\mathrm{e}} \end{bmatrix}\begin{bmatrix} e_\alpha \\ e_\beta \end{bmatrix} \tag{5.6}$$

经过 park 变换，$\boldsymbol{e}_{dq}^{\mathrm{c}}=\boldsymbol{P}_\theta\boldsymbol{H}_{\mathrm{e}}\boldsymbol{e}_{\alpha\beta}$，从而可以得到：

$$\begin{aligned} \boldsymbol{e}_{dq}^{\mathrm{c}}&=\boldsymbol{P}_\theta\boldsymbol{H}_{\mathrm{e}}\boldsymbol{e}_{\alpha\beta} \\ &=\boldsymbol{P}_\theta\boldsymbol{H}_{\mathrm{e}}\boldsymbol{P}_{\theta0}^{-1}\boldsymbol{e}_{dq} \\ &\approx\boldsymbol{P}_{\Delta\theta}(\boldsymbol{P}_{\theta0}\boldsymbol{H}_{\mathrm{e}}\boldsymbol{P}_{\theta0}^{-1})\boldsymbol{e}_{dq} \\ &\approx\boldsymbol{P}_{\Delta\theta}\boldsymbol{H}_{\mathrm{e}dq}\boldsymbol{e}_{dq} \end{aligned} \tag{5.7}$$

其中 $\boldsymbol{P}_{\Delta\theta}=\begin{bmatrix} 1 & \Delta\theta \\ -\Delta\theta & 1 \end{bmatrix}$，$\boldsymbol{P}_{\theta0}=\begin{bmatrix} \cos\theta_0 & \sin\theta_0 \\ -\sin\theta_0 & \cos\theta_0 \end{bmatrix}$，由于 $\Delta\theta$ 很小，所以 $\boldsymbol{P}_{\theta0}\boldsymbol{H}_{\mathrm{e}}\boldsymbol{P}_{\theta0}^{-1}$ 近似为 $\boldsymbol{H}_{\mathrm{e}dq}$，并且有：

$$\boldsymbol{H}_{\mathrm{e}dq}=\begin{bmatrix} H_{\mathrm{e}dq} & 0 \\ 0 & H_{\mathrm{e}dq} \end{bmatrix} \tag{5.8}$$

根据文献[41]可知，$H_{\mathrm{e}dq}$ 可表示为如下形式：

$$H_{\mathrm{e}dq}=\frac{1}{\dfrac{1}{K_{\mathrm{eSOGI}}}\cdot\left(\dfrac{1}{\omega_0}+\dfrac{T_0}{8}\right)s+1} \tag{5.9}$$

从式(5.7)～式(5.9)可以推导得到：

$$\begin{bmatrix} e_d^{\mathrm{c}} \\ e_q^{\mathrm{c}} \end{bmatrix}=\begin{bmatrix} 1 & \Delta\theta \\ -\Delta\theta & 1 \end{bmatrix}\begin{bmatrix} H_{\mathrm{e}dq} & 0 \\ 0 & H_{\mathrm{e}dq} \end{bmatrix}\begin{bmatrix} e_d \\ e_q \end{bmatrix} \tag{5.10}$$

从而可得式(5.10)的小信号方程：

$$\begin{cases} \Delta e_d^{\mathrm{c}}=H_{\mathrm{e}dq}\Delta e_d+\Delta\theta H_{\mathrm{e}dq}e_{q_0} \\ \Delta e_q^{\mathrm{c}}=-H_{\mathrm{e}dq}e_{d_0}\Delta\theta+H_{\mathrm{e}dq}\Delta e_q \end{cases} \tag{5.11}$$

由于 PLL 的作用，$\Delta\omega$ 可以表示为

$$\Delta\omega=s\Delta\theta=\left(K_{\mathrm{pPLL}}+\frac{K_{\mathrm{iPLL}}}{s}\right)\Delta e_q^{\mathrm{c}}=K_{\mathrm{PLL}}\Delta e_q^{\mathrm{c}} \tag{5.12}$$

结合式(5.11)和式(5.12)，$\Delta\theta$ 可表示为

$$\Delta\theta=\underbrace{\frac{K_{\mathrm{PLL}}H_{\mathrm{e}dq}}{s+e_{d_0}K_{\mathrm{PLL}}H_{\mathrm{e}dq}}}_{G_{\mathrm{PLL}}}\Delta e_{\mathrm{q}} \tag{5.13}$$

将式(5.13)代入式(5.11)可得 $\Delta\boldsymbol{e}^{\mathrm{c}}$ 和 $\Delta\boldsymbol{e}$ 之间的关系：

$$\underbrace{\begin{bmatrix}\Delta e_d^c\\ \Delta e_q^c\end{bmatrix}}_{\Delta e^c}=\underbrace{\begin{bmatrix}H_{edq} & G_{PLL}H_{edq}e_{q0}\\ 0 & H_{edq}-H_{edq}e_{d0}G_{PLL}\end{bmatrix}}_{G_{eVSS}}\underbrace{\begin{bmatrix}\Delta e_d\\ \Delta e_q\end{bmatrix}}_{\Delta e} \tag{5.14}$$

2. CSS 子模型

根据 VSS 模型计算方法，同样可以得到 CSS 关系式：

$$\begin{cases} i_\alpha^c=\dfrac{K_{iSOGI}\omega_0 s}{s^2+K_{iSOGI}\omega_0 s+\omega_0^2}=H_i i_\alpha \\ i_\beta^c=H_i\dfrac{\omega_0}{s}i_\alpha=H_i i_\beta \end{cases} \tag{5.15}$$

从而可得矩阵形式：

$$\begin{bmatrix}i_\alpha^c\\ i_\beta^c\end{bmatrix}=\begin{bmatrix}H_i & 0\\ 0 & H_i\end{bmatrix}\begin{bmatrix}i_\alpha\\ i_\beta\end{bmatrix} \tag{5.16}$$

经过 park 变换，$\boldsymbol{i}_{dq}^c=\boldsymbol{P}_\theta\boldsymbol{H}_i\boldsymbol{i}_{\alpha\beta}$，即：

$$\begin{aligned}\boldsymbol{i}_{dq}^c&=\boldsymbol{P}_\theta\boldsymbol{H}_i\boldsymbol{i}_{\alpha\beta}\\ &=\boldsymbol{P}_\theta\boldsymbol{H}_i\boldsymbol{P}_{\theta0}^{-1}\boldsymbol{i}_{dq}\\ &\approx\boldsymbol{P}_{\Delta\theta}(\boldsymbol{P}_{\theta0}\boldsymbol{H}_i\boldsymbol{P}_{\theta0}^{-1})\boldsymbol{i}_{dq}\\ &\approx\boldsymbol{P}_{\Delta\theta}\boldsymbol{H}_{idq}\boldsymbol{i}_{dq}\end{aligned} \tag{5.17}$$

其中，$\boldsymbol{P}_{\theta0}\boldsymbol{H}_i\boldsymbol{P}_{\theta0}^{-1}$ 近似为 $\boldsymbol{H}_{idq}$，并且有：

$$\boldsymbol{H}_{idq}=\begin{bmatrix}\boldsymbol{H}_{idq} & 0\\ 0 & \boldsymbol{H}_{idq}\end{bmatrix} \tag{5.18}$$

类似式(5.9)可得：

$$H_{idq}=\frac{1}{\dfrac{1}{K_{iSOGI}}\cdot\left(\dfrac{1}{\omega_0}+\dfrac{T_0}{8}\right)s+1} \tag{5.19}$$

结合式(5.17)～式(5.19)可得：

$$\begin{bmatrix}i_d^c\\ i_q^c\end{bmatrix}=\begin{bmatrix}1 & \Delta\theta\\ -\Delta\theta & 1\end{bmatrix}\begin{bmatrix}H_{idq} & 0\\ 0 & H_{idq}\end{bmatrix}\begin{bmatrix}i_d\\ i_q\end{bmatrix} \tag{5.20}$$

结合式(5.13)，将式(5.20)变为小信号形式：

$$\begin{cases}\Delta i_d^c=H_{idq}\Delta i_d+G_{PLL}\Delta e_q H_{idq}i_{q0}\\ \Delta i_q^c=-H_{idq}i_{d0}G_{PLL}\Delta e_q+H_{idq}\Delta i_q\end{cases} \tag{5.21}$$

最终可以得到 Δi_c、Δi 和 Δe 之间的关系：

$$\underbrace{\begin{bmatrix}\Delta i_d^c\\ \Delta i_q^c\end{bmatrix}}_{\Delta i^c}=\underbrace{\begin{bmatrix}H_{idq} & 0\\ 0 & H_{idq}\end{bmatrix}}_{\boldsymbol{H}_{idq}}\underbrace{\begin{bmatrix}\Delta i_d\\ \Delta i_q\end{bmatrix}}_{\Delta i}-\underbrace{\begin{bmatrix}0 & -i_{q0}H_{idq}G_{PLL}\\ 0 & i_{d0}H_{idq}G_{PLL}\end{bmatrix}}_{G_{iCSS}}\underbrace{\begin{bmatrix}\Delta e_d\\ \Delta e_q\end{bmatrix}}_{\Delta e} \tag{5.22}$$

3. ACC 子模型

ACC 的结构如图 5.5 所示。

图 5.5 中，下角标 ref 代表参考值，网侧电流为 i，网侧变流器“桥臂”电压用 u 表示，调制波在 d-q 旋转坐标系下的控制量为 u_d^c 和 u_q^c。从该图中的关系式可以得到如下小信号形式：

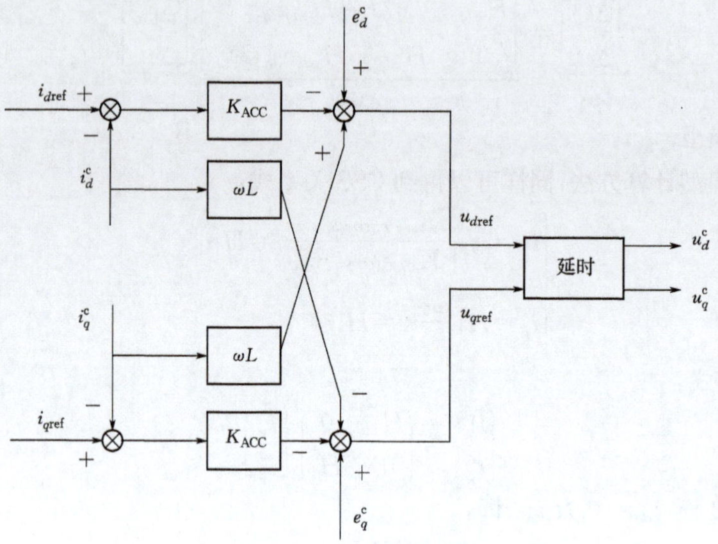

图 5.5　ACC 结构框图

$$\begin{bmatrix}\Delta u_d^c\\ \Delta u_q^c\end{bmatrix}=\begin{bmatrix}\Delta e_d^c\\ \Delta e_q^c\end{bmatrix}-\begin{bmatrix}R+sL & -\omega_0 L\\ \omega_0 L & R+sL\end{bmatrix}\begin{bmatrix}\Delta i_d^c\\ \Delta i_q^c\end{bmatrix}\tag{5.23}$$

经过电流环 PI 调节及解耦运算，可以得到调制波在 dq 轴上的指令值：

$$\begin{bmatrix}\Delta u_{d\text{ref}}\\ \Delta u_{q\text{ref}}\end{bmatrix}=\begin{bmatrix}\Delta e_d^c\\ \Delta e_q^c\end{bmatrix}-K_{\text{ACC}}\begin{bmatrix}\Delta i_{d\text{ref}}-\Delta i_d^c\\ \Delta i_{q\text{ref}}-\Delta i_q^c\end{bmatrix}-\begin{bmatrix}0 & -\omega_0 L\\ \omega_0 L & 0\end{bmatrix}\begin{bmatrix}\Delta i_d^c\\ \Delta i_q^c\end{bmatrix}\tag{5.24}$$

其中 $K_{\text{ACC}}=K_{\text{p\_acc}}+\dfrac{K_{\text{i\_acc}}}{s}$，是电流环的 PI 环节。

调制波 d、q 轴指令值经过延时后，得到调制波 d、q 轴的控制量：

$$\begin{bmatrix}\Delta u_d^c\\ \Delta u_q^c\end{bmatrix}=G_{\text{d}}\begin{bmatrix}\Delta u_{d\text{ref}}\\ \Delta u_{q\text{ref}}\end{bmatrix}\tag{5.25}$$

其中 $G_{\text{d}}=\dfrac{1}{T_{\text{d}}s+1}$，是延时环节。

联立式(5.23)～式(5.25)可得：

$$\Delta \boldsymbol{i}^{c}=G_{idq\text{ref}}\Delta \boldsymbol{i}_{\text{ref}}+G_{edq}^{c}\Delta \boldsymbol{e}^{c}\tag{5.26}$$

其中：

$$\begin{cases}\boldsymbol{G}_{idq\text{ref}}=(\boldsymbol{G}_{dq}^{c})^{-1}G_{\text{d}}K_{\text{ACC}}\\ \Delta \boldsymbol{i}_{\text{ref}}=\begin{bmatrix}\Delta i_{d\text{ref}}\\ \Delta i_{q\text{ref}}\end{bmatrix}\\ \boldsymbol{G}_{edq}^{c}=(\boldsymbol{G}_{dq}^{c})^{-1}(1-G_{\text{d}})\\ \boldsymbol{G}_{dq}^{c}=\begin{bmatrix}G_{\text{d}}K_{\text{ACC}}+R+sL & \omega_0 L(G_{\text{d}}-1)\\ -\omega_0 L(G_{\text{d}}-1) & G_{\text{d}}K_{\text{ACC}}+R+sL\end{bmatrix}\end{cases}\tag{5.27}$$

结合式(5.14)、式(5.22)和式(5.26)可得：

$$\Delta \boldsymbol{i}=\underbrace{(\boldsymbol{H}_{idq})^{-1}\boldsymbol{G}_{idq\text{ref}}}_{\boldsymbol{G}_{\text{i}}}\Delta \boldsymbol{i}_{\text{ref}}+\underbrace{(\boldsymbol{H}_{idq})^{-1}(\boldsymbol{G}_{\text{iCSS}}+\boldsymbol{G}_{edq}^{c}\boldsymbol{G}_{\text{eVSS}})}_{\boldsymbol{G}_{\text{e}}}\Delta \boldsymbol{e}\tag{5.28}$$

从而可得 $\Delta\boldsymbol{i}$ 表达式为

$$\Delta\boldsymbol{i}=\boldsymbol{G}_{\mathrm{i}}\Delta\boldsymbol{i}_{\mathrm{ref}}+\boldsymbol{G}_{\mathrm{e}}\Delta\boldsymbol{e} \tag{5.29}$$

4. DVC 子模型

电压环经过 PI 控制后，可以得到电流 d 轴参考值 $i_{d\mathrm{ref}}$ 的表达式如下：

$$i_{d\mathrm{ref}}=K_{\mathrm{VCC}}(U_{\mathrm{dcref}}-U_{\mathrm{dc}}) \tag{5.30}$$

小信号形式为

$$\Delta i_{d\mathrm{ref}}=-K_{\mathrm{VCC}}\Delta U_{\mathrm{dc}} \tag{5.31}$$

其中 $K_{\mathrm{VCC}}=K_{\mathrm{p\_dvc}}+\dfrac{K_{\mathrm{i\_vcc}}}{s}$ 是电压环的 PI 环节。

网压 e 和交流电流 i 可表示为

$$e=e_0+\Delta e_d+\mathrm{j}\Delta e_q \tag{5.32}$$

$$i=i_{d_0}+\Delta i_d+\mathrm{j}(i_{q_0}+\Delta i_q) \tag{5.33}$$

由复功率定义得

$$P=\mathrm{Re}\{ei^*\}=\underbrace{e_0 i_{d_0}}_{P_0}+\underbrace{e_0\Delta i_d+\Delta e_d i_{d_0}+\Delta e_q i_{q_0}}_{\Delta P} \tag{5.34}$$

$$Q=\mathrm{Im}\{ei^*\}=\underbrace{-e_0 i_{q_0}}_{Q_0}-\underbrace{e_0\Delta i_q-\Delta e_d i_{q_0}+\Delta e_q i_{d_0}}_{\Delta Q} \tag{5.35}$$

设总功率为 $P(t)$，网侧变流器负载功率为 $P_{\mathrm{L}}(t)$，则

$$P(t)-P_{\mathrm{L}}(t)=\frac{1}{2}C_{\mathrm{dc}}\frac{\mathrm{d}U_{\mathrm{dc}}^2(t)}{\mathrm{d}t}\Rightarrow C_{\mathrm{dc}}U_{\mathrm{dc0}}(t)\frac{\mathrm{d}\Delta U_{\mathrm{dc}}(t)}{\mathrm{d}t}=\Delta P(t)-\Delta P_{\mathrm{L}}(t) \tag{5.36}$$

转换到 s 域，从而有

$$sC_{\mathrm{dc}}U_{\mathrm{dc0}}\Delta U_{\mathrm{dc}}=\Delta P-\Delta P_L \tag{5.37}$$

将式(5.34)代入式(5.37)得

$$sC_{\mathrm{dc}}U_{\mathrm{dc0}}\Delta U_{\mathrm{dc}}=e_0\Delta i_d+\Delta e_d i_{d_0}+\Delta e_q i_{q_0}-\Delta P_L \tag{5.38}$$

其中 $\Delta P_{\mathrm{L}}=\Delta U_{\mathrm{dc}}i_{\mathrm{L}}+U_{\mathrm{dc}}\Delta i_{\mathrm{L}}$，并且 $i_{\mathrm{L}}=\dfrac{U_{\mathrm{dc}}}{Z_{\mathrm{L}}}$，即

$$\Delta P_{\mathrm{L}}=\Delta U_{\mathrm{dc}}\frac{U_{\mathrm{dc0}}}{Z_{\mathrm{L}}}+U_{\mathrm{dc0}}\frac{\Delta U_{\mathrm{dc}}}{Z_{\mathrm{L}}}=\frac{2U_{\mathrm{dc0}}}{Z_{\mathrm{L}}}\Delta U_{\mathrm{dc}} \tag{5.39}$$

联立式(5.29)、式(5.34)、式(5.35)和式(5.39)可得 ΔU_{dc} 表达式为

$$\Delta U_{\mathrm{dc}}=\underbrace{\frac{e_0 G_{\mathrm{e}(1,1)}+\dfrac{P_0}{e_0}}{sC_{\mathrm{dc}}U_{\mathrm{dc0}}+\dfrac{2U_{\mathrm{dc0}}}{Z_{\mathrm{L}}}+e_0 G_{\mathrm{i}(1,1)}K_{\mathrm{VCC}}}}_{M_d}\cdot\Delta e_d+\underbrace{\frac{e_0 G_{\mathrm{e}(1,2)}-\dfrac{Q_0}{e_0}}{sC_{\mathrm{dc}}U_{\mathrm{dc0}}+\dfrac{2U_{\mathrm{dc0}}}{Z_{\mathrm{L}}}+e_0 G_{\mathrm{i}(1,1)}K_{\mathrm{VCC}}}}_{M_q}\cdot\Delta e_q \tag{5.40}$$

将式(5.40)代入式(5.31)，并且令 $\Delta i_{q\mathrm{ref}}=0$，从而可得 Δi_{ref} 表达式为

$$\underbrace{\begin{bmatrix}\Delta\boldsymbol{i}_{d\mathrm{ref}}\\ \Delta\boldsymbol{i}_{q\mathrm{ref}}\end{bmatrix}}_{\Delta i_{\mathrm{ref}}}=\underbrace{\begin{bmatrix}-K_{\mathrm{VCC}}M_d & -K_{\mathrm{VCC}}M_q\\ 0 & 0\end{bmatrix}}_{G_{\mathrm{ref}}}\begin{bmatrix}\Delta e_d\\ \Delta e_q\end{bmatrix} \tag{5.41}$$

联立式(5.29)和式(5.41),得到列车导纳表达式为:

$$\boldsymbol{Y}_{\text{train}}=\boldsymbol{G}_{\text{i}}\boldsymbol{G}_{\text{ref}}+\boldsymbol{G}_{\text{e}} \tag{5.42}$$

5.2.3 车-网综合阻抗模型

通过以上分析可知,车-网阻抗模型简化为图5.6的形式。

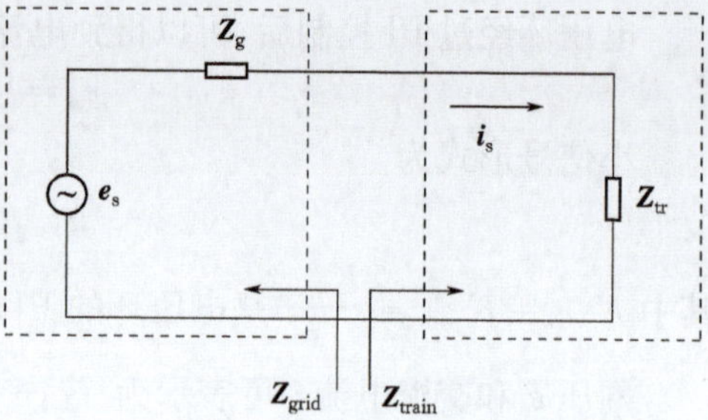

图 5.6 简化车-网模型

其中 $\boldsymbol{e}_{\text{s}}$ 为牵引网在车载牵引变压器二次侧的电压,$\boldsymbol{Z}_{\text{g}}$ 为牵引网在车载牵引变压器二次侧的输出阻抗,列车动力系统输入电流为 $\boldsymbol{i}_{\text{s}}$,输入阻抗为 $\boldsymbol{Z}_{\text{tr}}$。$\boldsymbol{Z}_{\text{grid}}$ 为牵引网的总输入阻抗,$\boldsymbol{Z}_{\text{train}}$ 为列车动力系统总输入阻抗。

系统的闭环传递函数形式为:

$$\boldsymbol{H}_{\text{s}}(s)=\frac{\boldsymbol{i}_{\text{s}}(s)}{\boldsymbol{e}_{\text{s}}(s)}=\frac{1}{\boldsymbol{Z}_{\text{g}}(s)+\dfrac{\boldsymbol{Z}_{\text{tr}}(s)}{n}}=\frac{n\boldsymbol{Y}_{\text{tr}}(s)}{\boldsymbol{I}+n\boldsymbol{Y}_{\text{tr}}(s)\cdot\boldsymbol{Z}_{g}(s)} \tag{5.43}$$

式中,黑体表示矩阵形式。

5.3 车-网耦合稳定性及机理分析

5.3.1 车-网耦合稳定性影响因素分析

1. 牵引网等效参数对 HFR 和 LFO 的影响

5.2.3 给出了系统闭环传递函数,假设列车能够在无穷大电网中稳定运行,牵引网在没有列车的状态下也能够保持稳定,那么根据 Nyquist 稳定判据,系统稳定性主要取决于开环传递函数 $\boldsymbol{F}(s)=n\boldsymbol{Y}_{\text{tr}}(s)\boldsymbol{Z}_{\text{g}}$对$(-1,\text{j}0)$点的包围情况。对于开环传递函数 $\boldsymbol{F}(s)$为矩阵形式的系统,可采用广义 Nyquist 稳定判据来分析。对广义 Nyquist 稳定判据做如下说明:如果矩阵形式的开环传递函数 $\boldsymbol{G}(s)\boldsymbol{H}(s)$在右半 s 平面内有 k 个极点,则为了使闭环系统稳定,当 ω 从负无穷到正无穷变化时,$\boldsymbol{G}(\text{j}\omega)\boldsymbol{H}(\text{j}\omega)$的特征值 λ 的轨迹必须逆时针包围$(-1,\text{j}0)$点 k 次。与 Nyquist 稳定判据类似的是,如果 $\boldsymbol{G}(\text{j}\omega)\boldsymbol{H}(\text{j}\omega)$的任意一条特征值 λ 曲线顺时针包围$(-1,\text{j}0)$点,则系统是不稳定的。

车-网阻抗模型采用图 5.1 所示的车-网等效电路图形式,$\boldsymbol{Z}_{\text{g}}$是由 L_{g}、R_{g}和 C_{g}组成的。在此,令 $R_{\text{g}}=0.01\ \Omega$、$C_{\text{g}}=2.8\ \mu\text{F}$,列车四个变流模块同时工作,下面主要分析牵引网等效电感 L_{g}对系统稳定性的影响。在一定范围内,不同 L_{g}对应的系统广义 Nyquist 图如图 5.7 所示,其中图(b)是图(a)的放大形式。

从图 5.7 中可以看出,L_{g}在 1.5~5.5 mH 范围内逐渐变大,系统特征值 λ_1 和 λ_2曲线从不包围$(-1,\text{j}0)$点到顺时针包围$(-1,\text{j}0)$点,从而说明了系统由稳定变为不稳定状态,即较大的牵引网等效电感 L_{g}会使车-网系统处于不稳定的状态。

从车-网系统闭环传递函数主导极点的角度来分析牵引网等效电感 L_{g}的变化对系统主导极点的影响,如图 5.8(a)、(b)所示。值得注意的是,系统主导极点由两部分组成,一部分反

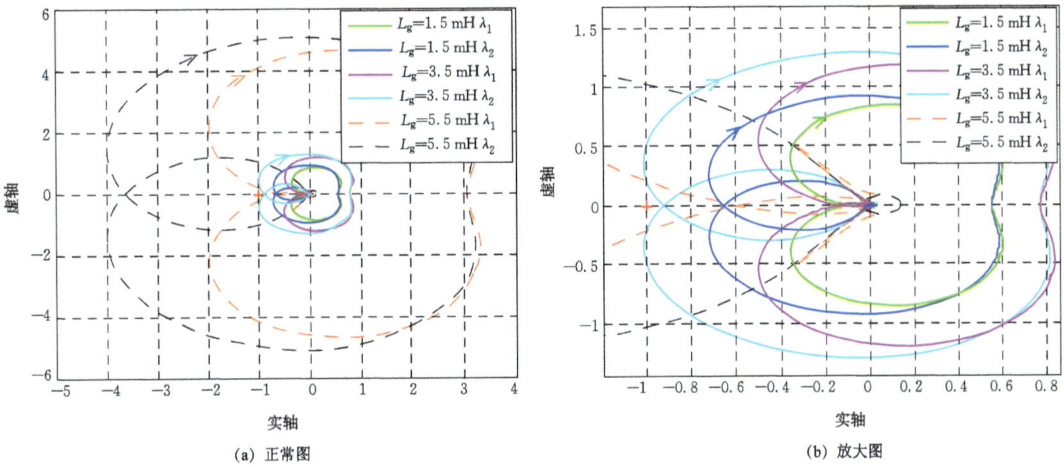

图 5.7 不同 L_g对应的系统广义 Nyquist 图

映高频特性,称为高频主导极点;另一部分反映低频特性,称为低频主导极点。由图 5.8(a)可知,随着牵引网等效电感 L_g增大,系统高频主导极点右移。当 $L_g=1.5$ mH、3.5 mH 时,高频主导极点位于左半平面,系统高频域处于稳定状态;当 $L_g=5.5$ mH 时,高频主导极点位于右半平面,系统高频域处于不稳定状态。由图 5.8(b)可知,L_g在 1.5~5.5 mH 范围内变化对低频主导极点也有一定的影响,但影响不大,低频主导极点始终位于左半平面,系统在低频域内稳定。

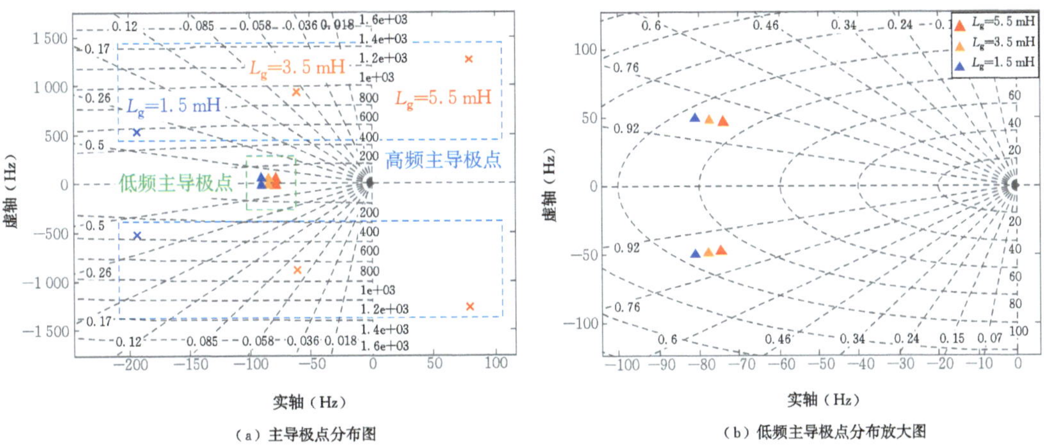

图 5.8 随着 L_g变化的车-网系统主导极点图

2. 网侧变流器控制参数对 HFR 和 LFO 的影响

(1)电压环比例参数 K_{p_dvc}

电压环比例参数 K_{p_dvc}变化时,列车动力系统导纳的 Bode 图如图 5.9 所示。

从图 5.9 中可以看出,K_{p_dvc}的变化主要影响 dd 轴车导纳分量。随着 K_{p_dvc}的增大,dd 轴车导纳的 Bode 图幅值在峰值处略有上升。通过采用广义 Nyquist 分析法,分别取牵引网等效电感 $L_g=3.3$ mH 和 30.5 mH,绘制不同参数 K_{p_dvc}下的 $\boldsymbol{F}(s)=n\boldsymbol{Y}_{tr}(s)Z_g$广义 Nyquist 图,如图 5.10 所示。

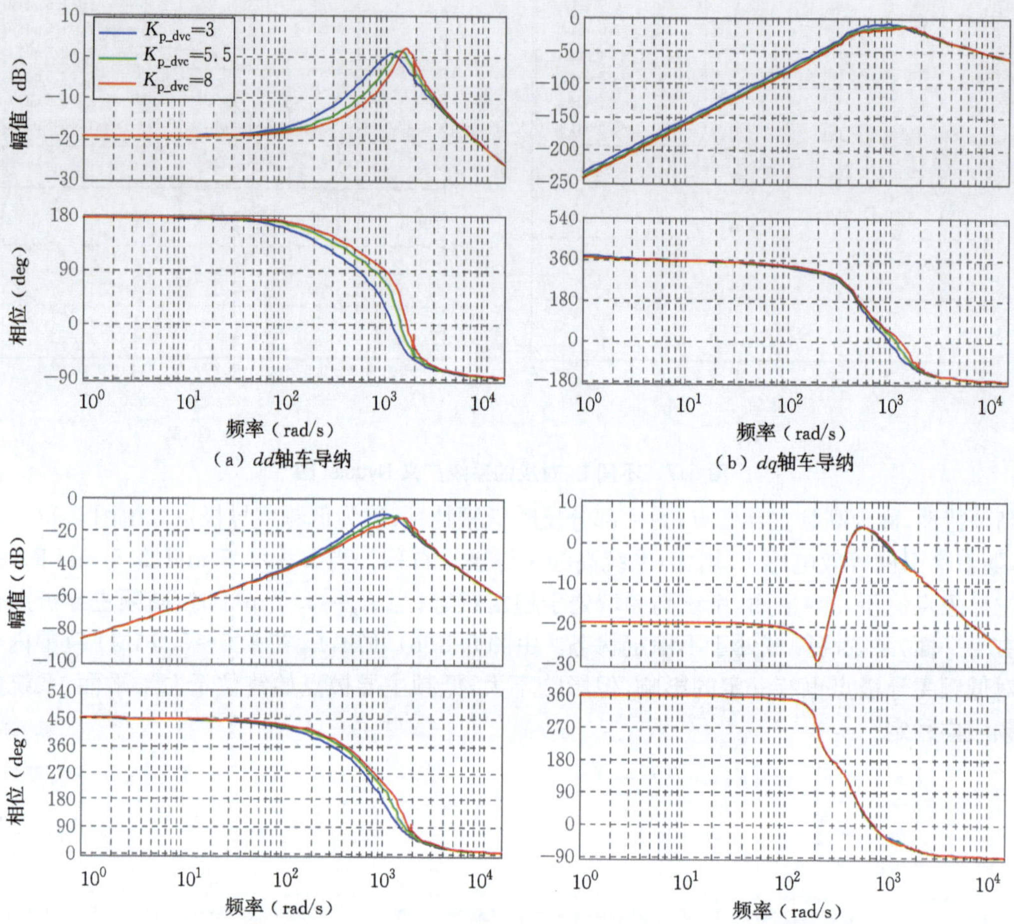

（a）dd轴车导纳　（b）dq轴车导纳

（c）qd轴车导纳　（d）qq轴车导纳

图 5.9　K_{p_dvc}变化时车导纳的 Bode 图

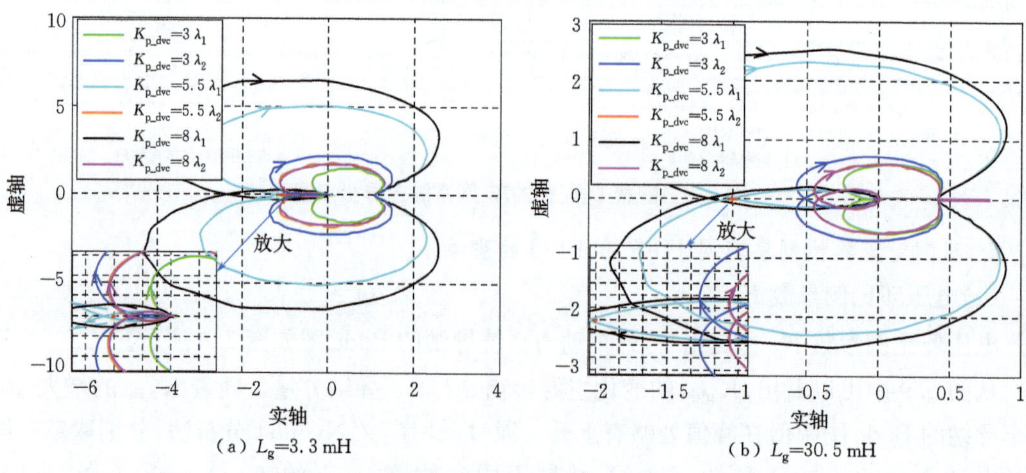

（a）L_g=3.3 mH　（b）L_g=30.5 mH

图 5.10　不同 K_{p_dvc} 对应的系统广义 Nyquist 图

从图 5.10 可以看出，在牵引网等效电感 L_g＝3.3 mH 和 30.5 mH 两种情况下，当 K_{p_dvc}＝3 时，系统特征值 λ_1、λ_2 曲线均没有包围（－1，j0）点，系统处于稳定状态；当 K_{p_dvc}＝5.5 和 8 时，系统特征值 λ_1、λ_2 曲线顺时针包围（－1，j0）点，系统处于不稳定状态。

（2）电压环积分参数 K_{i_dvc}

电压环积分参数 K_{i_dvc}变化时，列车动力系统导纳的 Bode 图如图 5.11 所示。

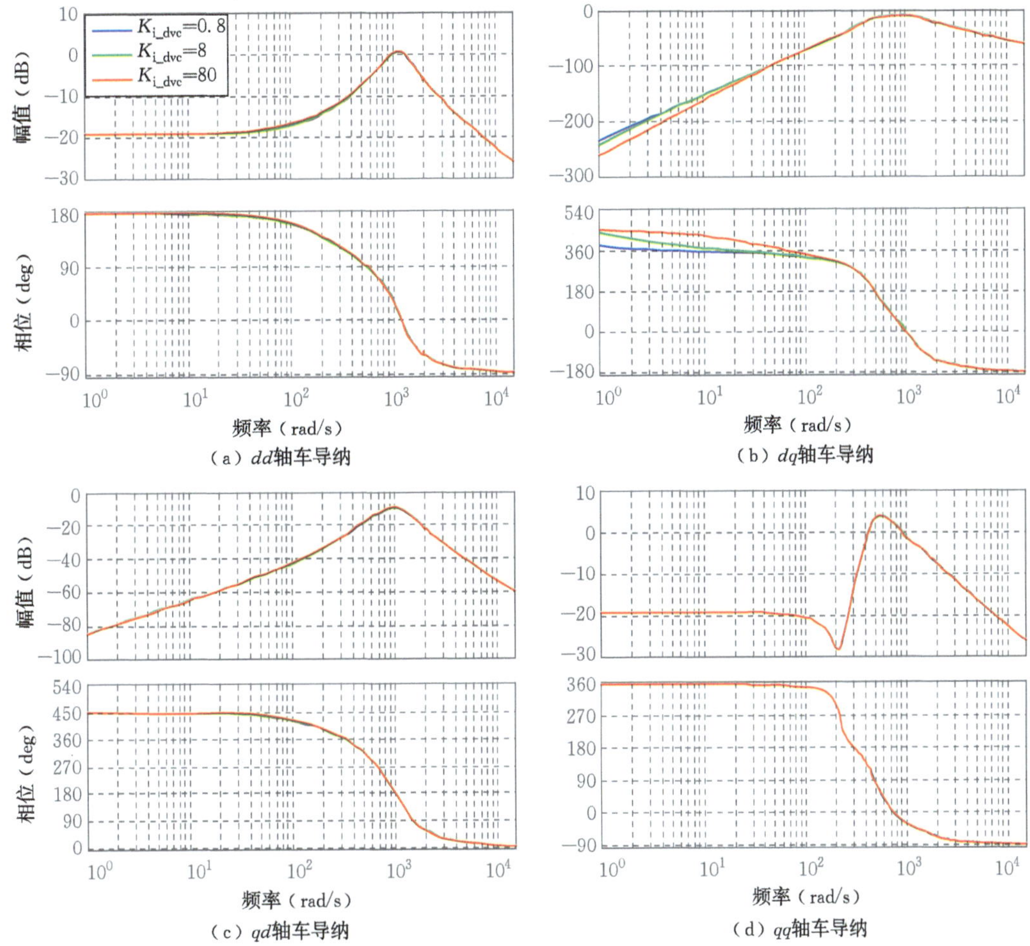

图 5.11 K_{i_dvc}变化时车导纳的 Bode 图

从图 5.11 中可以看出，K_{i_dvc}的变化对车导纳影响很小，只对 dq 轴车导纳分量 25 Hz 以下部分有影响。随着 K_{i_dvc}的增大，dq 轴车导纳 Bode 图幅值在低频区域略有下降。

在此依旧采用广义 Nyquist 分析法，分别取牵引网等效电感 L_g＝3.3 mH 和 30.5 mH，绘制不同参数 K_{i_dvc}下的 $\boldsymbol{F}(s)=n\boldsymbol{Y}_{tr}(s)\boldsymbol{Z}_g$广义 Nyquist 图，如图 5.12 所示。

从图 5.12 可以看出，在牵引网等效电感 L_g＝3.3 mH 和 30.5 mH 两种情况下，当 K_{i_dvc}＝0.8，8 和 80 时，系统特征值 λ_1、λ_2 曲线均没有包围（－1，j0）点，系统处于稳定状态，但随着 K_{i_dvc}的增加，特征值 λ_1、λ_2 曲线变化趋势是趋近（－1，j0）点的。因此，K_{i_dvc}的取值小，有利于系统稳定。从图 5.12 中还可以看出，虽然 K_{i_dvc}的变化幅度很大，但系统特征值 λ_1、λ_2 曲线并没有多大变化，因此，K_{i_dvc}对系统稳定性影响较小。

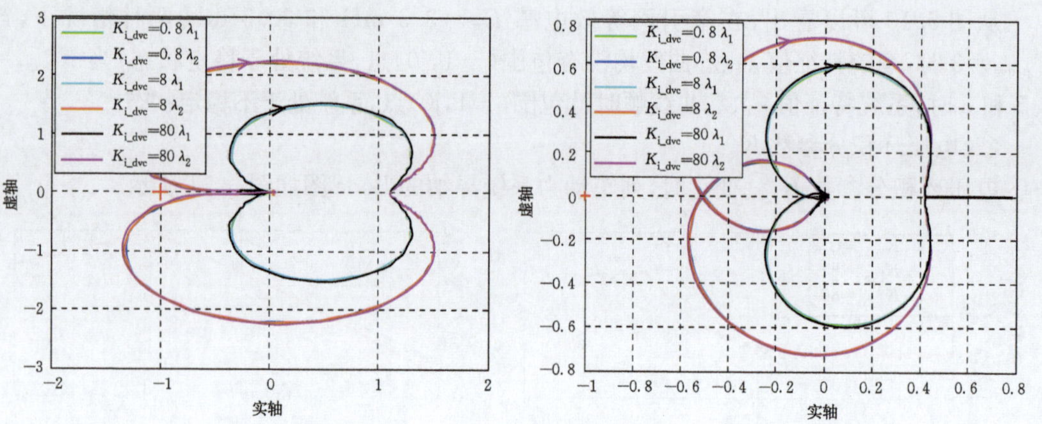

（a）L_g=3.3 mH　　（b）L_g=30.5 mH

图 5.12　不同 K_{i_dvc} 对应的系统广义 Nyquist 图

(3)电流环比例参数 K_{p_acc}

电流环比例参数 K_{p_acc} 变化时列车动力系统导纳的 Bode 图，如图 5.13 所示。

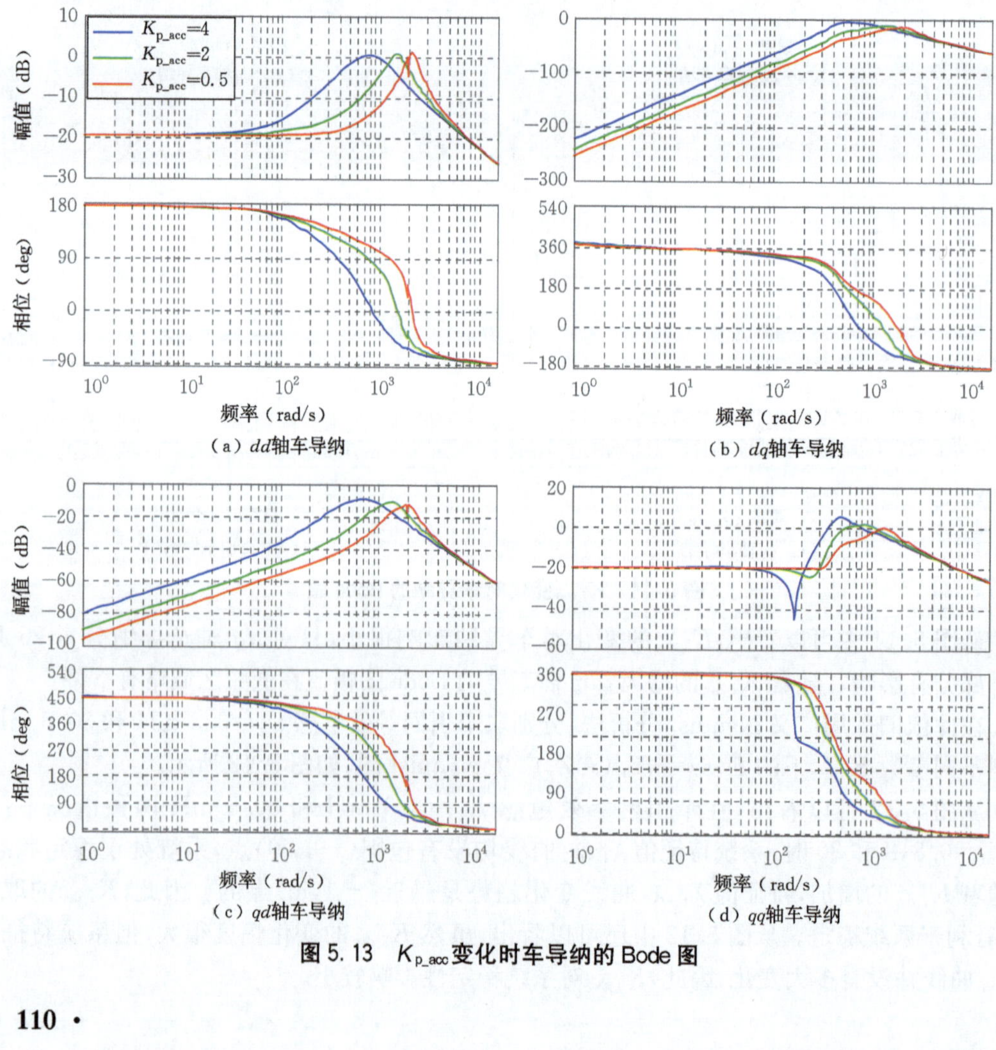

（a）dd 轴车导纳　　（b）dq 轴车导纳

（c）qd 轴车导纳　　（d）qq 轴车导纳

图 5.13　K_{p_acc} 变化时车导纳的 Bode 图

从图 5.13 中可以看出，K_{p_acc}的变化影响每个轴的车导纳分量。随着 K_{p_acc}的减小，*dd* 轴车导纳的 Bode 图峰值右移并略微增大，*dq* 轴和 *qd* 轴车导纳的 Bode 图峰值右移并略微减小，*qq* 轴车导纳的 Bode 图峰值右移并减小。

在此依旧采用广义 Nyquist 分析法，分别取牵引网等效电感 L_g=3.3 mH 和 30.5 mH，绘制不同参数 K_{p_acc}下的 $\boldsymbol{F}(s)=n\boldsymbol{Y}_{tr}(s)\boldsymbol{Z}_g$广义 Nyquist 图，如图 5.14 所示。

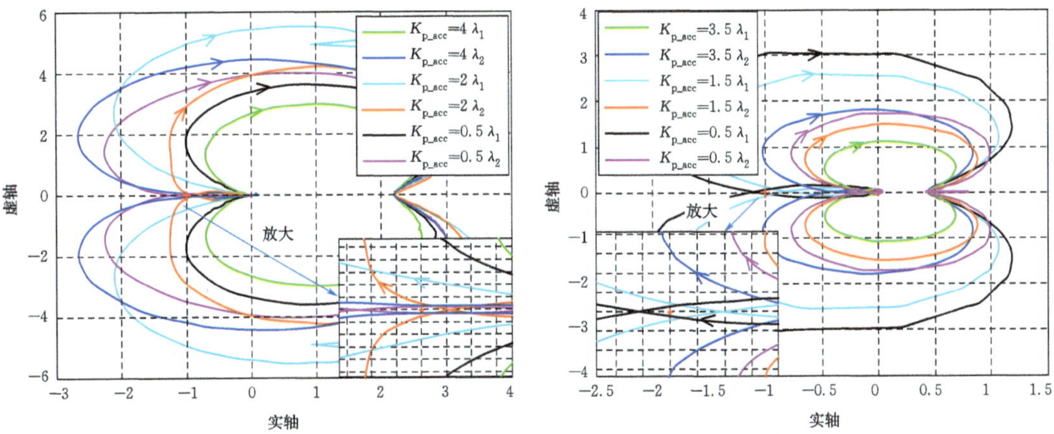

(a) L_g=3.3 mH　　(b) L_g=30.5 mH

图 5.14　不同 K_{p_acc}对应的系统广义 Nyquist 图

从图 5.14(a)中可以看出，在牵引网等效电感 L_g=3.3 mH 情况下，当 K_{p_acc}=2 和 4 时，系统特征值 λ_1、λ_2曲线均没有包围(−1，j0)点，系统处于稳定状态；当 K_{p_acc}=0.5 时，系统特征值 λ_1、λ_2曲线顺时针包围(−1，j0)点，系统处于不稳定状态。因此，K_{p_acc}的取值在一定范围内，数值越大系统越稳定。同理，在牵引网等效电感 L_g=30.5 mH 情况下，从图 5.14(b)中也可以得到类似的结论。

(4)电流环积分参数 K_{i_acc}

电流环积分参数 K_{i_acc}变化时列车动力系统导纳的 Bode 图，如图 5.15 所示。

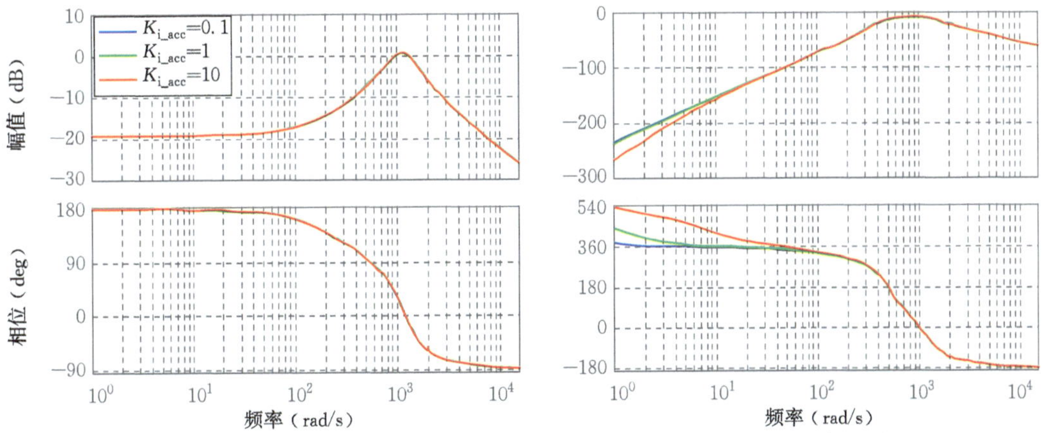

(a) *dd*轴车导纳　　(b) *dq*轴车导纳

图　5.15

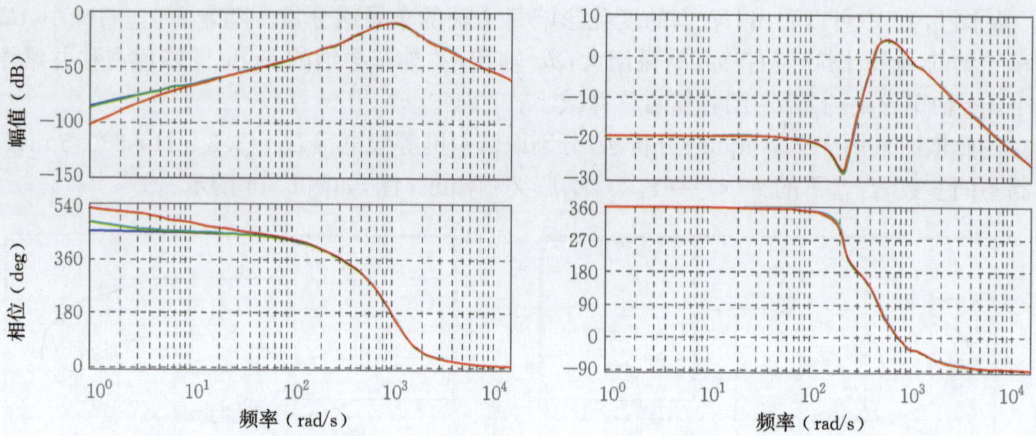

（c）qd轴车导纳　　（d）qq轴车导纳

图 5.15　K_{i_acc}变化时车导纳的 Bode 图

从图 5.15 中可以看出，K_{i_acc}的变化对车导纳影响很小，只对 dq 和 qd 轴车导纳分量 100 Hz 以下部分有影响。随着 K_{i_acc}的增大，dq 和 qd 轴车导纳 Bode 图幅值在低频区域略有下降，dd 和 qq 轴车导纳的 Bode 图几乎无影响。

在此依旧采用广义 Nyquist 分析法，分别取牵引网等效电感 L_g=3.3 mH 和 30.5 mH，绘制不同参数 K_{i_acc}下的 $\boldsymbol{F}(s)=n\boldsymbol{Y}_{tr}(s)\boldsymbol{Z}_g$广义 Nyquist 图，如图 5.16 所示。

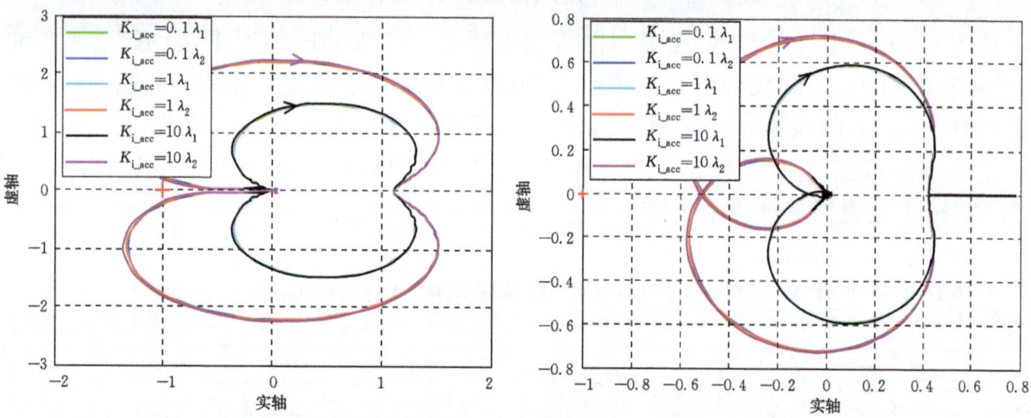

（a）L_g=3.3 mH　　（b）L_g=30.5 mH

图 5.16　不同 K_{i_acc}对应的系统广义 Nyquist 图

从图 5.16 可以看出，在牵引网等效电感 L_g=3.3 mH 和 30.5 mH 两种情况下，当 K_{i_acc}=0.1、1 和 10 时，系统特征值 λ_1、λ_2 曲线均没有包围(−1,j0)点，系统处于稳定状态，但随着 K_{i_acc}的增加，特征值 λ_1、λ_2 曲线变化趋势是靠近(−1,j0)点的。因此，K_{i_acc}的取值小，有利于系统稳定。从图 5.16 中还可以看出，虽然 K_{i_acc}的变化幅度较大，但系统特征值 λ_1、λ_2 曲线并没有多大变化，因此，K_{i_acc}对系统稳定性影响较小。

3. 列车数量对 LFO 的影响

混合动力动车组采用三编组——两动一拖的形式，每列动车有一个网侧变流器，每个网侧变流器内含有两个变流模块。在此，令牵引网等效参数 R_g=0.01 Ω、C_g=2.8 μF、L_g=0.2 H。车-网系统闭环传递函数低频主导极点变化图，如图 5.17 所示。

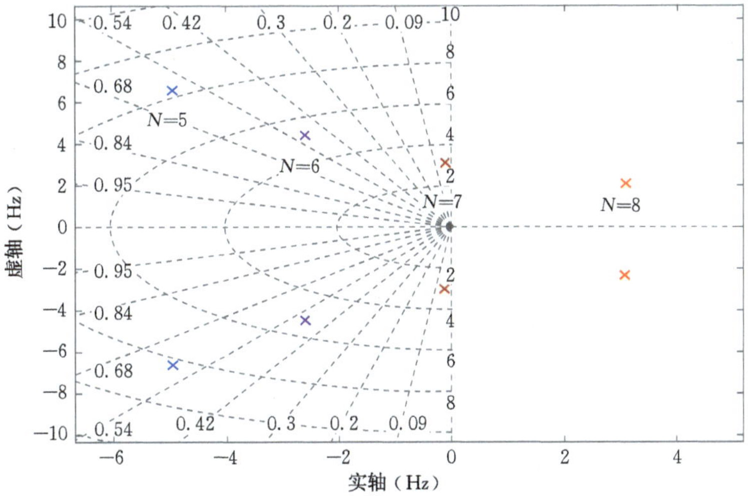

图 5.17　随着 N 变化的车-网系统低频主导极点图

当列车数量 $N=5$、6、7 时，车-网系统闭环传递函数主导极点在左半平面，但 $N=7$ 时主导极点离虚轴的距离很近；而当列车数量 $N=8$ 时，车-网系统闭环传递函数主导极点在右半平面，此时系统不稳定。

下面通过时域仿真的形式来进一步证明上述结论，仿真波形如图 5.18(a)、(b)所示。从图中可以看出，$N=6$ 时系统处于稳定状态，而 $N=7$ 时系统处于低频振荡状态，该结论与车-网系统闭环主导极点分析所得结论一致。

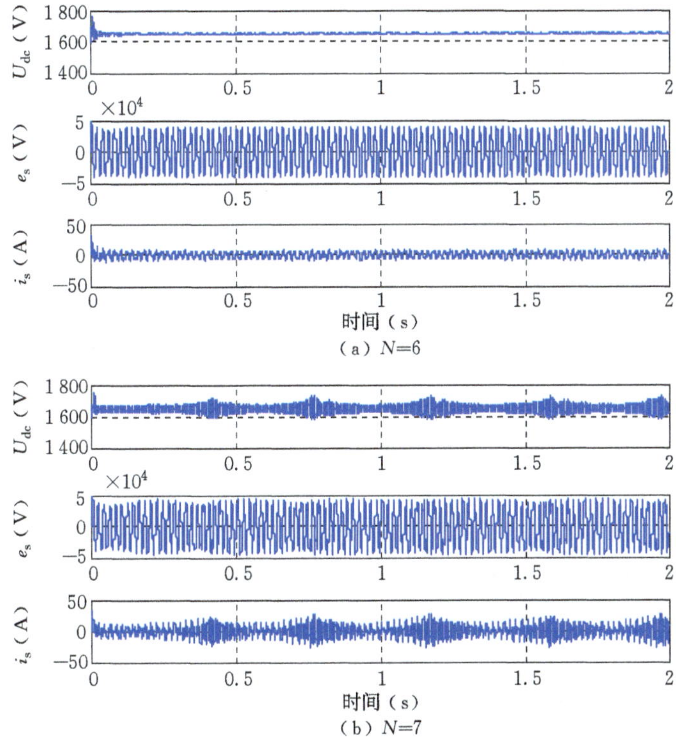

图 5.18　不同 N 对应的仿真波形

在高频区域，同一供电区域下，随着列车数量 N 的增加，车-网系统的振荡频率逐渐增大，并且振荡幅值有所降低。由于列车数量的增加能够使振荡频率远离原振荡频率点，因此 N 的增加在一定程度上抑制了高频谐振现象。

5.3.2 车-网耦合不稳定机理分析

1. 车-网高频谐振机理分析

车-网高频谐振通常发生在列车运行过程中，当列车运行于牵引网的某段区域时，发生车-网之间高频振荡的现象，这一振荡现象产生的原因可分为以下两个方面：

(1)列车动力系统作为谐波源，引发车-网系统串并联谐振

车-网之间能够形成回路，该回路本身存在固有振荡频率，由于列车内部牵引变流器的PWM开关作用，产生高频谐波，这些高频成分作为谐波源，注入牵引网中，当列车运行于某一区域时，如果其发出的谐波频率恰好与车-网系统的固有振荡频率相当，就会引起并联谐振或串联谐振，使得高频谐波成分被放大，从而产生车-网高频谐振现象。

对于这种原因产生的车-网高频谐振，可以从优化列车动力系统网侧变流器的调制策略角度出发，降低列车由于PWM开关作用产生的高频谐波，从根本上避免高频谐振现象的发生。

(2)车-网系统处于阻尼不足状态

由上一节分析可知，牵引网和网侧变流器控制参数对车-网耦合稳定性有一定的影响，高频谐振的频率不仅有奇数次，还有偶数次，但列车动力系统由于开关作用产生的高次谐波中只含有奇数次成分，即车-网系统发生高频谐振现象时，其振荡频率并不完全处于列车动力系统产生的高频谐波频谱范围内。因此高频谐振不仅仅是因为列车动力系统作为谐波源而引发了车-网系统串并联谐振，还因为列车动力系统与牵引网之间由于参数不匹配导致系统处于阻尼不足状态。由于主导极点是阻尼比 ξ 与自然振荡角频率 ω_n 的函数，因此可计算出阻尼比。在此总结为表5.1的形式(此时 $N=2$)。

表5.1 L_g对系统阻尼比的影响

牵引网等效电感 L_g(mH)	主导极点	阻尼比	系统状态
1.5	$-195.02\pm j548.15$	0.335	稳定
3.5	$-60.08\pm j903.17$	0.066	稳定
5.5	$76.83\pm j1250.25$	-0.061	高频谐振

从表5.1中可以看出，当阻尼比为负时，系统处于不稳定状态。实际上，电力系统中也存在着高频谐振的问题，由于电网与其负载之间的参数不匹配导致系统阻尼比很小，甚至为负，从而产生了高频振荡现象。列车与牵引网之间的关系就像电网与其负载的关系一样，不同的是，列车是处于实时运行的状态，而电网负荷处于静止状态，这种不同并不影响车-网系统与电力系统之间的相似性，因此车-网系统中存在的高频谐振现象也可以借鉴电力系统中的分析方法，归结为车-网系统阻尼不足问题。

如果作为电源的牵引网容量足够大，就有足够的调节能力，外界的任何干扰都不足以对车-网系统造成威胁，在这种情况下也就不存在车-网耦合不稳定现象。但由于牵引网容量有限，列车作用于牵引网中，会给车-网系统带来一定的干扰，当车-网系统处于阻尼不足状态时，谐波源的干扰就不能够忽略了，虽然谐波源的频率可能与车-网高频谐振的频率不等，但对于一个本身稳定性有限的系统而言，这种干扰就可能成为车-网系统振荡的激励源。因此，通过改变网侧变流器控制参数或其控制结构，提高系统阻尼，就能够避免车-网高频谐振现象。

2. 车-网低频振荡机理分析

目前存在的车-网低频振荡现象主要有两种。

一种是涉及电机转子运动的机电振荡，发生在供电制式转换过程中。由于一些国家电气化铁路供电频率与公用电网的频率不同，需要在牵引变电所内采用旋转变频机组或静止变流器进行供电制式的转换。由于中国不存在供电制式转换的问题，因此不作为本书的研究内容。

第二种车-网低频振荡是一种纯电气过程，多发生在列车升弓整备过程中，此时列车并没有运行，负荷也只有辅助逆变器、空调、照明系统而已，随着升弓受电的列车数量增加，更容易发生车-网低频振荡现象。这一振荡现象产生的原因有以下两个方面：

(1)列车动力系统与牵引网之间产生了阻抗不匹配的问题

牵引网作为电源，列车作为负载，满足 Middlebrook 阻抗判据。随着升弓整备的列车数量增加，列车动力系统等效阻抗降低，当牵引网阻抗大于列车动力系统阻抗时，系统处于不稳定状态，易引发车-网低频振荡现象。

(2)车-网系统处于阻尼不足状态

随着列车数量的增加，主导极点离虚轴越来越近，由于主导极点是阻尼比 ξ 与自然振荡角频率 ω_n 的函数，因此可计算出阻尼比。在此总结为表 5.2 的形式。

表 5.2 N 对系统阻尼比的影响

列车数量 N	主导极点	阻尼比	系统状态
5	$-5.026 \pm j6.48$	0.613	稳定
6	$-2.546 \pm j4.87$	0.463	稳定
7	$-0.016 \pm j3.12$	0.005	低频振荡
8	$2.484 \pm j2.76$	−0.668	低频振荡

从表 5.2 中可以看出，当系统阻尼比很小或为负时，系统处于不稳定状态。即车-网系统发生低频振荡现象时，系统处于阻尼不足状态。在这种极其不稳定的状态下，微小的激励源都能够引起车-网系统不稳定现象的产生，即使激励源中没有车-网低频振荡频率的扰动，也能引起该频率的振荡。

对于车-网低频振荡，可以通过改变网侧变流器控制参数或其控制结构的方法，增大列车动力系统阻抗，提高系统阻尼，从而抑制车-网低频振荡现象。

5.4 基于控制策略的车-网耦合不稳定抑制措施

5.4.1 网侧变流器传统控制策略

网侧变流器传统控制策略采用基于 d-q 旋转坐标系的电压外环、电流内环控制。由于为单相系统，首先需要将静止坐标系下的 α 轴逆时针旋转 90°构建虚拟 β 轴，再将 α-β 静止坐标系下的量经过 Park 变换转移到 d-q 旋转坐标系中，坐标变换如图 5.19 所示。

设网压 $e_s(t)$ 与 α 轴重合，即 $e_s(t)=e_\alpha(t)$，虚拟 β 轴上的网压分量为 $e_\beta(t)$，d、q 轴网压分量分别为 $e_d(t)$ 和 $e_q(t)$。根据图 5.19 进行坐标变换可得：

$$\begin{cases}e_\alpha(t)=e_d(t)\cos\theta-e_q(t)\sin\theta\\ e_\beta(t)=e_d(t)\sin\theta+e_q(t)\cos\theta\end{cases}\tag{5.44}$$

$$\begin{cases}e_d(t)=e_\alpha(t)\cos\theta+e_\beta(t)\sin\theta\\ e_q(t)=-e_\alpha(t)\sin\theta+e_\beta(t)\cos\theta\end{cases}\tag{5.45}$$

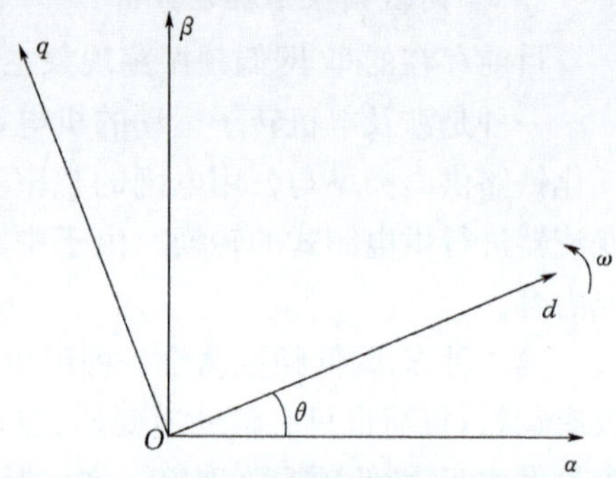

图 5.19 坐标变换

锁相环从网压过零点开始计算 ωt，从而可得：

$$\begin{cases}e_\alpha(t)=E\sin\omega t\\ e_\beta(t)=-E\cos\omega t\end{cases}\tag{5.46}$$

其中，E 为网压 $e_s(t)$ 的幅值。由于 d 轴为有功轴，q 轴为无功轴，从而可得：

$$\begin{cases}e_d(t)=E\\ e_q(t)=0\end{cases}\tag{5.47}$$

联立式(5.45)～式(5.47)可得：

$$\theta=\omega t-90^\circ\tag{5.48}$$

将式(5.48)代入式(5.44)、式(5.45)可得：

$$\begin{cases}e_\alpha(t)=e_d(t)\sin\omega t+e_q(t)\cos\omega t\\ e_\beta(t)=-e_d(t)\cos\omega t+e_q(t)\sin\omega t\end{cases}\tag{5.49}$$

$$\begin{cases}e_d(t)=e_\alpha(t)\sin\omega t-e_\beta(t)\cos\omega t\\ e_q(t)=e_\alpha(t)\cos\omega t+e_\beta(t)\sin\omega t\end{cases}\tag{5.50}$$

由图 5.2 网侧变流器拓扑结构图可得方程：

$$u_{ab}(t)=e_s(t)-L\frac{\mathrm{d}i_s(t)}{\mathrm{d}t}-Ri_s(t)\tag{5.51}$$

结合式(5.49)和式(5.50)，将式(5.51)表示成 d-q 旋转坐标系下的形式：

$$\begin{cases}u_d=e_d+\omega Li_q-(R+Lp)i_d\\ u_q=e_q-\omega Li_d-(R+Lp)i_q\end{cases}\tag{5.52}$$

式中，$u_d(t)$、$u_q(t)$ 为“桥臂”电压 $u_{ab}(t)$ 的 d、q 轴分量，$i_d(t)$、$i_q(t)$ 为交流电流 $i_s(t)$ 的 d、q 轴分量，p 为微分算子。

经过 d、q 轴电流 $i_d(t)$、$i_q(t)$ 分别闭环控制可得：

$$\begin{cases}u_d(t)=-K_a[i_{dref}(t)-i_d(t)]+\omega Li_q(t)+e_d(t)\\ u_q(t)=-K_a[i_{qref}(t)-i_q(t)]-\omega Li_d(t)+e_q(t)\end{cases}\tag{5.53}$$

式中，K_a为电流环的比例积分环节。

将 $u_d(t)$、$u_q(t)$经过 Clark 变换，可得调制波表达式为：

$$u_\alpha(t)=u_d(t)\sin\omega t+u_q(t)\cos\omega t \tag{5.54}$$

将式(5.53)代入式(5.54)可计算得到调制波。

5.4.2 主动振荡补偿抑制措施

1. 主动振荡补偿基本原理

主动振荡补偿(AOC，Active Oscillation Compensation)抑制措施的实现方法是，采集列车牵引供电系统内的网侧变流器输入电压，将其进行 Park 变换，得到直流量 e_d^c 和 e_q^c，经过截止频率较低的高通滤波器，过滤掉直流量，得到振荡量，将该振荡量补偿到网侧变流器的电流环控制中，从而削弱振荡量。采用 AOC 抑制措施的网侧变流器控制框图如图 5.20 所示。

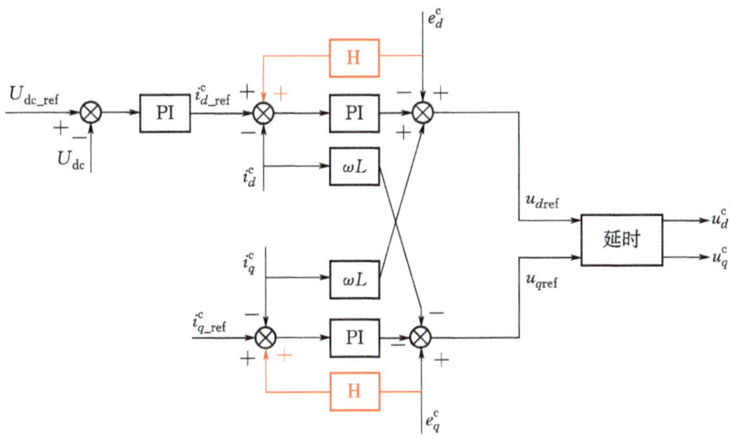

图 5.20 采用 AOC 的网侧变流器控制框图

由于振荡量中既包含高频成分，又包含低频成分，因此 AOC 抑制措施原则上既可以抑制车-网高频谐振，又可以抑制车-网低频振荡。

图 5.20 中的 H 为虚拟高通滤波器(VHPF，Virtual High-Pass Filter)，其主要目的是分离出 e_d^c 和 e_q^c 中的直流量，取出由于车-网耦合不稳定产生的波动量，将该波动量输入到电流环控制中，由于 i_d^c 和 i_q^c 中本身也存在波动量，就可以通过振荡补偿的方法，将波动量减弱，从而使车-网系统恢复稳定状态。此处采用的是一阶 VHPF，表达式如下：

$$H_1(s)=\frac{s}{s+\omega_c} \tag{5.55}$$

采取 AOC 抑制措施后的列车阻抗模型建模过程如下所示：

$$\begin{bmatrix}\Delta u_d^c\\ \Delta u_q^c\end{bmatrix}=\begin{bmatrix}\Delta e_d^c\\ \Delta e_q^c\end{bmatrix}-\begin{bmatrix}R+sL & -\omega_0 L\\ \omega_0 L & R+sL\end{bmatrix}\begin{bmatrix}\Delta i_d^c\\ \Delta i_q^c\end{bmatrix} \tag{5.56}$$

电流环经过 PI 控制及解耦，可以得到调制波 d、q 轴指令值：

$$\begin{bmatrix}\Delta u_{dref}\\ \Delta u_{qref}\end{bmatrix}=\begin{bmatrix}\Delta e_d^c\\ \Delta e_q^c\end{bmatrix}-G_{PIR}\begin{bmatrix}\Delta i_{dref}-\Delta i_d^c-H(s)\Delta e_d^c\\ \Delta i_{qref}-\Delta i_q^c-H(s)\Delta e_q^c\end{bmatrix}-\begin{bmatrix}0 & -\omega_0 L\\ \omega_0 L & 0\end{bmatrix}\begin{bmatrix}\Delta i_d^c\\ \Delta i_q^c\end{bmatrix} \tag{5.57}$$

调制波 d、q 轴指令值经过延时后得到调制波 d、q 轴实际值：

$$\begin{bmatrix}\Delta u_d^c\\ \Delta u_q^c\end{bmatrix}=G_d\begin{bmatrix}\Delta u_{d\mathrm{ref}}\\ \Delta u_{q\mathrm{ref}}\end{bmatrix}\tag{5.58}$$

其中，$G_{\mathrm{d}}=1/(T_{\mathrm{d}}s+1)$，是延时环节。

联立式(5.56)～式(5.58)可得：

$$\Delta \boldsymbol{i}^{\mathrm{c}}=\boldsymbol{G}_{idq\mathrm{ref}}\Delta \boldsymbol{i}_{\mathrm{ref}}+\boldsymbol{G}_{edq}^{\mathrm{c}}\Delta e^{\mathrm{c}}\tag{5.59}$$

其中：

$$\begin{cases}\boldsymbol{G}_{idq\mathrm{ref}}=(\boldsymbol{i}_{dq}^{\mathrm{c}})^{-1}G_dG_{\mathrm{PIR}}\\ \Delta \boldsymbol{i}_{\mathrm{ref}}=\begin{bmatrix}\Delta \boldsymbol{i}_{dref}\\ \Delta \boldsymbol{i}_{qref}\end{bmatrix}\\ \boldsymbol{G}_{edq}^{c}=(\boldsymbol{G}_{dq}^{c})^{-1}(1-G_{\mathrm{d}}-G_{\mathrm{d}}G_{\mathrm{PIR}}H(s))\\ \boldsymbol{G}_{dq}^{c}=\begin{bmatrix}G_{\mathrm{d}}G_{\mathrm{PIR}}+R+sL & \omega_0L(G_{\mathrm{d}}-1)\\ -\omega_0L(G_{\mathrm{d}}-1) & G_{\mathrm{d}}G_{\mathrm{PIR}}+R+sL\end{bmatrix}\end{cases}\tag{5.60}$$

将式(5.60)代替式(5.27)，即为采用 AOC 抑制措施后的列车动力系统导纳模型。

采用与不采用 AOC 抑制措施前后，列车动力系统导纳模型对比 Bode 图如图 5.21 所示。

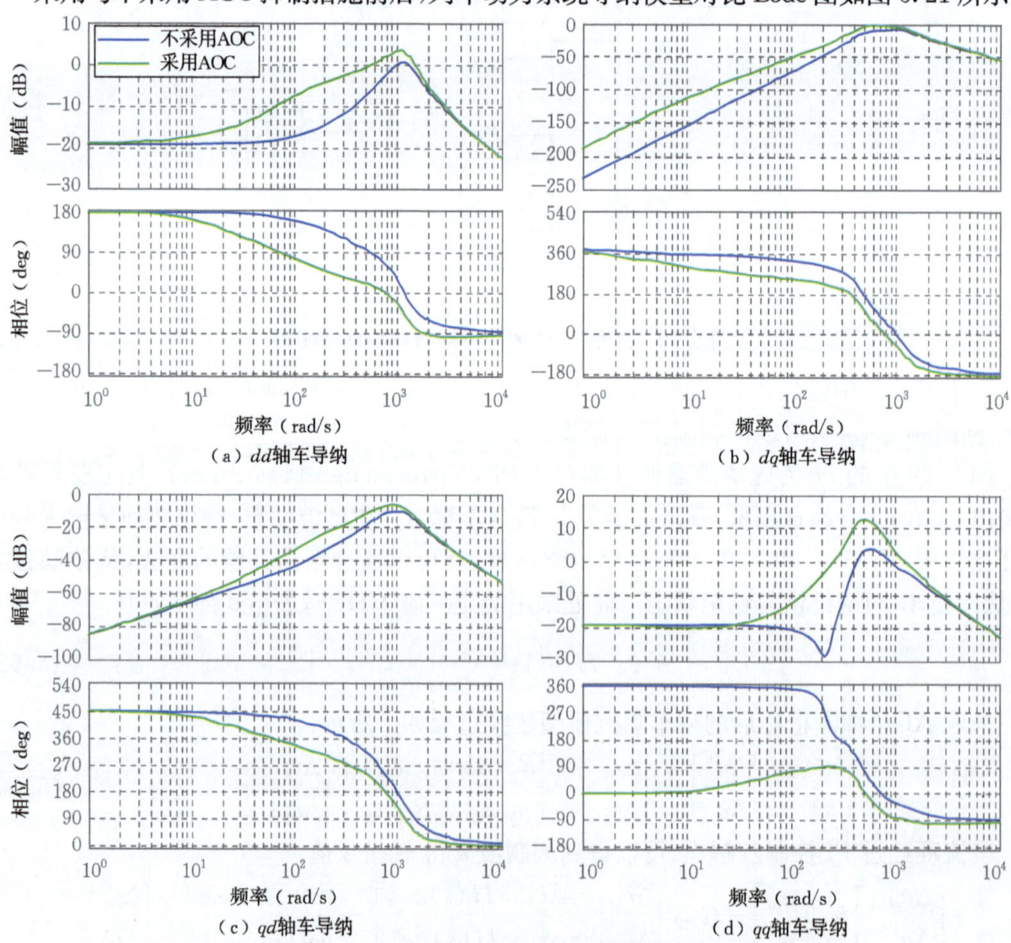

图 5.21　采取 AOC 前后车动力系统导纳 Bode 图

从车导纳抑制前后对比图中可以看出，抑制措施对 dd 轴和 qq 轴导纳影响较大，并使 qq 轴导纳变得更加圆滑。

2. AOC 抑制措施对车-网系统稳定性的影响分析

当 L_g=3.85 mH 时，在不采取 AOC 抑制措施前，车-网系统处于 HFR 状态，当采取 AOC 抑制措施后，车-网系统的广义 Nyquist 对比图，如图 5.22 所示。

从图 5.22 中可以看出，当系统未进行 AOC 抑制措施处理时，系统的特征值轨迹顺时针包围(−1，j0)点，系统处于不稳定状态，当采用 AOC 抑制措施后，系统不包围(−1，j0)点，系统重新恢复稳定状态。

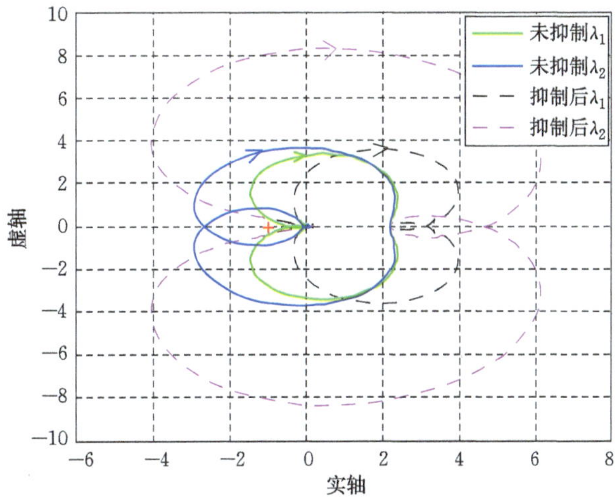

图 5.22 L_g=3.85 mH 时 AOC 措施前后系统广义 Nyquist 图

从车-网系统闭环传递函数主导极点的角度来分析 AOC 抑制措施对高频谐振的抑制作用，如图 5.23 所示。在 L_g=3.85 mH 参数下，车-网系统发生高频谐振现象，高频主导极点分布于右半平面，系统的高频阻尼比为负，低频主导极点分布于左半平面。当采取 AOC 抑制措施后，高频主导极点移动到左半平面，系统的高频阻尼比 ξ 约为 0.09，系统重新恢复稳定，而低频主导极点只发生微小变化。发生这种变化的原因是，在该 L_g参数下，系统出现的是高频谐振现象，e_d^c 和 e_q^c 中含有大量高频成分，而低频成分很少，这些高频成分经过虚拟高通滤波器后，补偿到电流环中，从而改善系统高频特性。

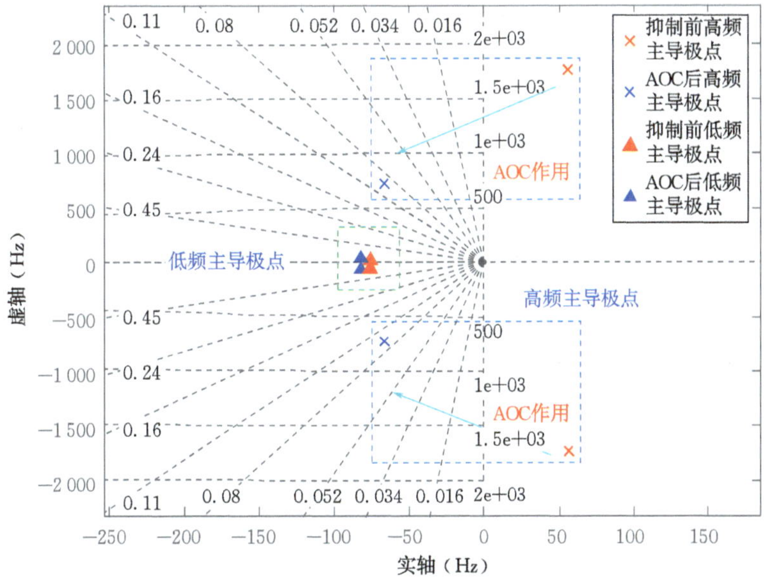

图 5.23 L_g=3.85 mH 时 AOC 措施前后系统主导极点图

当 $L_g=31.5$ mH 时，在不采取 AOC 抑制措施前，车-网系统处于 LFO 状态，当采取 AOC 抑制措施后，车-网系统的广义 Nyquist 对比图，如图 5.24 所示。

从图 5.24 中可以看出，当系统未进行 AOC 抑制措施处理时，系统的特征值轨迹顺时针包围(−1,j0)点，系统处于不稳定状态，当采用 AOC 抑制措施后，系统不包围(−1,j0)点，系统重新恢复稳定状态。

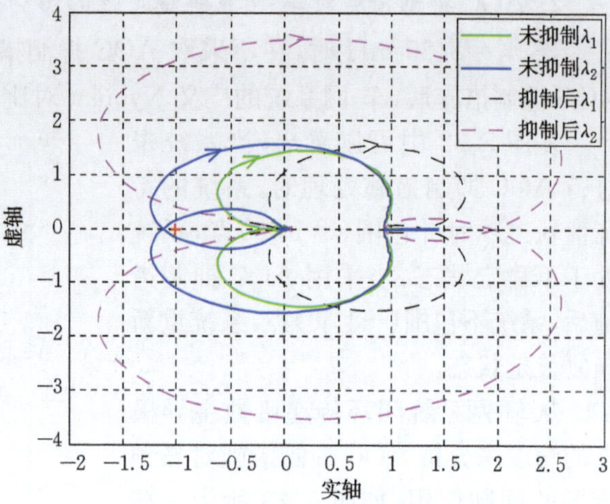

图 5.24 $L_g=31.5$ mH 时 AOC 措施前后系统广义 Nyquist 图

从车-网系统闭环传递函数主导极点的角度来分析 AOC 抑制措施对低频振荡的抑制作用，如图 5.25(a)、(b)所示，其中图(b)是图(a)的低频主导极点分布放大图。在 $L_g=31.5$ mH 参数下，车-网系统发生低频振荡现象，低频主导极点分布于右半平面，系统的低频阻尼比为负，高频主导极点分布于左半平面，当采取 AOC 抑制措施后，低频主导极点移动到左半平面，系统的低频阻尼比 ξ 约为 0.78，系统重新恢复稳定，而高频主导极点只发生微小变化。发生这种变化的原因是，在该 L_g 参数下，系统出现的是低频振荡现象，e_d^c 和 e_q^c 中含有大量低频成分，而高频成分很少，这些低频成分经过虚拟高通滤波器后，补偿到电流环中，从而改善系统低频特性。

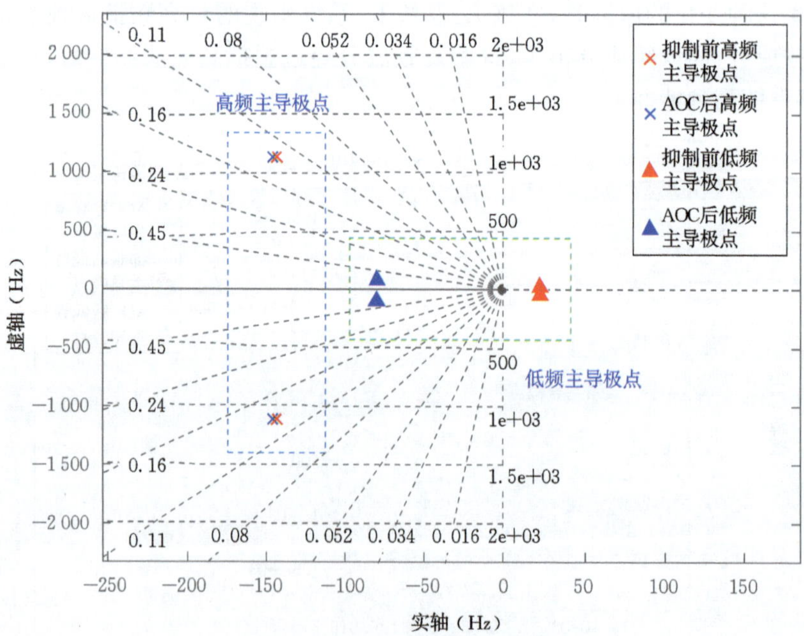

(a) 高低频主导极点分布

图 5.25

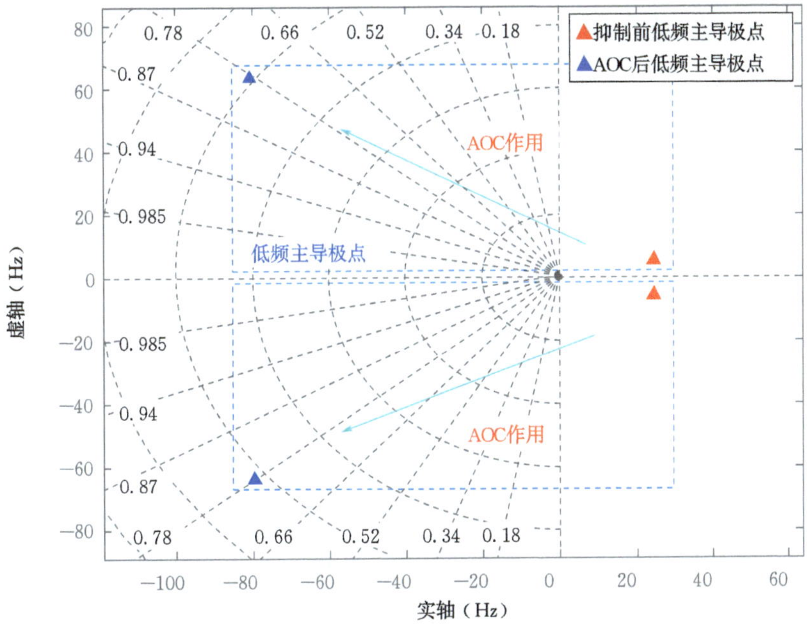

（b）低频主导极点分布放大图

图 5.25　$L_g=31.5$ mH 时 AOC 措施前后系统主导极点图

牵引网参数：$R_g=0.01\ \Omega$、$C_g=2.8\ \mu F$、$L_g=0.2$ H，对比 AOC 抑制措施前后，车-网系统可容纳的列车数量。由低频主导极点分布图 5.26 可知，当采取 AOC 抑制措施后，车-网系统可容纳的列车数量增加，从 $N=6$ 增加到 $N=32$，系统的"耐受"能力得到很大的提升。

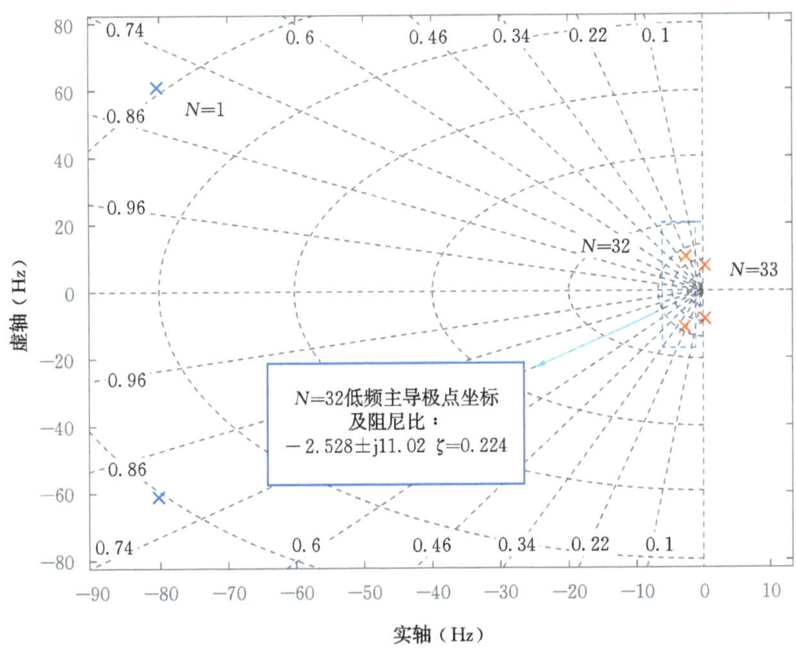

图 5.26　AOC 抑制措施对系统列车数量 N 的影响

5.5 基于调制策略的高频谐振抑制措施研究

如今列车多采用载波移相脉宽调制。该调制方法较为简单，容易实现，具有消除列车开关特征频率谐波的能力，从而避免车-网系统发生高频谐振现象。但在实际工程中，高频谐振依旧存在，主要有两方面原因：

(1)系统阻尼不足，从调制策略角度不能有效抑制高频谐振。可以采用上述提出的AOC 抑制措施，在提高系统阻尼的基础上有效抑制高频谐振现象。

(2)载波移相脉宽调制对移相角有较高的要求，若列车在运行过程中移相角不准确，会使开关特征频率谐波无法有效对消，尤其对于某些型号的列车而言，多个网侧变流器之间无同步线，使得难以实时校正移相角，导致各个网侧变流器移相基准不同，没有达到谐波对消的效果，从而使列车产生的高频谐波注入牵引网，引起车-网高频谐振现象。

针对以上第(2)点原因，本章提出了基于周期控制的载波移相脉宽调制策略(PCCPS-PWM，Periodic Control Carrier Phase-Shift Pulse Width Modulation)，从而使车-网系统在高频段更加稳定。

5.5.1 基于载波移相脉宽调制的列车谐波源频谱分析

由于网侧变流器通常采用单极性倍频调制，所以 a 相桥臂与 b 相桥臂之间的电压 $u_{ab}(t)$可以表示成如下形式：

$$u_{ab}(t)=\begin{cases}+U_{dc}\\0\\-U_{dc}\end{cases}\tag{5.61}$$

“桥臂”电压 $u_{ab}(t)$可以分解成关于时间变量 $x(t)=\omega_c t+\theta_c$和 $y(t)=\omega_s t+\theta_s$的傅里叶级数形式。其中，$\omega_c=2\pi/T_c$为载波的角频率，T_c为载波周期，θ_c为载波的相位移偏角；ω_s为调制波角频率，θ_s为调制波的相位移偏角。

载波采用的是三角波，图 5.27 所示为单极性倍频调制时，三角波和正弦波比较得到的“桥臂”电压，在此采用双重傅里叶级数的形式对“桥臂”电压 $u_{ab}(t)$进行频谱分析。为简化傅里叶系数求解过程，将 $u_{ab}(t)$下移 U_{dc}得到 $u'_{ab}(t)$，移动后，a 相桥臂两开关管之间电位为 $u'_a(t)$，b 相位 $u'_b(t)$。

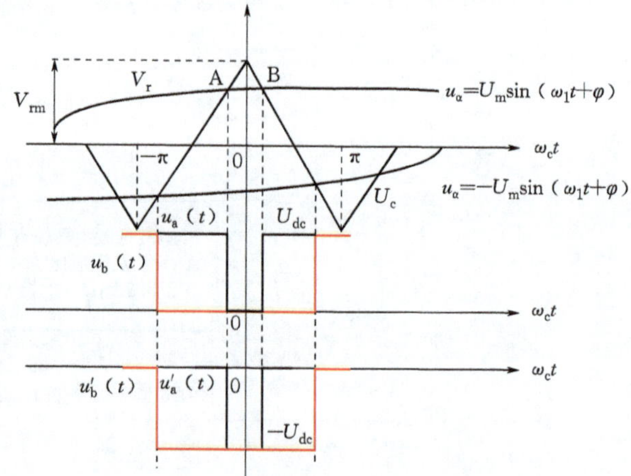

图 5.27 “桥臂”电压 $u_a(t)$及 $u'_b(t)$

图 5.27 中黑色的方波为第一桥臂中点电位，红色为第二桥臂中点电位。

实际上，“桥臂”电压 $u_{ab}(t)$可表示成如下二重傅里叶积分的形式：

$$f(x,y)=\frac{A_{00}}{2}+\sum_{n=1}^{\infty}(A_{0n}\cos ny+B_{0n}\sin ny)+\sum_{m=1}^{\infty}(A_{m0}\cos mx+B_{m0}\sin mx)+\sum_{m=1}^{\infty}\sum_{\substack{n=-\infty\\(n\neq 0)}}^{\infty}[A_{mn}\cos(mx+ny)+B_{mn}\sin(mx+ny)] \tag{5.62}$$

其中，m 和 n 分别代表后文提到的载波频率倍数和调制波频率倍数，并且有：

$$A_{mn}+\mathrm{j}B_{mn}=\frac{1}{2\pi^2}\int_{-\pi}^{\pi}\int_{-\pi}^{\pi}f(x,y)\mathrm{e}^{\mathrm{j}(mx+ny)}\mathrm{d}x\,\mathrm{d}y \tag{5.63}$$

"桥臂"电压 $u_{ab}(t)$二重傅里叶积分的具体表达式推导过程如下：

1. a 相桥臂

(1)建立调制波 $u_{a}(t)$和三角载波 $u_{c}(t)$的数学方程

调制波 $u_{a}(t)$的方程为：

$$f_{s}(t)=M\cos(\omega_{s}t+\theta_{s})=M\cos y \tag{5.64}$$

其中，M 为调制度，由于三角载波的幅值设置为 1，所以调制波的幅值为 M。

在一个载波周期$[-\pi,\pi]$内，三角载波 u_{c}的方程为：

$$f_{c}(t)=\begin{cases}\dfrac{2}{\pi}\left(x+\dfrac{\pi}{2}\right) & x\in[-\pi,0]\\ -\dfrac{2}{\pi}\left(x-\dfrac{\pi}{2}\right) & x\in[0,\pi]\end{cases} \tag{5.65}$$

(2)求解开关时刻点

在载波周期$[-\pi,\pi]$内，$u_{a}'(t)$由 0 变为$-U_{d}$的时刻为：

$$f_{s}(t)=f_{c}(t)\Rightarrow M\cos y=\frac{2}{\pi}\left(x+\frac{\pi}{2}\right)$$

$$x=\frac{\pi}{2}(M\cos y-1) \tag{5.66}$$

$u_{a}'(t)$由$-U_{d}$变为 0 的时刻为：

$$f_{s}(t)=f_{c}(t)\Rightarrow M\cos y=-\frac{2}{\pi}\left(x-\frac{\pi}{2}\right)$$

$$x=-\frac{\pi}{2}(M\cos y-1) \tag{5.67}$$

(3)求解傅里叶系数

①直流分量，对应 $m=n=0$

$$A_{00}+\mathrm{j}B_{00}=\frac{1}{2\pi^2}\int_{-\pi}^{\pi}\int_{\frac{\pi}{2}(M\cos y-1)}^{-\frac{\pi}{2}(M\cos y-1)}(-U_{d})\mathrm{d}x\,\mathrm{d}y=-U_{d} \tag{5.68}$$

②基波分量，对应 $m=0,n>0$

$$\begin{aligned}A_{0n}+\mathrm{j}B_{0n}&=\frac{1}{2\pi^2}\int_{-\pi}^{\pi}\int_{\frac{\pi}{2}(M\cos y-1)}^{-\frac{\pi}{2}(M\cos y-1)}(-U_{d}\mathrm{e}^{\mathrm{j}ny})\mathrm{d}x\,\mathrm{d}y\\&=\frac{U_{d}}{2\pi^2}\left[\int_{-\pi}^{\pi}M\pi\cos y(\cos ny+\mathrm{j}\sin ny)\mathrm{d}y-\frac{\pi}{\mathrm{j}n}(\mathrm{e}^{\mathrm{j}n\pi}-\mathrm{e}^{-\mathrm{j}n\pi})\right]\end{aligned} \tag{5.69}$$

$$\begin{cases} A_{01}+\mathrm{j}B_{01}=\dfrac{1}{2}MU_d & (n=1) \\ A_{0n}+\mathrm{j}B_{0n}=0 & (n\neq 1) \end{cases} \tag{5.70}$$

③载波谐波分量，对应 $m>0, n=0$

$$\begin{aligned} A_{m0}+\mathrm{j}B_{m0} &= \frac{1}{2\pi^2}\int_{-\pi}^{\pi}\int_{\frac{\pi}{2}(M\cos y-1)}^{-\frac{\pi}{2}(M\cos y-1)}(-U_{\mathrm{d}}\mathrm{e}^{\mathrm{j}mx})\mathrm{d}x\,\mathrm{d}y \\ &= -\frac{2U_{\mathrm{d}}}{\pi m}\sin\left(m\frac{\pi}{2}\right)J_0\left(m\frac{\pi}{2}M\right) \end{aligned} \tag{5.71}$$

其中，J_0 为贝塞尔函数。

④边带谐波分量，对应 $m>0, n\neq 0$

$$\begin{aligned} A_{mn}+\mathrm{j}B_{mn} &= \frac{1}{2\pi^2}\int_{-\pi}^{\pi}\int_{\frac{\pi}{2}(M\cos y-1)}^{-\frac{\pi}{2}(M\cos y-1)}\left[-U_{\mathrm{d}}\mathrm{e}^{\mathrm{j}(mx+ny)}\right]\mathrm{d}x\,\mathrm{d}y \\ &= \frac{\mathrm{j}U_{\mathrm{d}}}{\pi m}J_n\left(m\frac{\pi}{2}M\right)\left[\mathrm{e}^{\mathrm{j}m\frac{\pi}{2}}\mathrm{j}^{-n}-\mathrm{e}^{-\mathrm{j}m\frac{\pi}{2}}\mathrm{j}^{n}\right] \end{aligned} \tag{5.72}$$

由于有式 $\mathrm{e}^{-\mathrm{j}n\pi/2}=\mathrm{j}^{-n}$ 成立，所以：

$$\begin{aligned} A_{mn}+\mathrm{j}B_{mn} &= \frac{\mathrm{j}U_{\mathrm{d}}}{\pi m}J_n\left(m\frac{\pi}{2}M\right)\left[\mathrm{e}^{\mathrm{j}m\frac{\pi}{2}}\mathrm{e}^{-\mathrm{j}n\frac{\pi}{2}}-\mathrm{e}^{-\mathrm{j}m\frac{\pi}{2}}\mathrm{e}^{\mathrm{j}n\frac{\pi}{2}}\right] \\ &= -\frac{2U_{\mathrm{d}}}{\pi m}\sin\left[\frac{\pi}{2}(m-n)\right]J_n\left(m\frac{\pi}{2}M\right) \end{aligned} \tag{5.73}$$

(4) $u_{\mathrm{a}}'(t)$ 的傅里叶级数表达式

$$\begin{aligned} u_{\mathrm{a}}'(t) = &-\frac{1}{2}U_{\mathrm{d}}+\frac{1}{2}U_{\mathrm{d}}M\cos(\omega_{\mathrm{s}}t+\theta_{\mathrm{s}})- \\ &\frac{2U_{\mathrm{d}}}{\pi}\sum_{m=1}^{\infty}\frac{1}{m}J_0\left(m\frac{\pi}{2}M\right)\sin\left(m\frac{\pi}{2}\right)\cos m(\omega_{\mathrm{c}}t+\theta_{\mathrm{c}})- \\ &\frac{2U_{\mathrm{d}}}{\pi}\sum_{m=1}^{\infty}\sum_{\substack{n=-\infty \\ (n\neq 0)}}^{\infty}\frac{1}{m}J_n\left(m\frac{\pi}{2}M\right)\sin\left[(m-n)\frac{\pi}{2}\right]\cos[m(\omega_{\mathrm{c}}t+\theta_{\mathrm{c}})+n(\omega_{\mathrm{s}}t+\theta_{\mathrm{s}})] \end{aligned} \tag{5.74}$$

(5) $u_{\mathrm{a}}(t)$ 的傅里叶级数表达式

$$\begin{aligned} u_{\mathrm{a}}(t) = &\frac{1}{2}U_{\mathrm{d}}+\frac{1}{2}U_{\mathrm{d}}M\cos(\omega_{\mathrm{s}}t+\theta_{\mathrm{s}})- \\ &\frac{2U_{\mathrm{d}}}{\pi}\sum_{m=1}^{\infty}\frac{1}{m}J_0\left(m\frac{\pi}{2}M\right)\sin\left(m\frac{\pi}{2}\right)\cos m(\omega_{\mathrm{c}}t+\theta_{\mathrm{c}})- \\ &\frac{2U_{\mathrm{d}}}{\pi}\sum_{m=1}^{\infty}\sum_{\substack{n=-\infty \\ (n\neq 0)}}^{\infty}\frac{1}{m}J_n\left(m\frac{\pi}{2}M\right)\sin\left[(m-n)\frac{\pi}{2}\right]\cos[m(\omega_{\mathrm{c}}t+\theta_{\mathrm{c}})+n(\omega_{\mathrm{s}}t+\theta_{\mathrm{s}})] \end{aligned} \tag{5.75}$$

2. b 相桥臂

同理可得 b 相桥臂 $u_{\mathrm{b}}(t)$ 的傅里叶级数表达式为：

$$u_b(t)=\frac{1}{2}U_d-\frac{1}{2}U_dM\cos(\omega_s t+\theta_s)-\frac{2U_d}{\pi}\sum_{m=1}^{\infty}\frac{1}{m}J_0\left(m\frac{\pi}{2}M\right)\sin\left(m\frac{\pi}{2}\right)\cos m(\omega_c t+\theta_c)-\frac{2U_d}{\pi}\sum_{m=1}^{\infty}\sum_{\substack{n=-\infty\\(n\neq 0)}}^{\infty}\frac{1}{m}J_n\left(m\frac{\pi}{2}M\right)\sin\left[(m+n)\frac{\pi}{2}\right]\cos[m(\omega_c t+\theta_c)+n(\omega_s t+\theta_s)] \tag{5.76}$$

3. $u_{ab}(t)$的傅里叶级数表达式

$$u_{ab}(t)=u_a(t)-u_b(t)=U_dM\cos(\omega_s t+\theta_s)+\frac{4U_d}{\pi}\sum_{m=1}^{\infty}\sum_{\substack{n=-\infty\\(n\neq 0)}}^{\infty}\frac{1}{m}J_n\left(m\frac{\pi}{2}M\right)\cos[m(\omega_c t+\theta_c)+n(\omega_s t+\theta_s)]\cos\left(\frac{\pi}{2}m\right)\sin\left(\frac{\pi}{2}n\right) \tag{5.77}$$

式(5.77)描述的是两电平网侧变流器的交流端电压，它仅包含两个部分，即基波部分和边带谐波部分，并且边带谐波成分不为0时，m 为偶数，n 为奇数。

接下来需要分析交流侧电流谐波含量。假定网压的初相角为0，有效值为 U_N，则网压 $u_n(t)$的表达式如下：

$$u_n(t)=\sqrt{2}U_N\cos\omega_s t \tag{5.78}$$

在控制作用下，网侧电流的基波分量 $i_{s1}(t)$与网压 $u_n(t)$同相位，设其有效值为 $i_{s1}(t)$，即有：

$$i_{s1}(t)=\sqrt{2}i_{s1}(t)\cos\omega_s t \tag{5.79}$$

$u_{L1}(t)$为电感电压的基波分量，$u_{ab1}(t)$为交流端电压的基波分量，则各电压的基波分量满足以下公式：

$$u_N(t)=u_{L1}(t)+u_{ab1}(t)=L_s\frac{di_{s1}(t)}{dt}+u_{ab1}(t) \tag{5.80}$$

由式(5.77)可知，$u_{ab}(t)$的基波分量为 $u_{ab1}(t)=MU_d\cos(\omega_s t+\theta_s)$，由于交流电流的基波分量与网压 $u_N(t)$同相位，可得：

$$u_n(t)=-L_s\sqrt{2}i_{s1}(t)\omega_s\sin\omega_s t+MU_d(\cos\omega_s t\cos\theta_s-\sin\omega_s t\sin\theta_s)=\sqrt{2}U_N\cos\omega_s t \tag{5.81}$$

所以带有 $\sin\omega_s t$ 的部分应为0，则有：

$$MU_d\cos\omega_s t\cos\theta_s=\sqrt{2}U_N\cos\omega_s t \tag{5.82}$$

即：

$$MU_d\cos\theta_s=\sqrt{2}U_N \tag{5.83}$$

由于 $\cos\theta_s=\frac{\sqrt{2}U_N}{MU_d}$，所以 $\sin\theta_s=\frac{\sqrt{(MU_d)^2-2U_N^2}}{MU_d}$。

式(5.81)中 $\sin\omega_s t$ 的部分为0，所以：

$$\sqrt{2}L_s i_{s1}(t)\omega_s=MU_d\sin\theta_s \tag{5.84}$$

$$i_{s1}(t)=\frac{MU_d\sin\theta}{\sqrt{2}L_s\omega_s}=\frac{\sqrt{(MU_d)^2-2U_N^2}}{\sqrt{2}L_s\omega_s} \tag{5.85}$$

同样,对于网侧电流的谐波分量,必须满足电压约束,即网压中不含有谐波,谐波只在电感和"桥臂"电压中。

$$L_s\frac{\mathrm{d}i_{sn}(t)}{\mathrm{d}t}=-u_{abn}(t) \tag{5.86}$$

其中,$u_{abn}(t)$为$u_{ab}(t)$的谐波分量,$i_{sn}(t)$为网侧电流的谐波分量。

对于特定的n次电流谐波而言:

$$\begin{aligned}i_{sn}(t)&=\int-\frac{4U_d}{L_s\pi}\frac{1}{m}J_n\left(m\frac{\pi}{2}M\right)\cos\left(\frac{\pi}{2}m\right)\sin\left(\frac{\pi}{2}n\right)\cos[m(\omega_c t+\theta_c)+n(\omega_s t+\theta_s)]\mathrm{d}t\\&=-\frac{4U_d}{L_s\pi m(m\omega_c+n\omega_s)}J_n\left(m\frac{\pi}{2}M\right)\cos\left(\frac{\pi}{2}m\right)\sin\left(\frac{\pi}{2}n\right)\sin[m(\omega_c t+\theta_c)+n(\omega_s t+\theta_s)]\end{aligned} \tag{5.87}$$

结合式(5.85)、式(5.87)可得两电平PWM变流器网侧电流:

$$\begin{aligned}i_s(t)=&\pm\frac{\sqrt{(MU_d)^2-2U_N^2}}{L_s\omega_s}\cos(\omega_s t)-\\&\sum_{m=1}^{\infty}\sum_{\substack{n=-\infty\\(n\neq0)}}^{\infty}\frac{4U_d}{L_s\pi m(m\omega_c+n\omega_s)}J_n\left(m\frac{\pi}{2}M\right)\cos\left(\frac{\pi}{2}m\right)\sin\left(\frac{\pi}{2}n\right)\sin[m(\omega_c t+\theta_c)+n(\omega_s t+\theta_s)]\end{aligned} \tag{5.88}$$

由于式中存在$\cos\left(\frac{\pi}{2}m\right)$和$\sin\left(\frac{\pi}{2}n\right)$,当$m$为偶数、$n$为奇数时值才不为0。所以有:

$$\begin{aligned}i_s(t)=&\pm\frac{\sqrt{(MU_d)^2-2U_N^2}}{L_s\omega_s}\cos\omega_s t-\\&\sum_{m=2,4\cdots}^{\infty}\sum_{n=\pm1,\pm3\cdots}^{\infty}\frac{4U_d}{L_s\pi m(m\omega_c+n\omega_s)}J_n\left(m\frac{\pi}{2}M\right)\cos\left(\frac{\pi}{2}m\right)\sin\left(\frac{\pi}{2}n\right)\sin[m(\omega_c t+\theta_c)+n(\omega_s t+\theta_s)]\end{aligned} \tag{5.89}$$

其中,牵引工况时取"+"号,而再生制动时取"−"号。

由以上分析可知,网侧电流的谐波分布情况与电压$u_{ab}(t)$情况完全一致,只是由于电感滤波的作用,谐波含量降低。

对于并联二重化而言,为了简化计算,假设变压器变比为1∶1∶1,两个网侧变流器的载波相差角度为90°,即$\theta_{c1}-\theta_{c2}=90°$,根据公式(5.89)有:

$$\begin{aligned}i_s(t)=&i_{1s}(t)+i_{2s}(t)=\pm\frac{2\sqrt{(MU_d)^2-2U_N^2}}{L_s\omega_s}\cos\omega_s t-\\&\sum_{m=2,4\cdots}^{\infty}\sum_{n=\pm1,\pm3\cdots}^{\infty}\frac{4U_d}{L_s\pi m(m\omega_c+n\omega_s)}J_n\left(m\frac{\pi}{2}M\right)\cos\left(\frac{\pi}{2}m\right)\sin\left(\frac{\pi}{2}n\right)\sin[m\omega_c t+n\omega_s t+m\theta_{c1}+n\theta_s]-\\&\sum_{m=2,4\cdots}^{\infty}\sum_{n=\pm1,\pm3\cdots}^{\infty}\frac{4U_d}{L_s\pi m(m\omega_c+n\omega_s)}J_n\left(m\frac{\pi}{2}M\right)\cos\left(\frac{\pi}{2}m\right)\sin\left(\frac{\pi}{2}n\right)\sin\left[m\omega_c t+n\omega_s t+m\theta_{c1}+m\frac{\pi}{2}+n\theta_s\right]\end{aligned} \tag{5.90}$$

由于 m 为偶数，所以有：

$$\cos\left(\theta_{c1}+\frac{m}{2}\pi\right)=(-1)^{\frac{m}{2}}\cos\theta_{c1} \tag{5.91}$$

即

$$\cos\theta_{c1}\cos\left(\frac{m}{2}\pi\right)-\sin\theta_{c1}\sin\left(\frac{m}{2}\pi\right)=\cos\theta_{c1}\cos\left(\frac{m}{2}\pi\right)=(-1)^{\frac{m}{2}}\cos\theta_{c1} \tag{5.92}$$

所以

$$\cos\left(\frac{m}{2}\pi\right)=(-1)^{\frac{m}{2}} \tag{5.93}$$

电流可以表示为：

$$\begin{aligned} i_s(t)=&\pm\frac{2\sqrt{(MU_d)^2-2U_N^2}}{L_s\omega_s}\cos(\omega_s t)- \\ &\sum_{m=2,4\cdots}^{\infty}\sum_{n=\pm1,\pm3\cdots}^{\infty}\frac{4U_d}{L_s\pi m(m\omega_c+n\omega_s)}J_n\left(m\frac{\pi}{2}M\right)(-1)^{\frac{m}{2}}\sin\left(\frac{\pi}{2}n\right)\sin[m\omega_c t+n\omega_s t+m\theta_{c1}+n\theta_s]- \\ &\sum_{m=2,4\cdots}^{\infty}\sum_{n=\pm1,\pm3\cdots}^{\infty}\frac{4U_d}{L_s\pi m(m\omega_c+n\omega_s)}J_n\left(m\frac{\pi}{2}M\right)(-1)^{\frac{m}{2}}\sin\left(\frac{\pi}{2}n\right)\sin[m\omega_c t+n\omega_s t+m\theta_{c1}+n\theta_s]\cos\left(\frac{m}{2}\pi\right) \end{aligned} \tag{5.94}$$

当 $m/2$ 为奇数时，后面两个长式子是可以消掉的，当 $m/2$ 为偶数时，即 $m=4,8$ 时，后面谐波部分才有值，所以有：

$$\begin{aligned} i_s(t)=&\pm\frac{2\sqrt{(MU_d)^2-2U_N^2}}{L_s\omega_s}\cos\omega_s t- \\ &\sum_{m=4,8\cdots}^{\infty}\sum_{n=\pm1,\pm3\cdots}^{\infty}\frac{8U_d}{L_s\pi m(m\omega_c+n\omega_s)}J_n\left(m\frac{\pi}{2}M\right)\sin\left(\frac{\pi}{2}n\right)\sin[m\omega_c t+n\omega_s t+m\theta_{c1}+n\theta_s] \end{aligned} \tag{5.95}$$

式(5.95)即为二重化后网侧电流表达式。从该式可以看出，两个变流模块经过载波移相后，当载波频率倍数 m 不是 4 的倍数时，它所对应的载波频带及其边带谐波被全部消除；当载波频率倍数 m 是 4 的倍数时，对应的载波频带及其边带谐波才有值。载波移相相当于将二电平载波频率变为原来的 2 倍，总的输出电压谐波分布在等效载波角频率的 2 倍及 2 倍上下边带上。

载波移相策略在不提高各单相桥开关频率的前提下大幅降低了交流电流开关次谐波含量，但载波移相实质是将特征次谐波倍频，即向更高频率方向移动，单极性倍频载波移相效果的频谱图如图 5.28 所示，在此以 1 kHz 开关频率为例。与此同时，若运行的列车型号不同，开关频率不同，倍频后的谐波频率就会不同，从而导致谐波频谱较宽；并且该方法非常依赖移相角，若不满足指定移相角，则达不到开关次谐波对消的效果。

5.5.2 基于 PCCPS-PWM 的调制策略

基于周期控制的载波移相脉冲宽度调制策略(PCCPS-PWM)，优化了传统的载波移相策略，实时检测移相角度，使移相角更为准确，从而有效对消特征次谐波，减小谐波对电网的污染。针对同一列车多个牵引系统之间无同步线的情况，提供了一种以网压过零点为参考，

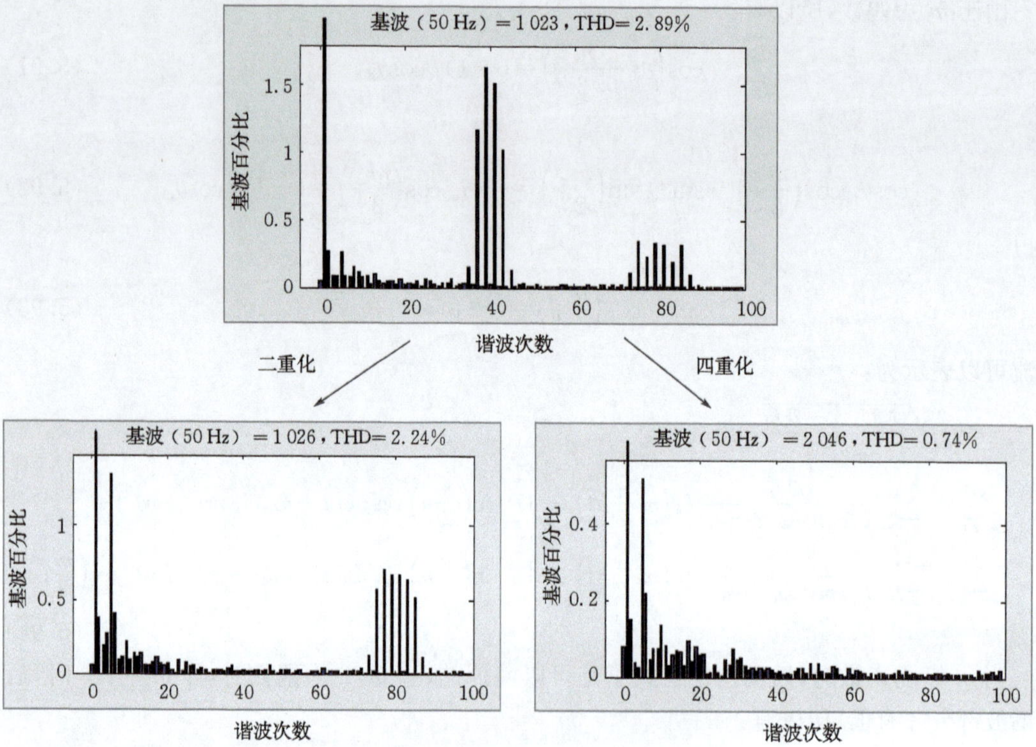

图 5.28　网侧变流器载波移相频谱图

通过微调 PWM 载波周期，实现准确且稳定的校正载波移相角的方法。

PCCPS-PWM 调制策略主要分为两个部分，分别是载波同步策略和基于周期控制的移相角校正。

1. 载波同步策略

由于不同变流器之间没有同步线连接，所以不同网侧变流器“桥臂”之间的载波移相角不定，即使在变流器运行前设定移相角度，但不同控制板中的晶振不同，在计时上有所偏差，长时间运行会导致移相角变化，不能达到固定移相角，从而抑制开关次谐波的目的，因此载波同步策略显得十分重要。

由于不同变流器之间只有网侧电压是相同的，所以采用网压 e_s 作为同步信号。但 e_s 是正弦交流信号，不易选取不同变流器之间同步的基准点，所以将网压信号 e_s 输入到硬件同步电路中，经过电压比较器，将正弦交流信号转化为方波同步信号，再用 DSP 中的 ECAP 模块来捕捉方波的上升沿，并产生中断，从而进入中断进行不同变流器之间的同步。其示意图如图 5.29 所示。ECAP 内部有一个计数器，它可以记录产生中断到载波移相程序实际执行的时间，这样就可以更准确的得到载波周期修正量，从而精确移相校正角度。

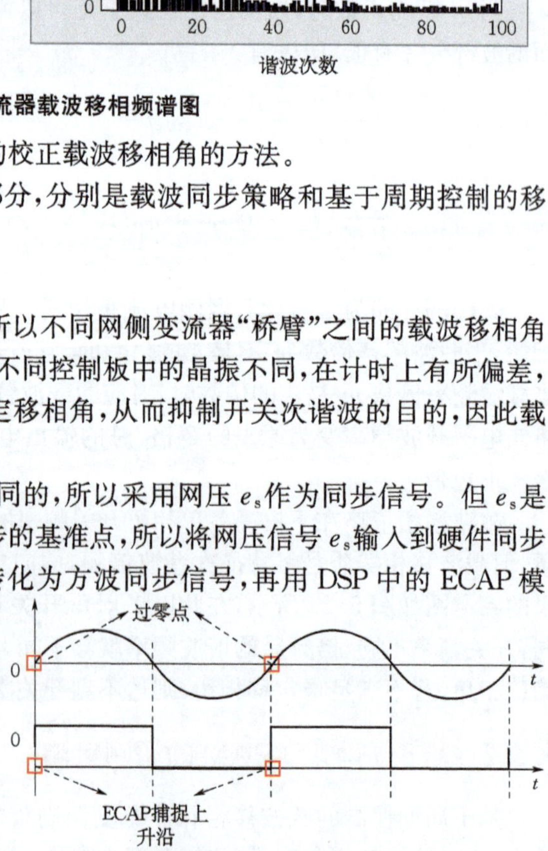

图 5.29　方波示意图

2. 基于周期控制的移相角校正

在网侧变流器发脉冲之前，通过设定载波移相寄存器的方式，将各个变流模块的移相角度设定好；在网侧变流器发脉冲之后就不能够随意修改寄存器的值了，防止在运行过程中载波相位突变，而引起交流电流不稳定。以混合动力动车组为例：三编组，两动一拖，共两台变流器，每个变流器里有两个变流模块，移相角度分别为 0°、90°、45°、135°，利用图 5.30 来分析基于周期控制的移相角校正策略。

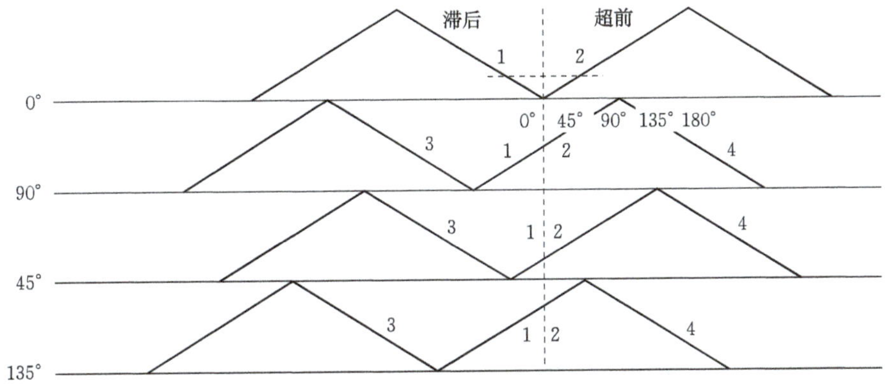

图 5.30 周期控制的移相角校正策略示意图

相位修正采用周期控制的方法，以工频为一个周期。混合动力动车组网侧变流器采用 1 kHz 的开关频率，则在一个工频周期中有 20 个载波，每个工频周期期间，载波的误差相位需要平均分配到这 20 个载波中，通过修改这 20 个载波的周期来达到修正并固定载波相位的目的。

如图 5.30 所示，在网侧变流器发脉冲前将各个载波的相位固定在 0°、90°、45°、135°，发脉冲后由于不同变流器内的控制板晶振的不同，这个原本设定好的相位就会有所变化，例如原来固定在 0°的载波可能会在过零点的左侧（即滞后）或右侧（即超前），这就需要将这个误差相位平均分配到 20 个载波中，通过修改它们的周期来使得下一个工频周期时，将载波的相位固定在 0°位置处。

下面根据移相角来具体分情况讨论：

(1)移相角为 0°

如图 5.30 所示，判断实际载波处于上升区或下降区的标志位，如果处于下降区，则在 1 的位置处，载波滞后于理想状态，在之后的 20 个载波中，周期要相应的缩短；如果处于上升区，则在 2 的位置处，载波超前于理想状态，在之后的 20 个载波中，周期要相应的延长。

在此选取实际载波处于下降区做详细分析。如图 5.31 所示，C_{ref}是电网电压的过零点，即为参考载波移相角为 0°的点，但实际载波在这一时刻并不处于过零点的位置，C_{real}即为实际载波在网压过零点的位置，此刻处于实际载波的下降区，滞后于参考载波，因此需要将这工频周期内的 20 个载波的周期缩短（示意图中只表示了前 10 个实际载波），即将载波计数器 T_{PRD}的值减小到 T'_{PRD}，从而在下一个网压过零点来临的时刻，实际载波处于过零点的位置，达到载波移相角为 0°的目的。

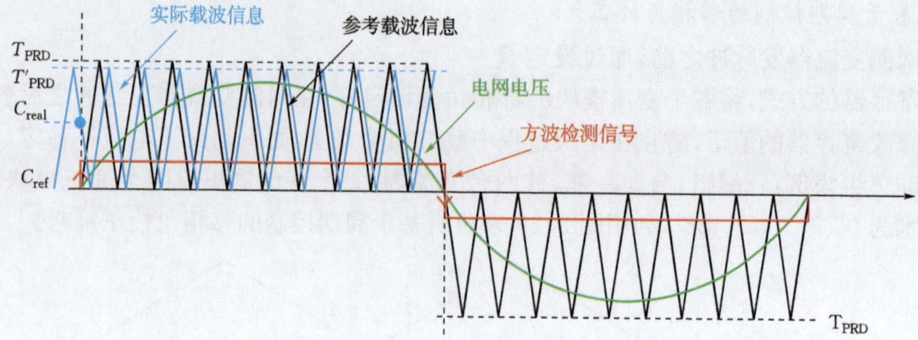

图 5.31　基于周期控制的载波移相角校正方法(移相角为 0°)

相应的计算公式为:

$$T'_{PRD}=T_{PRD}-\frac{T_{ERROR}}{20\times 2} \tag{5.96}$$

其中 T_{ERROR} 为实际载波与参考载波在网压过零点时刻之间的误差。

(2)移相角非 0°

①若实际载波处于上升区的位置

如图 5.30 所示,判断当前实际载波计数值与理想计数值差值的正负,如果是正的,则处于 2 的位置,载波超前于理想状态,在之后的 20 个载波中,周期要相应的延长;如果是负的,则在 1 的位置处,载波滞后于理想状态,在之后的 20 的载波中,周期要相应的缩短。

②若实际载波处于下降区的位置

这种情况说明载波的实际位置与理想位置偏差较大,以图 5.30 中的 90°为例,若载波在下降区内,则处于 3 或 4 的位置,载波滞后或超前于理想状态,在之后的 20 个载波中,周期要相应的缩短或延长。而载波究竟是处于 3 的位置还是 4 的位置,需要进一步判定。

在此,利用的是 EPWM 模块里的中断功能,在程序设定中,EPWM1 是作为第一个“桥臂”开关管的控制量,其频率为开关管频率,EPWM6 用来产生中断,并且其频率与开关管频率相同(均为 1 kHz),这样就可以利用 EPWM6 产生的中断来为 EPWM1 的载波进行编号,载波编号依次为 1、2…19、0、1、2…,以 90°为例,如图 5.32 所示,若在相位同步时检测到载波计数处于下降区,且编号为 1,说明实际载波超前于参考载波,需要增大载波的周期,此时实际载波的位置相当于在图 5.30 的 4 位置处。

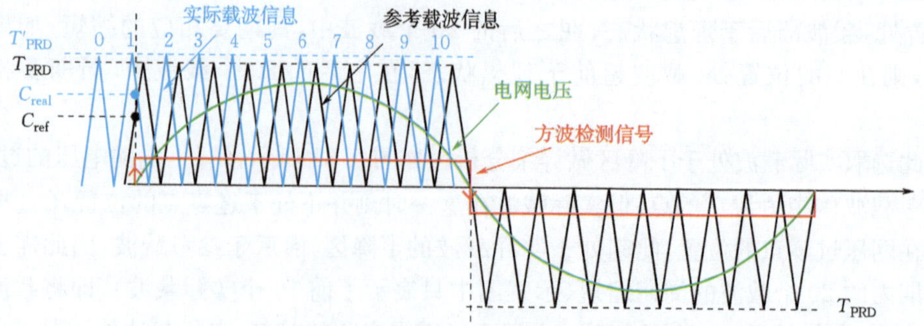

图 5.32　基于周期控制的载波移相角校正方法(移相角非 0°)

相应的计算公式为：

$$T'_{PRD}=T_{PRD}+\frac{T_{ERROR}}{20\times 2} \tag{5.97}$$

若相位同步时检测到载波编号为 0，说明实际载波滞后于参考载波，需要减小载波的周期，此时实际载波的位置相当于在图 5.30 的 3 位置处。

基于周期控制的移相角校正方法可用表 5.3 表示，该方法同样适用于 N 个变流模块。

表 5.3 周期控制的移相角校正策略

移相角	上升下降区标志位	差值正负	超前/滞后	载波周期
0°	下降	正	滞后	减小(－)
	上升		超前	增加(＋)
非 0°	上升	正	超前	增加(＋)
		负	滞后	减小(－)
	下降	载波编号为 0	滞后	减小(－)
		载波编号为 1	超前	增加(＋)

5.6 实验验证

5.6.1 AOC 抑制措施实验验证

1. 车-网高频振荡不稳定抑制效果波形

高频振荡不稳定及抑制后的实验波形如图 5.33 所示。

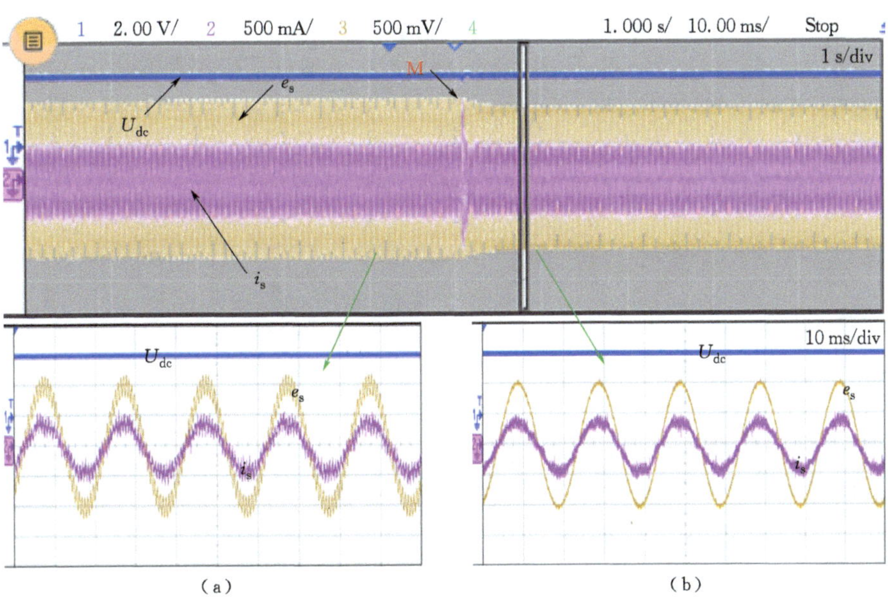

图 5.33 AOC 对高频振荡不稳定抑制效果图

M 点之前为未加 AOC 抑制措施的实验波形图，放大图如(a)所示，从图中可以看出，e_s 的高频振荡较大，i_s 也相应振荡。在 M 点加入 AOC 抑制措施，图(b)为抑制后的放大图，从图中可以看出，e_s 的高频振荡被显著抑制，i_s 的振荡也有所减小，采取抑制措施后，系统能够稳定运行。

2. LFO 抑制效果波形

LFO 及抑制后的实验波形如图 5.34 所示。

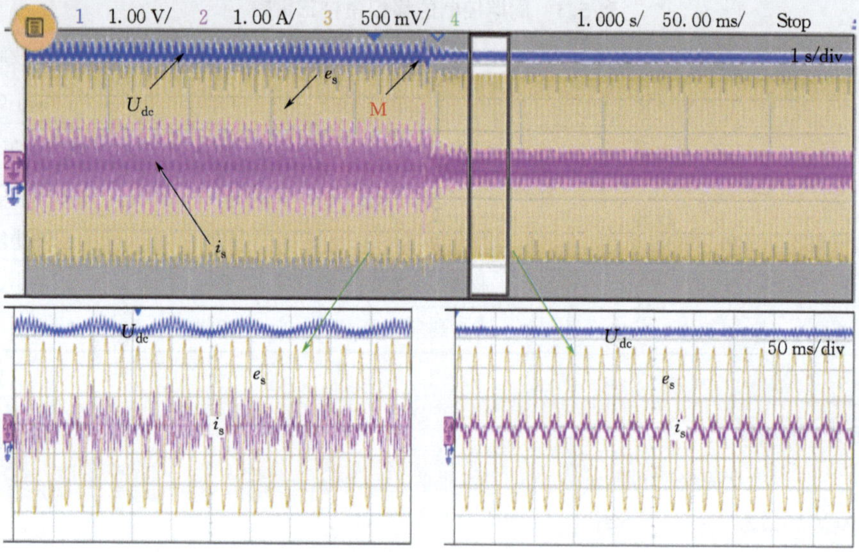

(a)　　　　(b)

图 5.34　AOC 对低频振荡抑制效果图

M 点之前为未加入 AOC 抑制措施的实验波形图，放大图如(a)所示，从图中可以看出，e_s 存在低频振荡，i_s 也相应振荡，同时，U_{dc} 的振荡趋势与 e_s 和 i_s 相同。在 M 点加入 AOC 抑制措施，图(b)为抑制后的放大图，从图中可以看出，e_s，i_s 和 U_{dc} 的低频振荡被显著抑制，采取抑制措施后，系统能够稳定运行。

从波形图中可以看出，当车-网系统发生耦合不稳定现象时，AOC 抑制措施可以有效地抑制高低频不稳定现象，但对高频谐振需要几秒的调节时间。

5.6.2　PCCPS-PWM 实验验证

首先验证采用 PCCPS 调制策略能够使系统稳定运行。PCCPS 对载波的相位调节相对缓慢，对开关脉冲的影响较小，因此可以满足交流电流稳定的要求，同时固定了移相角度，通过谐波对消达到减小开关次频率谐波的作用。两个变流模块空载运行，其交流电流如图 5.35 所示。

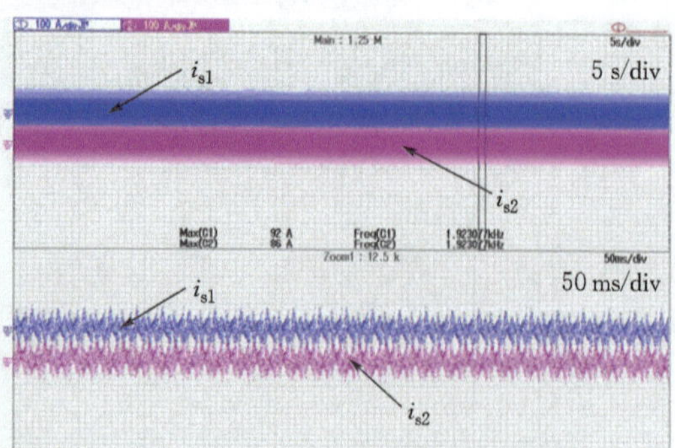

图 5.35　PCCPS 空载运行时交流电流 i_{s1} 和 i_{s2} 波形

当网侧变流器运行于带载状态时，也能够保持稳定，并且谐波含量很小，完全符合要求。

动车组车载牵引变压器一次侧额定电流为 51.2 A，由于车上的电流互感器为 250∶1，副边可测得的交流电流仅有 0.204 8 A，无法直接测量其 THD，而互感器原边由于结构上的原因不方便测量，所以在互感器副边的导线中串联一个 150 匝的线圈，将电流放大，从而方便测量。此时，额定工况下，电流互感器副边可测得的电流值为 30.72 A。

当车运行于额定功率时，若只在网侧变流器发脉冲前设定载波移相角，而不采用 PCCPS，则测得的谐波含量分布如图 5.36(a)所示；若采用 PCCPS，测得的谐波含量分布如图 5.36(b)所示。

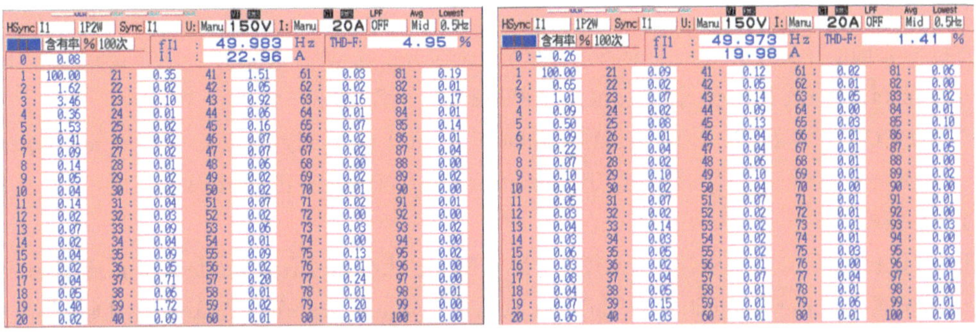

（a）不采用PCCPS调制策略牵引变压器一次侧电流THD　　（b）采用PCCPS调制策略牵引变压器一次侧电流THD

图 5.36　车载牵引变压器一次侧电流 THD

由图 5.36 可以清楚地看到，当不采用 PCCPS 策略时，虽然在网侧变流器发脉冲前设定了载波移相角，但其开关次谐波含量依旧较高，如 37 次、39 次、41 次和 43 次（采用单极性倍频调制，因此特征次谐波为开关频率的两倍），从而总 THD 较高，不满足额定工况下 THD<2.5 的要求；若采用 PCCPS 策略，37～43 次的奇数次谐波含量很低，并且总 THD 仅有 1.41%，完全符合要求，从而证明了该载波移相策略的可行性和有效性。

参考文献

[1]FUJIE H. Program ATTC-P for Analyzing the Power Characteristics of AT Feeder Circuit[J]. Quarterly Report of Railway Technical Research Institute of Japanese National Railways,1983,24(2):87-88.

[2]辛成山．AT 供电系统电气参数选择研究[R]. 北京:中国铁道科学研究院,1988.

[3]辛成山,吴德范．自耦变压器(AT)供电系统电算程序研究[J]. 铁道机车车辆,1981,12(1):19-29.

[4]余瑞轩．中国高速铁路发展进程与发展前景展望[J]. 科技经济导刊,2018,26(32):69.

[5]吴命利．牵引供电系统电气参数与数学模型研究[D]. 北京:北京交通大学,2006.

[6]吴命利．电气化铁道牵引网的统一链式电路模型[J]. 中国电机工程学报,2010,30(28):52-58.

[7]崔恒斌．高速铁路高频谐波谐振分析与抑制[D]. 成都:西南交通大学,2014.

[8]姜晓锋,胡海涛,何正友,等．基于阻抗分析法的牵引供电低频网压波动研究[J]. 铁道学报,2017,39(12):23-31.

[9]HARNEFORS L,BONGIORNO M,LUNDBERG S. Input-admittance calculation and

shaping for controlled voltage-source converters[J]. IEEE Transactions on Industrial Electronics,2007,54(6):3323-3334.

[10]RADWAN A A A,MOHAMED Y A R I. Analysis and active-impedance-based stabilization of voltage-source-rectifier loads in grid-connected and isolated microgrid applications[J]. IEEE Transactions on Sustainable Energy,2013,4(3):563-576.

[11]WANG X,BLAABJERG F. Harmonic stability in power electronic based power systems:concept,modeling,and analysis[J]. IEEE Transactions on Smart Grid,2018,10(3):1-1.

[12]SUN J. Small-signal methods for AC distributed power systems-a review[J]. IEEE Transactions on Power Electronics,2009,24(11):2545-2554.

[13]CESPEDES M,SUN J. Impedance modeling and analysis of grid-connected voltage-source converters[J]. IEEE Transactions on Power Electronics, 2014, 29(3): 1254-1261.

[14]DANIELSEN S,FOSSO O B,MOLINAS M,et al. Simplified models of a single-phase power electronic inverter for railway power system stability analysis—Development and evaluation[J]. Electric Power Systems Research,2010,80(2):204-214.

[15]WEN B,BOROYEVICH D,BURGOS R,et al. Analysis of DQ small-signal impedance of grid-tied inverters[J]. IEEE Transactions on Power Electronics, 2016, 31(1): 675-687.

[16]WEN B,BOROYEVICH D,DONG D,et al. Impedance-based analysis of grid-synchronization stability for three-phase paralleled converters[J].IEEE Transactions on Power Electronics,2016,31(1):26-38.

[17]LIAO Y,LIU Z,ZHANG H,et al. Low-Frequency Stability Analysis of Single-phase System with dq-frame Impedance Approach-Part I:Impedance Modeling and Verification[J]. IEEE Transactions on Industry Applications,2018,54(5):4999-5011.

[18]LISSANDRON S,DALLA S L,MATTAVELLI P,et al. Experimental validation for impedance-based small-signal stability analysis of single-phase interconnected power systems with grid-feeding inverters[J]. IEEE Journal of Emerging and Selected Topics in Power Electronics,2016,4(1):103-115.

[19]WANG X,HARNEFORS L,BLAABJERG F. Aunified impedance model of grid-connected voltage-source converters[J]. IEEE Transactions on Power Electronics,2018,33(2):1775-1787.

[20]TAO H,HU H,ZHU X,et al. Harmonic Instability Analysis and Suppression Method Based on αβ-Frame Impedance for Trains and Network Interaction System[J]. IEEE Transactions on Energy Conversion,2019,34(2):1124-1134.

[21]HOLTZ J,KRAH J O. Adaptive optimal pulse-width modulation for the line-side converter of electric locomotives[J]. IEEE Transactions on Power Electronics,1992,7(1):205-211.

[22]CUI H,SONG W,FANG H,et al. Resonant harmonic elimination pulse width modulation-based high-frequency resonance suppression of high-speed railways[J]. IET Power Electronics,2015,8(5):735-742.

[23]SONG K,KONSTANTINOU G,MINGLI W,et al. Windowed SHE-PWM of interleaved four-quadrant converters for resonance suppression in traction power supply systems[J]. IEEE Transactions on Power Electronics,2017,32(10):7870-7881.

[24]HOLTZ J,KELIN H J. The propagation of harmonic currents generated by inverter-fed locomotives in the distributed overhead supply system[J]. IEEE Transactions on Power Electronics,1989,4(2):168-174.

[25]KRAH J O,HOLTZ J. Total compensation of line-side switching harmonics in converter-fed ac locomotives[J]. IEEE Transactions on Industry Applications,1995,31(6):1264-1273.

[26]MAEDA T,WATANABE T,MECHI A,et al. A hybrid single-phase power active filter for high order harmonics compensation in converter-fed high speed trains[C]//Proceedings of Power Conversion Conference,1997,2:711-717.

[27]阮白水. 动车组网侧变流器安全控制研究[D]. 北京:北京交通大学,2016.

[28]SONG W,JIAO S,LI Y W,et al. High-Frequency Harmonic Resonance Suppression in High-Speed Railway Through Single-Phase Traction Converter With LCL Filter[J]. IEEE Transactions on Transportation Electrification,2016,2(3):347-356.

[29]王晖,吴命利. 电气化铁路低频振荡研究综述[J]. 电工技术学报,2015,30(17):70-78.

[30]赵洋,肖湘宁. 利用 SSSC 阻尼电力系统低频振荡[J]. 电力系统自动化,2007(17):40-44.

[31]郭春林,童陆园. 多机系统中可控串补(TCSC)抑制功率振荡的研究[J]. 中国电机工程学报,2004(06):5-10.

[32]姚伟,文劲宇,程时杰,等. 考虑时滞影响的 SVC 广域附加阻尼控制器设计[J]. 电工技术学报,2012,27(03):239-246.

[33]常勇,徐政. SVC 广域辅助控制阻尼区域间低频振荡[J]. 电工技术学报,2006,21(12):40-46.

[34]JIANG X,HU H,YANG J,et al. The mitigation technology of typical low-frequency voltage fluctuation in china electrified railway[C]//2018 International Symposium on Power Electronics, Electrical Drives, Automation and Motion (SPEEDAM), 2018:632-637.

[35]韩智玲,唐蕾,李伟. 交流传动电力机车车网电压不稳定的原因分析与解决[J]. 铁道学报,2011,33(10):25-28.

[36]HEISING C,OETTMEIER M,STAUDT V,et al. Improvement of low-frequency railway power system stability using an advanced multivariable control concept[C]//2009 35th Annual Conference of IEEE Industrial Electronics. IEEE,2009:560-565.

[37]HEISING C,OETTMEIER M,BARTELT R,et al. Multivariable pole-placement con-

trol design for a single-phase 50-kW, 16. 7-Hz railway traction line-side converter [C]//2009 International Conference on Power Engineering, Energy and Electrical Drives. IEEE, 2009: 273-278.

[38]SHUAI Z, CHENG H, XU J, et al. A Notch Filter Based Active Damping Control Method for Low Frequency Oscillation Suppression in Train-Network Interaction Systems[J]. IEEE Journal of Emerging and Selected Topics in Power Electronics, 2019.

[39]HU H, ZHOU Y, YANG J, et al. A practical approach to mitigate low-frequency oscillation in railway electrification systems[J]. IEEE Transactions on Power Electronics, 2018, 33(10): 8198-8203.

[40]王晖. 电气化铁路车网电气低频振荡研究[D]. 北京:北京交通大学, 2015.

[41]连巧娜. 高速列车四象限变流器低频振荡现象研究[D]. 北京:北京交通大学, 2016.

[42]DANIELSEN S, FOSSO O B, MOLINAS M, et al. Simplified models of a single-phase power electronic inverter for railway power system stability analysis—Development and evaluation[J]. Electric Power Systems Research, 2010, 80(2): 204-214.